JN422262

계명영남학총서 3

대구 · 경북지역의 설화 연구

김 재 웅

계명대학교출판부

어린 시절 대청마루에서 들었던 이야기는 철부지 개구쟁이의 상상력을 자극해주었다. 이야기를 들은 날이면 어김없이 꿈속에서 행복한 주인공이 되었다. 그때의 기쁨은 마치 별이 총총한 밤하늘을 여행하는 색다른 경험이었다. 이러한 미지의 세계에 대한 동경이 깊어지면 고향마을 뒷산을 무작정 올라간다. 숨을 헐떡이며 뒷산 중턱에 도착하여 뒤를 돌아보면, 유장하게 흘러가는 낙동강을 한눈에 조망할 수 있었기 때문이다. 낙동강은 개구쟁이의 답답한 마음을 한 순간에 바꿔주는 신기한 이야기와 같았다. 이렇게 이야기의 생명력은 나의 성장에 커다란 밑거름이 되었다.

대구・경북지역의 이야기는 이 땅에서 살아온 수많은 사람들의 삶과 문화적 상상력의 결과물이다. 지역주민들은 숭고한 신화적 이야기와 슬픔을 간직한 전설, 웃음을 유발하는 민담 등에 이르기까지 다양한 이야기 문화를 향유한 것으로 보인다. 그 중에서도 지역적 특징이 뚜렷이 나타난 전설과 다수의 분포를 보인 민담을 집중적으로 분석하여, 가야문화, 불교문화, 유교문화와 같이 역사적 적층성과 유형별, 지역별 의미를 밝히려고 노력하였다. 이러한 이야기 문화는 개별성과 보편성을 내포하고 있으나, 지역적 개별성에 초점을 맞춰 지역민의 의식을 이해하고자 하였다. 이 때문에 이야기꾼이나 이야기의 증거물이 있는 현장을 직접 답사할 수밖에 없었다. 이야기 문화의 현장을 찾아가는 작업은 생각보다 많은 시간과 품이 들었지만, 증거물을 찾았을 때의 기쁨은 보물을 찾은 것 같은 짜릿한 기분이었다.

이 책은 발품을 많이 팔았던 덕분에 이야기 문화의 현장을 사진으로 담아내었다. 국내뿐만 아니라 김수로왕 신화에 등장하는 허황옥의 고향으로 알려진 인도 아요디아까지 답사하여 쌍어문의 비밀을 확인하였다. 그래서 이야기의 세계와 실제 증거물을 비교해보는 즐거움도 제법 쏠쏠할 것이다. 이야기의 생동감은 실제로 구연되는 이야기판에서 들을 때가 제 맛이지만, 이야기의 증거물을 마주하고 듣는 즐거움도 만만치 않을 것이라 생각한다. 특히 전설은 구체적 증거물과 함께 전승되고 있어서 이야기의 끈질긴 생명력을 뚜렷이 보여준다. 이렇게 이야기는 지역주민의 삶의 방식과 문화적 상상력을 반영하고 있다.

대구・경북지역의 이야기 문학을 공부하면서 수많은 분들의 도움을 받았습니다. 필자의 이야기 문학에 대한 관심을 학문적으로 끌어올려주신 강은해 선생님께 진심으로 감사드립니다. 끊임없는 독서의 중요성을 일깨워주신 최미정 선생님과 자유로운 연구를 할 수 있도록 도와주신 원명수 선생님께도 감사드립니다. 그리고 필자가 학문의 영역에 첫걸음을 디딜 수 있도록 이끌어주셨을 뿐 아니라 학자의 성실함을 몸소 보여주신 김교봉 선생님께도 감사의 말씀을 전합니다.

철부지 개구쟁이를 키워주신 부모님과 가족들에게도 감사의 말씀을 전하고 싶습니다. 이 책이 오랜 농사로 인해 건강이 좋지 못한 아버지께 그동안의 노고를 씻어줄 수 있기를 기원합니다. 그리고 부족한 남편을 따뜻한 마음으로 감싸줄 뿐만 아니라 무더운 날씨에도 이야기의 현장답사에 동행해준 아내에게도 감사합니다. 무엇보다 조그마한 결실이 있기까지 고향마을의 흙과 물, 바람, 햇볕 등을 비롯한 인문환경의 도움도 빼놓을 수 없을 것입니다.

뜨거운 햇살 아래서 검게 탄 농부의 정직한 얼굴을 생각하며 더욱 정진할 것을 다짐해봅니다.

2007년 1월

경북대 영남문화연구원에서

김 재 웅

제 1 장 이야기보따리를 풀며

1. 연구의 목적

오랜 세월 동안 우리 민족의 생활 방식과 희로애락이 담겨있는 구비문학은 기록문학과 더불어 소중하다. 구비문학과 함께한 사람들은 노동현장에서 노래를 부르고, 이야기를 통해서 역사적 사실과 문학적 허구를 아우르며 상상의 나래를 펼치기도 했다. 이러한 구비문학 속에는 전승집단의 의식과 가치관이 포함되어 있어서 주목해야 한다. 구비문학의 하위 갈래는 설화, 민요, 무가, 탈춤 등 다양하지만, 문자로 정착되지 못한 공통점을 보여준다. 그 중에서도 설화는 지역주민의 의식을 뚜렷이 반영할 뿐만 아니라 전국적인 분포를 보이고 있는 이야기 문화의 핵심이다.

설화는 일정한 서두와 결말이 있는 이야기 문화를 통칭한다. 이야기 문화에는 이야기의 구성요소를 갖춘 신화, 전설, 민담, 소설, 경험담 등 다양하지만, 문헌으로 기록되어 유통되었던 소설을 제외하면 모두 구비설화의 범주에 속한다. 구비설화는 오랜 세월 동안 전승집단의 의식과 가치관을 반영하면서 현재까지 전승되고 있다. 이 때문에 구비설화는 문헌으로 전승되었던 기록물과 달리 향유자의 의식을 다양하게 반영한 것으로 보인다. 문헌설화는 편찬자의 의식에 따라 이야기의 내용이 고정되었던 반면에, 구비설화는 향유자의 성격을 반영하면서 변모와 재창작의 과정을 반복하였다.

그렇다고 해서 문헌설화와 구비설화의 연관성이 전혀 없지는 않다. 문헌설화를 기록할 때 구비설화를 참고하여 편찬했을 뿐만 아니라 구비설화물의 내용을 그대로 옮기는 경우도 심심찮게 나타난다. 구비설화는 문헌설화의 영향을 수용하여 변모하거나 문헌설화의 내용을 재구연하는 경우도 종종 발생하고 있다. 이러한 구비설화를 연구하기 위해서는 문헌자료와 구비자료를 함께 고찰해야 한다. 따라서 설화는 문헌설화와 구비설화로 뚜렷이 구별되면서도 상호 영향관계에 놓여있다고 하겠다.

인간의 삶에서 설화가 차지하는 비중은 무시할 수 없을 정도로 높다고 할 수 있다. 설화는 생활현장에 밀착되어 창조되는 순간부터 구연 과정을 거치면서 변이되거나 재창조되는 특징을 보여준다. 이러한 설화의 변이는 향유집단의 의식에 따라서 다양하게 나타나고 있다. 예컨대, 설화를 수용하는 향유집단의 성별, 나이, 신분관계, 지식의 정도, 지역적 편차 등과 같이 다양한 요인에 의해서 변모한다. 유능한 이야기꾼일수록 청중을 의식하면서 다채로운 설화를 풍성하게 구연하는 것으로 보인다.

이러한 구비설화가 시대의 변천과 더불어 점차 사라지고 있어서 안타까운 실정이다. 특정한 시대와 지역사회에서 창조된 구비설화의 전승을 위해서는 이야기판의 형성이 무엇보다 중요하다. 이야기판이 형성되어야 구비설화의 구연과 전승이 원활하게 진행될 수 있기 때문이다. 그럼에도 불구하고 이야기판의 형성이 미약하여 이야기 문화의 위축을 가중시키고 있다. 이 때문에 지역주민의 삶과 애환을 담고 있는 구비설화에 대한 전반적인 조사와 채록이 무엇보다 시급한 과제라고 생각된다.

대구·경북지역은 가야문화, 불교문화, 유교문화 등과 같이 오랜 역사와 문화적 전통을 간직한 유서 깊은 곳이다. 이러한 역사와 문화적 전통뿐만 아니라 지역의 자연환경도 구비설화에 다양한 영향을 미치고 있다. 구비설화는 사회·문화적 현상에 대응한 지역주민들의 사고방식과 의식을 담고 있기 때문이다. 특히 구비설화는 대구·경북지역의 역사적 사실과 문학적 허구를 통합하여, 지역주민의 소망을 뚜렷이 담아내고 있다. 이렇게 구비설화는 역사에 대응한 하층민의 삶과 희망을 반영하고 있기 때문에 소중하다고 하겠다.

구비설화는 오랫동안 특정한 지역을 근거로 광범위한 분포를 보이며 전승된 이야기 문학의 하위 갈래이다. 설화의 갈래는 대체로 신화, 전설, 민담 등으로 구별하고 있으나,[1] 최근에는 신화를 독립된 갈래로 분리하는 경향이 대두되고 있는 실정이다.[2] 그렇지만 여기서는 넓은 의미의 설화 갈래에 초점을 맞추어 대구·경북 설화의 특징을 밝히고자 한다. 동일한 문화권에서 향유된 설화의 보편성과 개별성을 규명하여, 다른 문화권 설화와 비교하는 방향으로 나아가야 할 것이다.

이 글의 목적은 대구·경북지역 설화에 대한 다양한 접근을 통해서 지역적 의미와 특징을 밝히는 것이다. 지역의 특징을 밝히기 위해서는 여러 분야에 대한 체계적인 접근이 필요하다. 대구·경북지역은 경주를 중심으로 하는 불교문화와 고령과 성주를 중심으로 하는 가야문화, 안동을 중심으로 하는 북부지역의 유교문화가 상호 보완적인 관계에서

---

1) 장덕순 외, 『구비문학개설』(일조각, 1992), 7쪽.
2) 최인학, 『한국 민담의 유형연구』(인하대 출판부, 1994). 강재철, 「설화의 개념·갈래·명칭」, 『설화문학연구』(단국대 출판부, 1982), 217~255쪽.

발전하였다. 이렇게 지역별로 다양한 문화를 담아낸 설화가 전승되고 있음에도 불구하고 아직까지 대구 · 경북지역의 설화 연구는 초보적인 단계에 머물러 있다.

2. 선행 연구의 검토

지금까지 대구 · 경북지역의 설화에 대한 연구는 중앙중심적인 입장에서 진행되었다. 각 지역에서 산출된 자료를 도서관에서 읽고 책상 앞에서 이론적으로 연구하는 것이 일반적인 현상이라 해도 과언이 아니다. 이러한 설화 연구는 지역별 특성을 고려하지 못한 채 한국 설화의 보편성을 산출하는 결과를 양산하였다.[3] 그리하여 비교문학적 입장에서 한국 설화와 다른 나라의 설화를 비교하는 방향으로 전개되고 있는 실정이다. 물론 세계화 시대에 한국 설화와 인접한 국가의 설화를 비교하는 것은 설화 연구에 필요한 방법이라 생각한다.

그런데 세계화 시대는 필연적으로 지역화를 동반하고 있다는 점을 주목해야 한다.[4] 이 때문에 한국 설화의 지역별 특징과 보편적 특징을 종합적으로 이해해야만, 비교문학적 연구가 어느 정도 성과를 거둘 것으로 짐작된다. 한국 설화의 보편성도 중요하지만 지역적 개별성에 대한 연구도 소중하다고 하겠다. 이런 측면에서 한국 설화와 다른 국가의 설화를 무작정 비교하는 연구는 좀더 신중을 기해야 할 필요가 있다.

대구 · 경북지역의 대표적인 설화자료는 1980년대 한국정신문화연구

---

3) 구비설화에 대한 연구는 다양한 각 편을 활용하여 설화의 보편성 확인에 그치고, 지역적 성격에 대한 관심은 상대적으로 부족하였다.

4) 조동일, 『세계 · 지방화 시대의 한국학』 1-4권(계명대출판부, 2005-2006).

원에서 간행한 『한국구비문학대계』[5]이다. 이 책에는 전국의 구비문학을 시・군으로 구분하여 구체적인 조사지역을 선정하고 체계적인 방법으로 채록한 자료를 수록하고 있다. 대구・경북의 설화조사지역은 대구, 달성, 상주, 안동, 경주, 예천, 봉화, 구미・선산, 영덕, 군위 등과 같이 대부분이 조사지역에 포함되어 있다. 이러한 설화 자료는 대구・경북지역의 설화를 이해하는 데 중요한 구실을 한다고 하겠다.

그럼에도 불구하고 『한국구비문학대계』는 대구・경북의 모든 지역을 대상으로 삼지 않았을 뿐만 아니라 조사를 실시한 지역도 몇 개의 표본 조사에 불과하다는 문제점을 안고 있다. 더욱이 경북지역의 고령, 문경, 울진, 김천, 청송, 청도, 경산, 영천 등에 대한 설화조사는 시도하지도 않았다. 이 때문에 한국정신문화연구원의 설화조사에서 제외된 지역에 대한 현장조사가 필요한 실정이다.[6] 이러한 안타까운 심정을 풀어주는 설화자료가 대구・경북지역의 자치단체에서 간행한 시지(市誌)와 군지(郡誌), 문화원에서 간행한 책자에 일부 등장하고 있다. 이밖에도 지역의 설화에 관심을 갖고 현지조사를 실시한 자료는 참고할 만하다.

설화를 하위갈래로 분류하는 방법은 여러 가지가 있다. 그 가운데서 신화, 전설, 민담으로 구분하는 3분법이 가장 많이 사용되고 있다.[7] 이 3분법은 가) 전승자의 태도, 나) 시간과 장소, 다) 증거물, 라) 주인공 및 그 행위, 마) 전승의 범위 등을 고려하여 신화, 전설, 민담의 구체적인 특징을 구별하고 있다.

---

5) 한국정신문화연구원, 『한국구비문학대계』 7권은 대구・경북 지역에서 조사한 설화자료를 포함하고 있다.
6) 조희웅・노영근, 『영남구전자료집』(박이정, 2003).
7) 장덕순 외, 앞의 책, 17~20쪽.

항목 \ 갈래	신 화	전 설	민 담
전승자의 태도	신성성	사실성	흥미성
시간과 장소	태초의 시간과 장소가 등장함	구체적 시간과 장소가 등장함	구체적 시간과 장소가 없음
증거물의 유무	포괄적 증거물	개별적 증거물	구체적 증거물이 없음
주인공과 그의 행위	탁월한 능력과 숭고함	비범한 능력과 비극적 패배	평범한 능력과 갈등 극복
전승 범위	민족적	지역적	구체적인 지역이 없음

최운식은 여기에 기능면을 추가하여 신화, 전설, 민담을 구분하고 있지만 앞의 내용과 크게 다르지는 않다.8) 조희웅은 기존의 3분법을 비판하면서 설화를 5분법으로 분류했다. 1차 분류로는 동식물담, 신이담, 일반담, 소화, 형식담 등 5개 항목을 설정하고 이를 바탕으로 2차로 26개 항목으로 세분했다.9) 이러한 3분법이나 5분법은 분류 기준이 모호할 뿐만 아니라 한국 설화를 전반적으로 분류하기에는 한계가 있다.

이런 문제점을 개선한 것이 조동일의 한국 설화의 유형 분류에 의해서 보완되었다. 그는 한국 설화의 유형을 주체가 특이한 경우와 상황이 특이한 경우로 크게 구분했다. 주체가 특이한 설화로는 이기고 지기, 알고 모르기, 속이고 속기, 바르고 그르기 등으로 세분하고, 상황이 특이한 설화로는 움직이고 멈추기, 오고 가기, 잘되고 못되기, 잇고 자르기

8) 최운식, 『한국 설화 연구』 (집문당, 1991), 15~21쪽. 기능면에서는 신화가 전승집단의 신앙적 면모를, 전설은 지역적 유대감을, 민담은 사교적 교환 내지 흥미를 보이고 있다고 했다.
9) 조희웅, 『설화학 강요』 (새문사, 1989), 48~49쪽.

등으로 세분하였다.[10] 이 분류 방법은 방대한 설화자료를 어떻게 분류할 것인가에 대한 고민에서 등장한 것으로 보인다. 방대한 한국 설화를 대상으로 추출한 결과라는 점에서 기존의 분류보다 새롭고 타당한 측면이 있는 것도 사실이다. 그럼에도 불구하고 이 방법은 방대한 설화자료를 분류하기에는 적합하지만, 시 · 군단위의 설화를 대상으로 할 때는 오히려 번거로움을 주기도 한다.

여기서는 기존의 논의를 수용하면서도 대구 · 경북지역에 알맞은 방법을 모색하기로 하기로 한다. 지역의 설화는 전설과 민담으로 구별할 수 없거나 혼용되는 경우가 상당수 존재하여 일관성 있는 분류가 어려운 실정이다. 지역에 따라서는 민담과 전설의 구분이 어려운 전설의 민담화, 민담의 전설화를 보여주고 있어서 주목된다. 따라서 대구와 경북지역의 설화는 주제에 따른 분류가 오히려 효과적일 수 있다.

지금까지 대구 · 경북지역 설화의 특징에 대한 관심은 매우 부족한 실정이다. 대부분의 연구자들은 전국단위의 설화 연구에 관심을 가졌다. 한국설화의 구조적 특징에 매달려 각 지역의 특징을 제대로 파악하지 못한 것이다. 그럼에도 불구하고 지역 설화의 특징을 파악하기 위한 시도가 간헐적으로 시도되었다.[11] 조동일은 경북지역의 인물설화에 초점을 맞추어 역사적 인물이 설화 속에 어떻게 존재하는가에 대한 연구를 시도하였다.[12] 뿐만 아니라 역사인물의 전승이 타 지역과 어떻게 다른지도 비교하여 설화 연구의 시야를 넓혀주었다.

---

10) 조동일, 「한국설화유형분류집」, 『한국구비문학대계 별책부록』 1권(한국정신문화연구원, 1989), 12~18쪽.

11) 김택규 외, 『낙동강 유역사 연구』(한국향토사연구회, 1996). 유증선, 『영남의 전설』(형설출판사, 1971).

12) 조동일, 『인물전설의 의미와 기능』(영남대학교 민족문화연구소, 1979).

대구 · 경북의 시 · 군에 존재하는 설화의 전반적인 성격과 특징에 대한 연구는 필자에 의해서 진행된 바 있다.[13] 필자는 고령과 군위, 대구지역 설화의 양상과 지역적 특징을 분석하여 지역주민의 의식을 밝혔다. 이렇게 보면 대구 · 경북지역 설화에 대한 구체적인 연구는 미진할 뿐 아니라 제대로 시도되지 않았음을 알 수 있다. 다소 늦었지만 대구 · 경북지역의 설화에 대한 본격적인 연구는 여기서 처음 시도하게 되는 것이다.

3. 연구 방법 및 범위

대구 · 경북지역 설화의 특징을 밝히기 위해서는 다양한 접근이 필요하다. 먼저 지역에 존재하는 설화 자료의 전모를 파악하는 게 선행되어야 한다. 설화의 현황을 파악하기 위해서는 문헌조사와 더불어 현지조사를 실시해야 마땅하다. 문헌조사는 지금까지 발간된 각종 지역의 설화자료를 수집하는 것으로 비교적 시간과 품이 적게 드는 작업이다.[14] 이에 반해서 현장조사 작업은 많은 시간과 품이 들뿐 아니라 비용도 만만찮다. 그럼에도 불구하고 현장조사를 실시해야 하는 이유는 이야기하는 화자의 말 속에 설화의 현장성이 살아있기 때문이다.

---

13) 김재웅, 「고령지역 설화의 전반적 고찰」, 『고령지역의 역사와 문화』(계명대 한국학연구원, 1997), 135~161쪽. 김재웅, 「군위지역 설화의 연구」, 『군위지역의 역사와 문화』(계명대 한국학연구원, 1998), 187~207쪽. 김재웅, 「대구지역 설화의 양상과 지역적 특징」, 『한국학논집』 28집(계명대 한국학연구원, 2001), 185~210쪽. 김재웅, 「대가야 전설의 존재양상과 특성 연구」, 『한국어문연구』 14집(한국어문연구학회, 2003), 109~126쪽.

14) 박용규, 『고향 경북』 경상북도, 1996). 김광순, 『팔공산』(경북대학교, 1991). 김광순, 『비슬산』(경북대학교, 2000). 임석재, 『한국구전설화』(평민사, 1993).

그런데 지역의 농촌 공동체는 산업화와 도시화의 영향으로 급격히 변모하고 있다. 농촌인구의 급격한 감소와 더불어 오랫동안 전승되던 농촌 공동체문화가 변모하거나 파괴되었다. 또한 농촌에 보급된 라디오와 텔레비전, 인터넷과 같은 영상매체의 발달은 마을 단위의 지역성을 약화시키기도 했다. 그렇지만 오랫동안 전승되어온 농촌 공동체 문화는 쉽게 소멸하지 않고 다양한 형태로 변모되었다. 이러한 지역의 설화에는 지역주민의 사고방식과 세계관이 뚜렷이 반영되어 있다고 하겠다.

설화의 지역적 특징을 밝히기 위해서는 설화의 증거물이 있는 현장을 답사하는 것이 무엇보다 절실하다. 이러한 설화의 현장에 대한 연구를 통해서 대구·경북지역의 설화가 한국 설화에 이바지하는 바가 무엇인지 확인하는 작업으로 나아가야 한다. 그렇게 하기 위해서는 지역의 풍부한 설화자료의 확보가 무엇보다 중요하다. 여기에는 『한국구비문학대계』와 각 시·군에서 조사 채록한 구비설화와 문헌에 정착된 문헌설화를 연구 대상에 포함한다. 이러한 지역의 설화자료 중에서도 전설은 증거물을 동반한 지역적 특징이 드러나기 때문에 주목해야 한다.

제2장에서는 대구·경북지역에 존재하는 영웅설화의 유형과 변모를 살펴볼 것이다. 영웅설화에는 신화적 영웅, 전설적 영웅, 민담적 영웅 등으로 구분할 수 있다. 신화적 영웅은 박혁거세, 석탈해, 김알지, 정견모주, 견훤 등이 있다. 전설적 영웅은 민중영웅으로 등장하는 아기장수의 비극적 죽음과 역사영웅의 활약상을 내포하고 있다. 민담적 영웅은 경주와 영덕에서 출생한 정만서와 방학중의 재치와 해학을 보여준다. 이러한 영웅설화는 지역의 역사적 상황을 반영하면서도 지역주민의 의식을 뚜렷이 담아내고 있다.

제3장에서는 대구 · 경북지역 설화의 주제별 특징을 분석할 것이다. 지역에 존재하는 다양한 설화 중에서 과거급제를 향한 끈질긴 도전과 희망, 풍수담의 성격과 지역적 의미, 임란체험과 지역주민의 대응, 사찰유래담과 지역민의 관심 등의 주제별 특징을 분석하고자 한다. 이러한 지역 설화의 주제별 연구는 개별성과 보편성을 확인하는 작업이기도 하다.

제4장에서는 대구 · 경북지역 설화의 지역별 특징을 분석할 것이다. 여기서는 지역의 역사와 문화적 특징이 뚜렷한 대구, 구미 · 선산, 상주, 경주, 안동, 고령 등을 살펴보고자 한다. 이러한 지역은 대구 · 경북의 역사, 사회, 문화적 특징을 뚜렷이 담아내고 있다고 하겠다. 대구 · 경북지역의 설화는 지역민의 의식과 지역적 특징을 밝히는 데 이바지할 것이다. 따라서 지역 설화의 개별성과 보편성은 한국설화의 보편성과 지역적 변모를 파악하는 지름길이 될 것이다.

이렇게 대구 · 경북지역의 설화는 지역의 현장과 관련하여 이해해야만 한층 깊은 의미를 가질 수 있다. 설화는 전국적 분포를 보이면서도 지역에 따라서 조금씩 차별성을 보여주기 때문이다. 지역에 분포하는 설화를 연구하여 한국설화의 개별성과 보편성을 찾아내는 작업은 전승집단의 의식을 이해하는 지름길이기도 하다. 한 걸음 나아가 대구 · 경북지역 설화는 한국설화의 보편성과 지구촌의 문화적 다양성에 이바지해야 마땅하다. 이러한 설화의 지역적 특징은 한국문화와 세계문화를 더욱 풍성하게 하는 데 기여할 것으로 생각된다.

제 2 장 대구 · 경북지역 영웅설화의 유형과 지역적 변모

대구 · 경북지역에 존재하는 영웅설화 속에는 주민들의 다양한 소망이 반영되어 있다. 영웅설화에 등장하는 인물은 비범한 능력을 가지고 출생하여, 민중들의 고통이나 국가의 위기를 극복하는 탁월한 활동을 보여준다.[1] 대구 · 경북지역에 전승되고 있는 영웅설화는 신화, 전설, 민담 등의 갈래에 골고루 내포되어 있을 뿐만 아니라 지역에 따라 변모된 양상을 보여준다. 이러한 영웅설화는 지역의 역사적 배경이나 전승자들의 환경에 의해서 변모되거나 재창조되기도 하였다. 여기서는 영웅설화의 변모양상을 분석하여 지역주민의 향유의식을 살펴보고자 한다.

영웅설화는 탁월한 인물의 출생, 활약, 성취, 죽음 등으로 연결되는 서사구조를 내포하고 있다. 이러한 영웅설화에는 고귀한 혈통을 가진 신성함, 역사적 인물의 탁월한 활약과 비극적 패배, 건달의 재치와 해학 등이 담겨 있다. 이것을 한국설화의 갈래구분과 연관시켜 보면 신화적 영웅, 전설적 영웅, 민담적 영웅 등으로 구분할 수 있다.

1) 조동일, 「영웅이야기의 유형 : 분류방법 모색을 위한 시도」, 『구비문학』 5집(한국정신문화연구원, 1981).

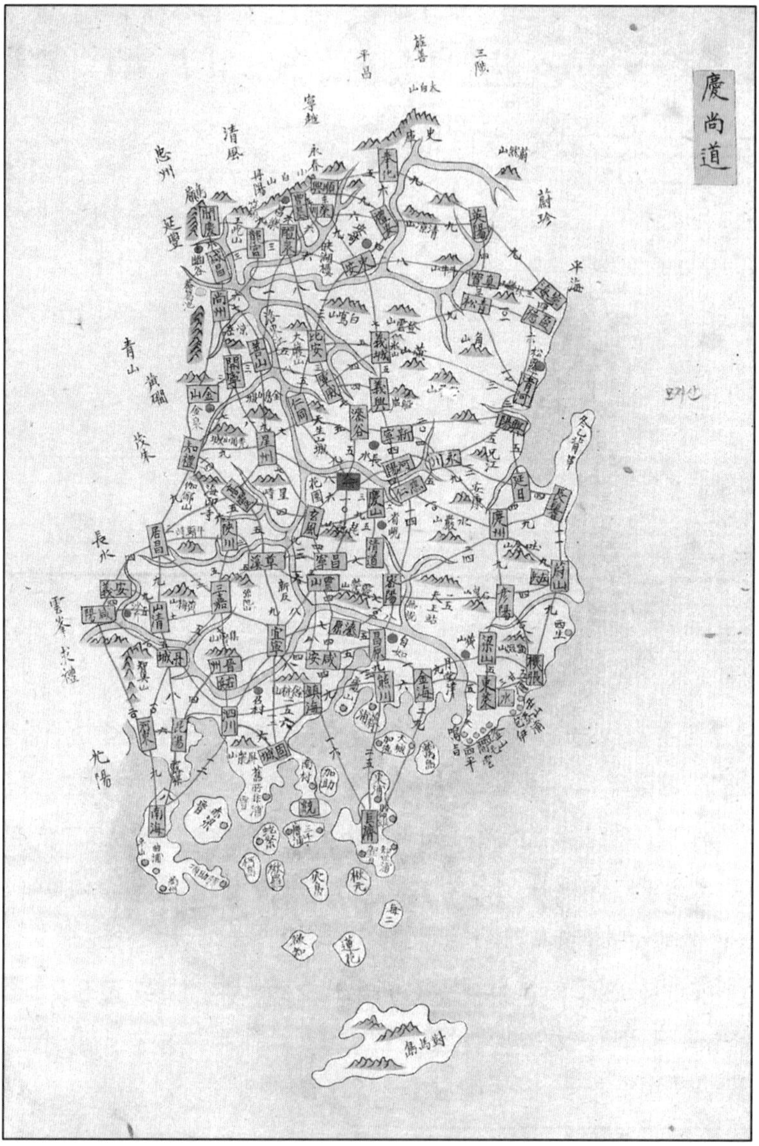

대구를 중심으로 경상도 전역을 표시한 경상도지도(한국의 옛지도, 37쪽)

신화적 영웅은 기존의 갈래구분에서 신화로 분류된 박혁거세, 김알지, 석탈해, 정견모주 등이다. 여기에다 문경지역을 중심으로 전승되었던 견훤신화도 추가해야 할 필요가 있다. 전설적 영웅은 비극적 죽음을 맞이한 아기장수와 국가적 위기를 극복한 역사인물로 구분할 수 있다.

그리고 민담적 영웅은 건달형 인물로 유명한 방학중이나 정만서를 꼽을 수 있다. 이러한 영웅설화는 기존의 설화분류에서 크게 벗어나지 않으면서도 갈래별 성격을 뚜렷이 담아내는 장점이 있다.

1. 신화적 영웅 이야기

신화에 등장하는 영웅은 천상적 의도를 지상에 실현하는 인물이다. 그들은 천상에서 하강했다는 신성한 징표를 가지고 있다. 대구・경북지역에 존재하는 신화는 신라, 대가야, 후백제를 창업한 신성 영웅에 대한 이야기이다. 이러한 신성 징표를 가진 영웅은 천상에서 지상으로 하강하여 국가창업을 이룩한다. 천상에서 하강한 신성 영웅은 지상의 어떠한 반발이나 갈등도 없이 군왕으로 등극한다. 이것은 천상과 지상의 조화와 화합을 통해서 지상에서 신성 징표를 가진 영웅적 통치자를 염원했음을 보여준다.

대구・경북지역에는 박혁거세, 김알지, 석탈해, 정견모주, 견훤 등의 신화가 존재한다. 박혁거세, 김알지, 석탈해 신화는 신라의 수도인 경주를 중심으로 전승되었다. 정견모주 신화와 견훤신화는 대가야의 수도인 고령과 견훤의 출생지인 문경을 중심으로 각각 전승되었다. 이러한 지역의 신화들은 고대국가의 기틀을 다진 신라와 대가야의 수도를 중심으로 전승되고 있다. 다만, 견훤신화는 그의 출생 지역인 문경을 중심으로 전승되고 있다. 이런 점에서 신라와 대가야는 경주와 고령에 근거를 둔 집단이 국가창업의 핵심역할을 수행한 것으로 보인다. 지역의 신화는 여러 부족을 통합한 집단의 우두머리가 군왕으로 등극하여, 왕권의 신성함과 정통성을 부여하기 위해 만들어진 것이다.

1) 경주지역의 신화 : 박혁거세, 석탈해, 김알지

경주지역의 신화에는 모두 신라의 창업과 발전에 기여한 신성 영웅이 등장한다. 신라 박혁거세 신화는 천상징표를 가진 인물이 신성한 알에서 출생하여 신라의 왕으로 등극한 이야기이다. 혁거세의 아내도 알영정에 출현한 계룡의 갈비에서 탄생하는 신성 징표를 가지고 있다. 이러한 박혁거세 신화의 내용을 요약하면 다음과 같다.

가) 육부의 시조들이 알천 언덕 위에 모여 군주를 선출하고 도읍을 정하기로 했다. 높은 곳에 올라 남쪽을 보니 양산 밑 나정에 이상한 기운이 빛나고 흰 말이 앉아 절을 하였다. 그곳에 가보니 말은 공중으로 사라지고 붉은 알 한 개가 놓여 있었다. 그 알에서 어린 사내아이가 탄생하여 동천에 가서 목욕시켰다. 그랬더니 몸에서 광채가 나고 천지가 진동하면서 동물들도 춤을 추었다. 그를 혁거세왕이라고 부른다.

나) 알영정 주변에 계룡이 출현했는데 왼쪽 갈비에서 동녀가 탄생하였다. 그 모습이 예뻤으나, 입술이 닭의 부리와 같았다. 월성 북천에 가서 목욕을 시키려고 했는데 저절로 부리가 떨어졌다. 그곳을 발천이라 한다.

다) 궁실을 남산 서쪽 기슭에 마련하고 신령스러운 두 아이를 받들어

길렀다. 사내아이는 알에서 출생했기에 성을 박(朴)이라고 하고, 계집아이는 출현한 우물의 이름을 따서 알영이라 한다. 두 성인은 13세에 왕과 왕후가 되었으며, 국호를 서라벌이라 정한다. 왕은 나라를 다스린 지 61년에 하늘로 올라가서 7일만에 유체가 땅에 떨어지고 왕후도 죽었다. 사람들이 왕의 유체를 합장하려 했으나 큰 뱀이 경계하여 오체를 장사하여 오릉이라 한다.[2)]

위와 같이 가)는 신라의 박혁거세가 알에서 출생하는 신성한 내용을 담고 있다. 나)는 동녀가 계룡의 갈비에서 출생하는 신성한 징표를 보여준다. 다)는 그들이 신라의 왕과 왕비로 등극하여, 세상을 다스린 뒤에 죽어서 무덤을 만든 이야기이다. 이러한 박혁거세 신화의 신성성은 비정상적 출생에 있다. 신화에서 비정상적 출생은 국가창업과 군왕으로 등극하는 핵심적인 모티브로 작용한다. 따라서 신성영웅은 천상에서 지상으로 하강하는 비정상적인 출생을 통해서 신성함을 발휘하고 있다.

석탈해 신화는 남방에서 배를 타고 신라에 도착한 뒤에 계략을 사용하여 왕으로 등극하는 이야기이다. 석탈해 신화는 박혁거세 신화와 김알지 신화에 비하여 신성징표가 다소 미약한 실정이다. 알 속에서 출생한 신성영웅이 지상의 인물과 다투는 것은 군왕으로 등극하기 위한 입사식을 보여준다. 그래서 석탈해는 지혜를 활용하여 호공의 집을 차지함으로써 지상의 군왕으로 등극하였다. 따라서 석탈해 신화는 신성영웅이 통과의례를 거쳤기 때문에 왕위를 계승한 것으로 짐작된다.

---

2) 일연, 이가원 역, 『삼국유사』 (태학사, 1991), 63~66쪽.

지혜를 사용해 호공의 집을 차지한 신성영웅 석탈해의 무덤

그 동자는 지팡이를 끌며 두 종을 거느리고 토함산 위에 돌무덤을 만들고 7일 동안 머물며 살만한 곳을 찾았다. 성내에 있는 호공의 집 형세가 초생달과 같아 살만한 땅임을 알고 내려온다. 동자는 그곳에 숫돌과 숯을 묻어놓은 뒤에 다음날 아침에 자기 집이라 주장한다. 이들의 논쟁은 관에서 해결하기로 결정했는데 동자의 말대로 숫돌과 숯이 나와서 그 집을 차지한다. 이때 남해왕은 탈해가 슬기로운 사람임을 알고 사위를 삼았다. 동자는 왕위에 올랐는데 남의 집을 차지하였으므로 성을 석씨라 부른다…… 석탈해는 왕위에 등극한 지 23년 만에 세상을 떠나 소천 언덕에 장사하였다.[3)]

김알지 신화는 신라시조 박혁거세 신화와 유사한 점이 많다. 김알지

3) 『삼국유사』, 68~71쪽.

의 신성 징표는 하늘에서 땅으로 내려온 붉은 구름, 빛을 발하는 황금궤, 나무 밑에서 울고 있는 흰닭 등이다. 신성 인물이 알에서 출생하는 김알지 신화는 박혁거세 신화를 바탕으로 재창조된 것으로 보인다. 그런데 김알지는 태자에 책봉되었음에도 불구하고 군왕으로 등극하지 않는다. 다만, 김알지의 후손이 왕위에 오름으로써 그의 신성영웅의 임무를 완수하게 된다.

김알지 신화가 깃들어 있는 계림

호공이 밤에 월성 서편 동네를 거닐다가, 큰 광명이 시림 속에서 빛나고 붉은 구름이 하늘에서부터 땅에 드리웠다. 구름 가운데 황금궤가 나무 끝에 걸려 빛이 궤속에서 나오고, 흰닭이 나무 밑에서 울고 있었다. 그러한 실상을 왕에게 아뢰었더니, 왕이 숲속으로 가서 궤를 열어 보았다. 그 속에서 사내아이가 일어났는데 마치 예전의 혁거세 출생과 같았으므로 이름을 '알지'라 지었다…… 왕이 길한 날을 골라 태자에 책봉하였으나, 파사에게 왕위를 사양하였다…… 김알지의 후손 미추왕이 왕위에 등극함으로써 신라 김씨의 왕통이 확립되었다.[4]

4) 『삼국유사』, 72쪽.

위와 같이 김알지 신화는 신성영웅의 출현과 지상의 군왕으로 등극하는 모습을 보여준다. 다만 박혁거세와 석탈해는 자신이 왕위에 오른다면, 김알지는 자신의 후손이 왕위에 오른다. 신화적 영웅들은 천상 징표를 가지고 출생하여, 지상의 질서를 구현하기 위해서 왕위에 오른 뒤에 죽음을 맞이한다. 그런데 김알지 신화는 신성영웅의 죽음 대목이 생략된 반면, 미추왕이 왕위에 올라 김씨의 혈통을 계승했다는 점을 부각하고 있다. 미추왕이 신라의 왕위를 계승하지 못했다면 김알지 신화는 존재하지 않았을지도 모른다. 따라서 김알지 신화는 미추왕 때 만들어졌을 가능성이 높다.

신라의 왕위계승에서 밀려난 김알지의 후손이 왕위에 오름으로써 신화가 필요하게 되었다. 이러한 신라의 왕위계승에서 미추왕이 군왕으로 등극하면서 신화가 만들어지고 전승되었을 것으로 짐작된다. 김알지 신화는 미추왕의 왕권을 강화시켜줄 뿐만 아니라 왕위에 오른 김씨의 정당성을 강조하였다. 이 때문에 미추왕은 박혁거세 신화를 토대로 김알지 신화를 재창조하여 자신의 신성성과 왕위계승의 정당성을 대내·외에 천명한 것으로 보인다.

2) 고령지역의 신화 : 정견모주

고령지역의 신화에는 대가야를 창업한 신성 영웅이 존재하고 있다. 대가야의 수도인 고령지역에는 정견모주 신화가 전해진다. 대가야는 520년 동안 고령지역을 중심으로 왕성한 대내외 활동을 하였다. 고구려 광개토대왕의 금관가야 정벌을 계기로 후기 가야제국의 맹주로 성장한 대가야는 가야국의 정통성과 자주성을 천명하기 위해서 신화를 만들었다. 대가야의 건국신화는 최치원의 <석리정전>에 단편적인 내용이 남아있다.

> 가야산신 정견모주가 천신인 이비가에 감응되어 대가야왕인 뇌질주일과 금관가야국왕인 뇌질청예의 두 사람을 낳았다. 즉 뇌질주일은 이진하시왕의 별칭이고 뇌질청예는 수로왕의 별칭이다.[5]

위와 같이 정견모주 신화는 천신과 가야산신의 결합으로 대가야왕과 금관가야왕이 탄생하는 과정을 보여준다. 이것은 천신과 지신의 결합으로 출생한 형제가 가야제국의 군왕으로 등극하는 국가창업 신화이다. 신성징표를 가진 형제 중에서 형이 대가야국의 왕이 되고, 동생은 금관가야국의 왕이 된다. 이러한 정견모주 신화는 가야제국의 맹주로 성장한 대가야의 정통성과 위상을 뚜렷이 보여준다. 반면에 금관가야의 김수로왕 신화는 천상징표를 가진 알에서 6명의 동자가 출생하여 각각 6가야의 왕이 되었다.[6] 그 중에서 김수로왕이 초기 가야제국의 맹주인 금관가야의 왕으로 등극한다.

정견모주 신화와 김수로왕 신화는 가야제국의 왕으로 등극한다는 점에서 동일하지만, 신성 영웅의 출생담은 차이를 보인다. 대가야 신화는 천상과 지상의 결합으로 형제가 출생한다면, 금관가야 신화는 알에서 6명의 동자가 출생한다. 정견모주 신화는 북방계통의 신화적 성격을 가

---

5) <고령현조>, 『신증동국여지승람』 29권.

6) 『삼국유사』, 179쪽. 붉은 끈이 하늘로부터 내려와 땅에 드리워지는 것이었다. 그 끈 밑을 살펴보니, 붉은 보 속에 금합자(金合子)가 싸여 있기에 열어 보았다. 해처럼 둥근 황금 알 여섯 개가 있었다…… 여섯 알이 모두 동자로 화하였는데, 용모가 심히 거룩하였다.

지고 있다면, 김수로왕 신화는 남방계통의 신화적 성격을 보여준다. 이러한 가야제국의 신화는 역사적 변천과 더불어 금관가야와 대가야의 위상이 달랐음을 반영하고 있다. 후기 가야제국의 맹주로 성장한 대가야는 금관가야를 계승했을 뿐만 아니라 형제관계를 유지하고 있음을 보여준다.

금관가야국의 수로왕은 왕위를 빼앗으려던 탈해와 술법을 겨루어 승리한다. 석탈해와 김수로왕은 변신술을 사용하여 승부를 겨루었다. 탈해가 매와 참새로 변신했으나, 수로왕은 독수리와 새매로 변신하였다. 이러한 탈해와 수로왕의 변신술 대결은 이주민과 토착민의 갈등으로도 볼 수 있다. 이주민으로 상징되는 탈해와 토착민의 대표자인 수로왕의 대결은 토착민의 승리로 귀결된다.

> 잠깐 사이에 탈해가 매가 되고, 왕은 독수리가 되었으며, 또 탈해가 참새로 화하였을 때 왕은 새매로 화하였다. 이때의 광경은 촌음도 옮겨지지 않는 찰라였다. 탈해가 본신으로 돌아왔을 때 왕 또한 그러하였다. 탈해는 드디어 엎드려 항복하였다…… 생명을 보전한 것은 성인의 죽이기를 싫어하는 어진 마음을 입었기 때문입니다.[7)]

위와 같이 이주 집단의 대표자인 석탈해는 금관가야 수로왕에게 패배하여 신라로 도망친다. 탈해가 수로왕에게 패배한 일차적 원인은 변신술의 부족 때문이다. 비범한 인물은 변신술을 통해서 영웅적 능력을 발휘하기도 하였다. 이러한 변신술 대결에서 탈해가 수로왕에게 패배한 것이다. 그런데 탈해가 패배한 근본 원인은 수로왕이 어진 마음을 가지

---

7) <가락국기>, 『삼국유사』, 181쪽.

고 있었기 때문이다. 금관가야국의 수로왕은 백성에게 선정을 베풀었을 뿐만 아니라 살생을 싫어하는 어진 마음을 가졌다. 이것은 수로왕이 백성의 신임을 받고 있어서 탈해와 같은 이주민이 성장하지 못했음을 보여준다. 따라서 석탈해는 수로왕의 어진 마음과 위엄에 감탄하여 패배를 인정하고 순순히 물러난다.

수로왕은 왕권에 도전하는 이주민의 대표자인 석탈해를 물리친 뒤에 결혼을 하게 된다. 수로왕의 배필은 토착민이 아니라 해양세력의 이주민으로 볼 수 있다. 수로왕의 배필인 허황옥은 하늘의 명령으로 배를 타고 금관가야에 도착한다. 수로왕과 허황옥은 하늘에서 정해진 운명대로 결혼을 하게 된다.

수로왕릉의 쌍어문

김수로왕의 부인 허황옥의 고향인 인도 아요디아의 쌍어문

첩은 본시 아유타국 공주입니다. 성은 허요, 이름은 황옥이요, 나이는 16세입니다…… 아비와 어미가 어젯밤 꿈에 황천상제를 뵈었는데, 가락국 원군 수로는 하늘에서 내리시어 보위에 오르게 하였으니, 그야말로 신성한 사람이요, 또 새로 임금이 되어 아직 배필이 없으니, 경등은 모름지기 공주를 보내어 배필을 삼을지어다. 하고 말이 끝나자, 곧 하늘로 올라가고, 꿈을 깬 뒤에도 상제의 말씀이 오히려 귀 언저리에 사라지지 않았으니, 너는 이제 곧 어버이를 하직하고 저곳으로 향해 떠날지어다.[8]

8) 『삼국유사』, 183쪽.

위와 같이 김수로왕은 하늘에서 정해진 예정대로 아유타국 공주와 결혼한다. 이것은 토착민과 해양 이주민의 결합으로 성립된 금관가야국의 성격을 보여준다. 수로왕의 배필이 인도 아유타국의 공주라는 사실은 매우 흥미로운 대목이다. 이러한 신화적 맥락을 바탕으로 실제로 인도 아요디아 지역을 답사한 결과, 수로왕과 허황옥의 무덤에 새겨진 쌍어문의 비밀을 풀어내기도 하였다.[9] 김수로왕 신화는 인도 아요디아 지역에서 이주한 허황옥과 결혼함으로써 새로운 문화적 융합을 이룩하였음을 보여준다.

3) 문경지역의 신화 : 견훤

문경지역에는 역사의 패배자로 전락한 견훤신화의 흔적이 존재하고 있다. <농암과 견훤>은 잃어버린 견훤신화의 모습을 생생하게 보여준다. 문경지역에서 출생한 견훤은 그곳을 토대로 성장하여 후백제를 창업하였다. 견훤은 통일신라가 붕괴되면서 전라도 서남해안 지역에서 발흥한 호족세력을 규합하여 후백제의 왕으로 등극하였다. 이러한 국가창업 과정에서 견훤신화는 왕통의 신성함과 후백제 건국의 정당성을 확립하는 사상적 역할을 수행했을 것으로 보인다. 후백제의 발전과 왕권의 절대성을 강조하기 위해서 견훤신화가 필요했을 것이다.

---

9) 김병모, 『김수로왕비의 혼인길』(푸른숲, 1999).

역사적으로 패배한 견훤을 수호신으로 모시고 있는 동신당

옥황상제의 공주와 구호라는 청년은 서로 사랑했으나, 천상 옥황의 죄를 받아 인간 세상으로 유배되었다. 천마산에서 구호는 부친을 잃은 아비 여인의 원수를 갚아주고 그녀와 동거하여 아기를 낳았다. 그런데 구호는 하늘로 올라가면서 아비를 데리고 갔는데, 옥황상제와 공주의 분노를 사서 다시 지상으로 내쫓겼다. 그때 구호가 타던 백마가 떨어져 천마산이 되고 아비 처녀와 구호는 동쪽에 떨어져 농암이 되었다. 얼마 후에 한 쪽 바위가 갈라지면서 칼을 든 아이가 나타났는데 그가 견훤이다.[10)]

10) 『내 고장 전통 가꾸기』(문경군, 1982), 141~142쪽.

위의 견훤신화는 단군신화의 구조를 차용한 것처럼 보인다. 천상적 남성과 지상적 여성의 결혼으로 단군이 출생하는 구조와 일치한다. 천상적 인물이 옥황상제의 죄를 받아 지상에 내려오는 이야기는 단군신화와 고전소설에 자주 등장하는 보편적인 내용이다. 견훤신화도 천상과 지상의 결합으로 새로운 신성영웅의 탄생을 보여준다. 이런 점에서 견훤신화는 천상적 존재와 지상적 존재의 결합으로 신성한 인물이 출생하는 기존의 신성구조를 차용하고 있다.

이러한 <농암과 견훤>을 통해서 잃어버린 견훤신화의 모습을 확인한 점은 커다란 성과로 볼 수 있다. 후삼국의 쟁탈전에서 후백제를 창건한 견훤이 문경에서 출생한 신성영웅임에도 불구하고 역사적 패배로 인하여 역사영웅으로 전락하였다. 이러한 잃어버린 신성영웅의 신화적 고리를 찾아내는 것은 매우 흥미로운 작업이다.[11] <농암과 견훤>은 문경군 가은읍 민지리의 천마산에서 견훤이 성을 쌓고 군사들을 훈련시켰다는 점을 부각하고 있다. 문경지역에서 세력기반을 다진 견훤은 천상적 부친과 지상적 모친의 결합으로 탄생한 신성한 인물로 등장한다.

견훤신화는 고려를 건국한 왕건이 후백제를 멸망시키고 후삼국을 통일하면서 점차 사라진 것으로 보인다. 더욱이 후백제는 고려의 침략으로 멸망한 것이 아니라 견훤의 후계구도와 관련한 왕위계승 과정의 반란으로 붕괴하였다. 이런 점에서 후백제를 지탱했던 견훤신화는 지역적 전승 기반마저 급격히 붕괴한 것으로 생각된다. 아무리 신화라고 하더라도 지역적 전승기반이 흔들리면 그 신화는 급격히 소멸되게 마련이

---

11) 김기탁, 「견훤설화의 신성성과 민속신앙」, 『상주문화연구』 8집(상주대 상주문화연구소, 1998), 63~93쪽.

다. 지금까지 견훤신화는 그가 출생하거나 어린 시절을 보낸 문경과 상주지역에서만 일부 전승되고 있다. 타 지역에서는 역사적으로 왕건에게 패배한 견훤을 폄하하는 전설로 변모되었다. 따라서 견훤신화의 전승여부는 역사적 승패에 의해서 판가름되었던 것이다.

이상에서 신성징표를 가진 영웅이 국가를 창업하여 왕으로 등극하는 이야기는 한국신화의 보편적 특징이다. 단군신화는 천상에서 지상으로 하강한 환웅과 웅녀의 결합으로 단군이 탄생하여 고조선을 건국하는 이야기이다. 고구려의 주몽신화와 금관가야의 수로왕 신화, 대가야의 정견모주 신화는 천상에서 하강한 신성 영웅이 국가창업과 동시에 군왕으로 등극하는 공통점을 보여준다. 이런 측면에서 대구・경북지역의 신화는 한국신화의 보편성을 내포하고 있으면서도 지역적 특성을 내포하고 있다.

신라신화와 가야신화는 고대국가 성립에 필요한 강력한 통치자의 등장이 필요했음을 보여준다. 경주지역의 박혁거세, 김알지, 석탈해신화와 고령지역의 정견모주 신화, 문경지역의 견훤신화 등은 신성징표를 가진 영웅이 출생하여 지상의 군왕에 등극하고 있다. 이것은 지상에 필요한 왕권에 대한 신성의식을 부여한 것으로 보인다. 지역의 신화들은 천상과 지상의 화합에 의한 영웅의 탄생과 국가창업, 결혼, 죽음 등으로 구성되어 있다. 다만 경주의 김알지, 석탈해신화는 결혼대목이 등장하지 않는 차이점을 보여준다. 따라서 신라신화가 알에서 신성영웅이 출생하는 남방계통의 난생신화를 보여준다면, 가야신화와 견훤신화는 결혼을 통한 신성영웅이 출생하는 북방계통의 신화를 보여준다.

2. 전설적 영웅 이야기

1) 아기장수 전설의 유형과 변모

민중영웅에 속하는 대표적인 인물은 아기장수이다. 아기장수는 민중의 고통을 해결할 수 있는 비범한 능력을 가지고 태어났지만, 가족이나 친척에게 비극적 죽음을 맞이한다.[12] 부모의 간절한 염원에 의해서 출생한 아기장수는 탁월한 능력 때문에 역모의 빌미를 안고 있었다. 다시 말해 아기장수는 자신의 비범한 능력이 증가할수록 죽음의 공포도 커지게 마련이다. 이러한 역설적 상황은 아가장수의 출생에 대한 기득권자의 욕망을 반영한 것으로 보인다. 부모를 포함한 기득권자들에 의한 유아살해는 집단의 질서를 유지하기 위한 고육책이기도 하다.

아기장수 전설은 기득권에 의해서 지배되고 있는 구질서를 과감히 개혁하려는 지역주민들에 의해서 구비 전승되었다. 기존의 문제를 한순간에 혁파하기 위해서는 아기장수와 같은 민중영웅의 출현이 필요했을 것이다. 그런데 실제로 민중영웅이 출생했을 때에는 오히려 역모의 두려움을 부각하고 있다. 민중들은 고통에서 해방되기를 소망하면서도 역모에 휘말리지 않으려는 양면성을 내포한 것으로 보인다. 이러한 인간의 양면성은 시공을 초월하여 항상 존재하고 있는 모순이기도 하다. 지역주민들은 아기장수 전설을 향유하면서 자신들의 욕망도 함께 반영하고 있다.

(1) 아기장수 전설의 유형구조

아기장수 전설은 전국적으로 다양한 각편의 이야기가 존재하고 있다.

---

12) 천혜숙, 「전설의 신화적 성격에 관한 연구」(계명대 박사논문, 1987). 김수업, 「아기장수이야기 연구」(경북대 박사논문, 1994).

대구 · 경북지역에 전승되고 있는 아기장수 전설은 어떤 특징을 가지고 있을까? 이러한 물음에 답하기 위해서는 아기장수 전설의 유형을 분류하는 작업이 선행되어야 한다. 지금까지 아기장수 전설을 분류하는 방법은 매우 다양하게 진행되었다.[13] 지역의 아기장수 전설은 "날개형"과 "부활형"으로 구분할 수 있다. "날개형"은 아기장수의 비범성을 강조한다면, "부활형"은 아기장수의 재생공간을 강조하고 있다.

"날개형" 유형에 속하는 아기장수 전설은 <하마비를 움직인 아기장수와 조부>, <아기장수와 용마>, <아기장수와 백룡담의 용마>, <임장군과 백룡담의 용마>, <신흥의 말마뜸>, <청룡거리와 아기장수>, <말구리와 칼날 바위>, <바위고개의 비극>, <아기장수의 죽음> 등이 있다.[14] "부활형" 유형에 속하는 아기장수 전설은 <신주못>이 대표적이다. 이렇게 보면 대구 · 경북 지역에 존재하는 아기장수 전설도 타 지역과 마찬가지로 "날개형"이 압도적인 분포를 보이고 있다.

아기장수 전설의 "날개형"과 "부활형"에 해당하는 유형의 서사단락을 제시하면 다음과 같다.

<날개형>

가) 아기를 얻기 위한 기자치성을 한다.

나) 아기장수가 출생하여 비범한 능력을 보여준다.

다) 가족들이 역모를 두려워하여 아기장수를 죽인다.

---

13) 임철호, 「아기장수설화의 전승과 변이」, 『구비문학연구』 3집(한국구비문학회, 1996), 203~236쪽. 김영희, 「아기장수 이야기의 전승력 연구」(연세대학교 석사논문, 1999).

14) 『호국의 고장』(칠곡군, 1983), 189~192쪽. 앞의 책, 7-6권(영덕군).

라) 용마가 아기장수의 죽음을 슬퍼하다 죽는다.

<부활형>

마) 아기를 얻기 위한 기자치성을 한다.

바) 아기장수가 출생하여 비범한 능력을 보여준다.

사) 어머니의 무심코 한 행동 때문에 아기장수는 죽임을 당한다.

아) 아기장수는 무덤에서 재생을 준비한다.

자) 협박을 받은 어머니가 아기장수의 무덤을 알려준다.

차) 아기장수는 재생에 실패하고 어머니는 죽임을 당한다.

위와 같이 아기장수 전설은 아기장수의 비극적 죽음과 재생공간의 새로운 모색여부를 중심으로 유형을 구분한 것이다. 대구・경북지역의 아기장수 전설은 가), 마)처럼 남아선호 사상을 보여주는 기자치성 대목이 첨가되어 나타난다. <부활형>은 아기장수의 죽음에 어머니가 직접, 간접적으로 관여하고, <날개형>에서도 아기장수의 역모를 방지하기 위해서 부모나 친척 및 동족집단이 유아살해에 동참하고 있다. 다만 <날개형>은 어머니와 같은 여성의 책임이 막중하게 부가되지는 않는다. 이런 점에서 <부활형>은 아기장수의 재생과정에서 어머니의 역할이 얼마나 중요한가를 역설적으로 보여준다.

대구・경북지역에 존재하는 아기장수 전설 가운데 <아기장수의 억울한 죽음>과 <신주못>을 통해서 전반적인 성격을 살펴보려고 한다. 전자는 아기장수의 출생과 비극적 죽음을 다루고, 후자는 아기장수의 출생과 재생의 실패를 다루고 있다. 두 작품은 탁월한 능력을 가진 아기장수의 비극적 죽음을 내포하고 있음에도 불구하고 세부 내용에서는 차이점을 보여준다. 전자는 아기장수의 억울한 죽음을 부각하고 있다면, 후자는 재생에 실패한 아기장수의 증거물을 강조하고 있다. 증거물로 등장하는 '신주못'은 아기장수의 재생공간이면서 비극적 죽음을 맞이한 패배의 공간이기도 하다.

김녕 김씨 가문의 아기장수 무덤과 비석 앞에 선 제보자 김형화 씨(좌)와 필자(우)

날개형에 해당하는 <아기장수의 억울한 죽음>은 정승의 집에 출생한 아기장수가 역적의 우려 때문에 부모에게 죽임을 당한다. 아기장수는 자신이 죽으면 집안이 패가한다고 주장했음에도 불구하고 부친은 역적이 되는 것을 우려하여 아들을 죽인다. 모친은 아기장수가 죽으면 후손이 낭패를 보게 된다는 말에 대해 "우리집은 망하는데 이래 망하나 저래 망하나 망하는건 매 일반인데, 역적 되마는 워에는고? 역적보다 낫잖나"라고 말한다. 결국 아기장수는 부모에 의해 죽임을 당하고 그 집안에는 자손이 끊어진다. 정승집안에서는 신분제 사회의 기득권을 유지하기 위해 역적의 출생에 대해서 매우 민감한 반응을 보이고 있다. 이러한 아기장수 전설은 폐가보다 역적의 출현을 더욱 경계한 것으로 보인다.

부활형에 해당하는 <신주못>은 어머니의 실수로 죽은 아기장수가 재생을 통해서 부활의 기회마저 상실한다. 세조 2년 사곡에 늙은 부부는 슬하에 자식이 없어 고민하다가 고목에 기도하여 아들을 낳았다. 그 아기는 비범해 생후 3일부터 걸어다녔다. 그러던 어느 날 한 장군이 모내기를 하던 어머니에게 지금까지 심은 포기 수를 말하라고 협박하였다. 당황한 어머니를 구하기 위해서 아기장수는 지혜를 발휘하여 장군이 타고 온 말발굽의 수를 말하라고 질문한다. 말문이 막힌 장군은 아기장수의 비범함을 확인한 채 물러났으나, 아기장수는 화살을 막기 위해서 어머니에게 콩을 볶아달라고 부탁했다. 그런데 콩을 볶던 어머니가 무심코 한 개를 먹어버렸기 때문에 죽음을 예감한 아기장수는 자신의 무덤을 비밀로 해달라고 하였다.

> 내가 죽거든 내 목을 잘라서 명주수건에 잘 싸가지고 남쪽으로 가다가 첫째 못에 버리십시오. 버리고 돌아서면 지난 번 장군이 내 목을 찾을 터이나 절대로 가르쳐 주지 마십시오. 하고 신신 당부하면서 방문을 여니 난데없는 화살이 날아왔다. 콩을 던져서 막고 또 던져서 막았으나, 막기를 99번을 하고 100번째는 막을 콩이 없어 맞아 죽고 말았다.[15]

15)『의성의 전통』(의성군, 1982), 146쪽.

위와 같이 어머니의 실수로 아기장수는 장군의 화살을 막지 못해 죽음을 당한다. 이러한 아기장수의 죽음은 비범함 때문에 발생하고 있으나 어머니의 실수도 한 몫을 하고 있다. 아기장수의 일차적 죽음은 무심코 저지른 어머니의 습관에서 발생한다면, 이차적인 죽음은 장군의 협박에 어머니가 굴복한 것이다. <신주못>은 비범한 능력을 가진 아기장수를 끝까지 지켜내지 못한 책임을 어머니에게 돌리고 있어서 주목된다. 이것은 비범한 아기장수의 양육을 여성에게 전가하고 있는 가부장적 가족제도를 반영하고 있다.

> 장군은 못둑에 있는 수양버들의 잎을 세 번 훑어서 못에 던지니 이상하게도 못물이 갈라지는 것이었다. 못 가운데에는 갑옷을 입은 장군이 일어나려고 꿈틀대고 있었다. 이것을 본 장군은 달려가서 한 칼에 목을 잘라 죽여버리고 돌아와서는 그 어머니마저 한 칼에 처치해 버렸다.[16]

위의 인용문과 같이 아기장수가 갑옷을 입고 재생하려는 순간에 다시 죽임을 당한다. 아기장수는 일차적 죽음을 겪은 다음 일정기간 동안 재생과정을 거쳤으나, 세상에 출현하지도 못한 채 비극적 죽음을 맞이한다. 그리고 아기장수의 재생장소를 알려준 어머니도 함께 죽임을 당하였다. 여기에 등장하는 장군은 아기장수와 같은 민중영웅의 출현을 원천적으로 봉쇄하는 권력자를 상징하고 있다. 신분제 사회에서 기득권을 가진 권력자는 새로운 세력의 등장에 대해 얼마나 두려워했는지 뚜렷이 보여준다. 따라서 아기장수와 같은 민중영웅의 출현은 언제나 가

16) 『의성의 전통』, 146~147쪽.

능한 미래지향적인 희망으로 열려있는 것이다.

(2) 아기장수 전설의 변모양상과 의미

대구 · 경북지역에 전승되었던 아기장수 전설의 변모양상과 의미에 대해 논의할 차례이다. 아기장수 전설은 주민의 소망을 반영하여 지역의 환경에 맞도록 변모될 수밖에 없다. 이러한 변모와 재창조 과정을 통해서 아기장수 전설은 지역적 특징을 담아내고 있다. 지역에 분포하고 있는 아기장수 전설은 지명유래와 연관된 것이 대부분이다. 아기장수의 비극적 죽음과 주인 잃은 용마의 출현 및 죽음을 나타내는 증거물이 지명유래로 계승되고 있다.

예컨대 <바위고개의 비극>과 <신주못>은 아기장수의 비극적 죽음이나 재생공간이 지명유래로 연결된다면, <신흥의 말마뜸>과 <청룡거리와 아기장수>는 용마와 관련된 지명유래를 보여준다. 아기장수 전설의 증거물이 지명유래와 연결되는 것은 전설의 보편적 특징이라 할 수 있다. 이러한 증거물은 아기장수 전설의 사실성을 강조하기 위해서 첨가된 것으로 보인다.

<하마비를 움직인 아기장수와 조부>는 아기장수가 출생하여 밤마다 하마비를 거꾸로 꽂다가 할아버지에게 발각되어 실패한 이야기이다.[17] 할아버지는 아기장수의 어깨에 생긴 사마귀를 제거하여 힘을 쓰지 못하도록 하였다. 왜냐하면 아기장수의 힘은 어깨에 생긴 사마귀에서 발생하고 있기 때문이다. 이러한 아기장수 전설은 일반적인 유형구조에서 벗어난 것으로 보인다. 비범한 능력을 상실한 아기장수는 평범

17) 앞의 책, 7-17권(예천군), 321~322쪽.

한 인간에 불과하다. 역적의 위험성이 사라진 뒤에야 비로소 아기장수는 죽음의 위협으로부터 벗어나게 되었다. 역적의 우려를 말끔히 제거했기 때문에 아기장수의 죽음 대목이 생략되었다. 이것은 비범한 능력 때문에 역적의 혐의를 받기보다는 평범하게 살고자 했던 지역주민의 의식이 반영된 것으로 보인다.

<아기장수와 용마>는 소천 부네 강변에서 아기장수가 출생하여 윗목에 튀어 올라가는 능력을 보여준다.[18] 마을 주민들은 비범한 인물이 혹시라도 역적이 될까 우려하여, 그 부모와 공모하여 아기장수를 죽인다. 그때 도골 용소에서 출현했던 용마도 사흘 동안 울부짖다가 죽는다. 그리고 아기장수가 출현한 부네 강변의 석함이 사흘 동안 울었다. 이러한 아기장수의 비극적 죽음은 용마, 석함과 같은 증거물을 통해서 생생하게 드러난다. 다만 아기장수의 갑옷이 부네 강변의 석함 속에 있다는 것은 새로운 민중영웅의 출현을 기대하는 지역주민의 욕망을 반영한 것으로 보인다.

<임장군과 백룡담의 용마>는 가난한 집에 출생한 비범한 인물이 역적이 될 것을 우려한 가족들에 의해서 죽임을 당한다.[19] 임 장군은 비범한 능력을 가졌으나 양반 신분을 타고나지 못했다. 신분적인 한계를 안고 출생한 아기장수의 비범함이 국가에 부담이 되고 있음을 보여준다. 자신의 죽음을 예감한 아기장수는 임경업 장군의 막하에서 공을 세운 뒤에 중국으로 피신하려 했으나 실패한다. 이렇게 봉화에서 출생한 임 장군이 아기장수의 화신으로 활약했음에도 불구하고 역사적 충신 임경업 장군에 의해서 죽임을 당하는 점은 주목된다. 따라

18) 『청송의 향기』(청송군, 1982).
19) 『울진의 얼』(울진군, 1982), 132~133쪽.

서 비극적 역사영웅인 임경업 장군이 아기장수와 같은 민중영웅의 출현을 원천봉쇄하고 있다.

<신흥의 말마뜸>은 부모의 무지로 비범한 능력을 가진 아기장수를 죽이는 이야기이다.[20] 신흥마을의 부부가 슬하에 자식이 없어 백일기도를 올린 뒤에 아들을 낳았다. 부부는 시렁에 앉아 있는 아들을 보고 여우가 둔갑한 것으로 착각해 아들을 죽인다. 아기가 죽을 때 백마가 나타나서 구슬피 울다가 뒷산 큰 바위 속으로 들어간다. 그 뒤로 신흥마을은 황폐해지고 아기를 죽인 부부는 죄책감에 시달리다 병으로 죽는다. 이러한 부모의 무지로 아기장수를 죽이는 대목은 <아기장수의 죽음>에서도 나타난다.[21] 그런데 백마는 죽지 않고 뒷산 바위 속에 숨어 새로운 아기장수를 기다리고 있다. 현실에서 패배한 민중영웅은 언제나 다시 출현할 수 있음을 보여준다.

<청룡거리와 아기장수>는 아기장수 전설과 지명유래가 복합되어 있다. 조선시대 인조 16년(1638)에 북면 신화리 청룡거리 마을에 한 부부가 쉰 살이 넘도록 슬하에 자녀가 없었다. 부부는 뒷산에 가서 백일기도를 올려 옥동자를 낳았다. 그런데 아기는 태어나자마자 벌떡 일어나 방안을 돌아다니고 방문을 열고 뛰어나가려 했다. 깜짝 놀란 아버지는 "아이쿠! 장수 났구나 장수 났어! 이 일을 장차 어떻게 하나!" 하고 바라던 아이를 얻은 기쁨은 잠깐이며 다가올 환란을 생각하니 가슴이 떨리고 겁이 났다. 아버지는 마을주민을 모아 아기장수를 죽인다. 그때 맑은 하늘에 먹구름이 덮이고 번갯불과 천둥이 치더니 동해에서 청룡이 날아와 마을에서 울다가 바닷가로 가서 죽었다. 주민들은 아기장수가 되살

20) 『청송의 향기』, 134~135쪽.
21) 앞의 책, 7-6권.

아날까 두려워 흙으로 묻지 않고 큰 돌로 묻었다.

> 며칠이 지나서 마을사람들이 무덤을 찾아가 보니 장수아기는 묻힌 채 죽어있고 아기의 시체 주위에는 수억만 마리의 개미떼들이 모여들어 칼을 차고 화살을 메고 군사훈련을 하고 있더라 한다.[22]

아기장수의 재생을 바라지 않았던 마을주민의 의도와 달리 아기장수는 재생을 도모하고 있다. 현실에서 패배한 아기장수는 재생공간에서 새로운 민중영웅의 출현을 끊임없이 모색한 것이다. 마을주민들은 고통을 풀어줄 민중영웅의 출현을 기대하면서도, 자신의 마을에 환란이 닥치는 것을 두려워하고 있다. 이러한 지역주민들의 양면성은 언제나 무의식 속에 존재하고 있었던 것으로 보인다. 비범한 장수의 출현은 민중의 소망을 반영하고 있음에도 불구하고 마을에 환란을 일으킬 가능성이 높았기 때문이다. 따라서 아기장수 전설은 역모를 미연에 방지한 측면과 재생공간에서 부활을 모색한 측면을 동시에 내포하고 있다.

<바위고개의 비극>은 산신령의 국가수호의식이 주민들의 영웅탄생과 맞닿아 있다.[23] 산신령은 국가를 위해 낙동강 바위고개에 아기장수를 숨겨놓고 키웠다. 산신령이 외세에 대비하여 아기장수를 양육했으나, 일본의 정보원에 의해 죽음을 당하였다. <장수를 빌던 뚜껑바위>에는 아기장수의 화신이 송석이라는 장사로 등장한다.[24] 영주시 휴천동 뒷산에 높이 10미터 직경 7미터 가량의 뚜껑바위가 있다. 송석은 조선

---

22) 『울진의 얼』, 133쪽.
23) 『호국의 고장』, 191~192쪽.
24) 『우리 고장의 전통문화』(영주시 · 영풍군, 1983).

초기 문정동 한천서당에서 글공부를 했으나, 동료들의 놀림감이 되었다. 잉어를 먹어 장사가 된 송석은 간신의 모함과 화를 면하려던 집안사람들에 의해 죽임을 당한다. 그때 용마가 나타나 뚜껑바위에 갑옷을 넣고 뚜껑을 닫은 후 사라진다. 이것은 지역민의 민중영웅 출현에 대한 기대를 반영하고 있다.

용마가 아기장수의 갑옷을 넣어둔 뚜껑바위에는 새로운 영웅이 탄생하길 기원하는 지역민의 소망이 반영되어 있다.

<아기장수가 난 곳>은 아기장수와 풍수의 연관성을 보여준다.[25] 밀양 박씨가 장군 진출형이 아닌 장군 진퇴형에 무덤을 조성했기 때문에 아기장수가 죽음을 당하였다. 이것은 아기장수의 비극적 죽음을 음택풍

25) 앞의 책, 7-6권.

수를 통해서 설명하고 있어서 주목된다. 이러한 풍수와 연관된 아기장수 전설은 <아기장수의 죽음>, <장수난 내력>에도 공통적으로 등장한다.[26] <아기장수의 죽음>에는 영덕의 무의공 박의장은 승전장군이 출생할 곳에 묘를 잡았으나, 아기장수는 패전장군이 날 곳에 묘를 썼다. 결국 무안 박씨가 장군대좌형에 무덤을 잡아서 성공한다면, 아기장수는 장군퇴좌형에 무덤을 잡아서 실패한다. <장수난 내력>에서는 밀양 박씨가 장군으로 출생한 아이를 죽여서 패망한다면, 무안 박씨는 장군대좌에서 장군이 출생하여 성공한다.

영덕지역의 아기장수 전설은 타 지역에 비하여 풍수와 깊은 관련을 보여준다. 지역주민들은 조상의 묘를 명당에 잡음으로써 아기장수와 버금가는 훌륭한 후손의 탄생을 기원하고 있다. 특히 무안 박씨로 대표되는 영덕지역의 양반가문에서는 장군이 출현할 곳에 무덤을 만들었다. 이러한 아기장수 전설은 민중영웅의 모습이 아니라 특정한 가문의 인물 출생을 기원한 것으로 변모되었다. 따라서 영덕지역의 아기장수 전설은 음택풍수를 활용하여 박씨의 가문을 부흥할 후손의 출생을 고대하고 있다. <강장군과 용마, 아기장수>에서는 제보자 강취근(남, 78세)의 집안에서 실제로 아기장수가 출생했음을 보여준다. 그들의 윗대 할아버지인 강 장군이 바로 아기장수의 화신임을 강조하고 있다.

이상에서 대구·경북지역의 아기장수 전설은 지역의 구체적인 증거물과 연결되어 있다. 아기장수 전설을 향유했던 지역주민들은 지명유래와 연관시켜 전승하였다. 이 때문에 전국적인 분포를 보인 아기장수 전설은 구체적인 증거물에 의해서 지역적 변모를 보여준다. 지역주민들은

---

26) 앞의 책, 7-6권.

기자치성으로 얻은 아기장수를 통해서 민중영웅의 출현을 기대하면서도 역적의 혐의를 두려워하는 이중성을 뚜렷이 보여준다. 특히 아기장수 전설을 활용하여 가문의 훌륭한 인물의 출생을 기원했다는 점에서 가문을 중시하고 있는 지역적 특징을 확인할 수 있다.

2) 역사영웅의 활약상과 비극적 죽음

역사영웅은 실제 역사인물로서 국가의 위기를 극복한 영웅을 말한다. 우리의 역사는 이민족의 무수한 외침과 방어의 연속이라 해도 지나친 말이 아니다. 외침을 자주 받았다는 것은 한반도가 생활하기에 좋은 조건을 갖추고 있다는 반증이기도 하다. 살기 좋은 금수강산을 지키기 위해서 외침에 대항한 역사적 영웅은 어느 시대나 존재하게 마련이다. 대구·경북지역에서 출생한 인물들도 구국영웅으로 다양한 활약을 하였다. 역사영웅은 외침을 물리쳐 국가의 안위를 지켜낸 탁월한 능력을 가진 인물이다.

역사영웅들은 국가를 위해서 충성을 다하였으나, 모함에 의하여 비극적 죽음을 당하는 모습을 보여준다. 대구·경북지역에 전승되고 있는 역사영웅 이야기는 지역주민들의 의식을 뚜렷이 담아내고 있어서 주목된다. 이러한 역사영웅 이야기는 외세의 침략을 막기 위한 구국영웅, 견훤과 같이 국가의 창업을 위해서 활약한 국가창업영웅으로 구분할 수 있다. 여기서는 지역민들이 역사영웅의 활약상과 비극적 죽음을 어떻게 인식하고 있는지 구체적으로 살펴볼 것이다.

(1) 구국영웅의 활약상과 지역적 토착화

구국영웅은 평상시보다 전쟁과 같은 위급한 상황이 발생했을 때 더욱 빛을 발한다. 예컨대, 병자호란의 위기를 극복하기 위해서 노력한 임경업 장군과 울릉도를 지키기 위해서 고군분투한 안용복 장군 등이 그것이다. 변방을 지키던 남이 장군이 영양 지역의 도적을 섬멸하거나 신돌석 장군이 외세를 물리치기 위해서 의병을 조직하여 투쟁한 것도 포함될 수 있다. 이러한 구국영웅들은 대구·경북지역에서 탁월한 능력을 보여준 역사영웅으로 평가되고 있다.

임경업 장군은 병자호란 때 청나라 군사를 의주성에서 물리친 충신이자 구국영웅이다. 병자호란의 와중에서 탁월한 활동을 보여준 임경업 장군은 안타깝게도 역적 김자점에 의해서 죽임을 당한다. 이러한 이야기는 <임경업 장군의 행적과 김자점>에 뚜렷이 나타난다.[27] 임경업 장군은 장수의 기질을 타고났으나, 김자점의 역모에 연루되어 죽임을 당한다. 어릴 때부터 장수의 기질을 보였던 임경업과 김자점은 사이가 좋지 않았다. 김자점은 임경업을 죽이기 위해 여러 가지 모해를 시도한다. 그런데 임경업 장군은 병자호란 때 중국의 침입을 막아내었을 뿐만 아니라 볼모로 잡혀있던 세자와 포로를 구해낸다. 이러한 임경업 장군의 영웅적 활약을 시기한 김자점은 그를 역모로 몰아 죽인다.

병자호란의 위기를 탁월한 능력으로 극복한 임경업 장군은 구국영웅임에도 불구하고 역적의 손에 죽임을 당하는 비극성을 보여준다. <임경업 장군의 행적과 김자점>에서는 구국영웅의 비극적 죽음에서 멈추지 않고 충신을 모함해 죽인 역적 김자점에 대한 구체적인 응징이 나타난다. 예컨대 임경업 장군의 아들이 부모의 억울한 죽음에 대한 원수를 갚았다는 점을 부각하고 있다. 그리고 주민들은 김자점 때문에 병자호란이 발생한

27) 앞의 책, 7-18권.

것으로 생각하여, 그의 살을 떼어 사방에 버리는 무거운 형벌을 부과하였다. 따라서 지역주민들은 탁월한 능력을 보여준 구국영웅 임경업 장군에 대한 동정과 역적 김자점에 대한 응징을 뚜렷이 보여준다.

<관창리의 임 장군>은 봉화의 임 장군이 병자호란 때 임경업 장군의 휘하에서 많은 전공을 세워 주민들의 섬김을 받는 이야기다.[28] 조선 인조 때 명호면 관창리의 임석돌 장군은 출생과 더불어 조숙하여 일찍 병서를 익히고 전쟁놀이를 하면서 성장하였다. 임 장군은 용마를 훈련시켜 17세에 임경업 장군 휘하에 들어가 병자호란 때 많은 전공을 세웠다. 그런데 조선이 청나라에 항복했다는 소식을 들었을 때 임 장군은 종적을 감추었다. 이에 주민들은 마을 앞에 느티나무를 심고 제단을 만들어 해마다 정월 대보름에 그를 추모하는 제사를 지낸다. 이러한 임 장군의 구국활동은 지역주민들에 의해서 마을신으로 섬김을 받게 되었다.

<산적을 몰아낸 남이 장군의 용맹>은 남이 장군이 영양 지역에 출몰하는 도적 떼를 섬멸하는 이야기이다.[29] 영양군 입암면 반변천을 따라 기암절벽 사이로 남이포가 있는데 이것은 남이 장군이 도적 떼를 물리친 이야기에서 유래하였다. 조선 세조 때 영양 지역에 큰 도적 떼의 횡포가 심하여, 고을 원이 군사를 동원하여 진압하려 했으나 실패한다. 조정에서는 남이 장군을 파견하여 재주가 뛰어난 도적 떼를 진압하게 하였다. 남이 장군은 도적 떼를 섬멸한 뒤에 선바위 앞 절벽에 자신의 얼굴을 새겨놓았다. 도적이 사라진 영양 고을은 다시 평온을 되찾았다.

---

28) 『우리 고장의 전통』(봉화군, 1983), 265~266쪽.
29) 『내 고장 전통 가꾸기』(영양군, 1982).

남이 장군의 전설이 깃들어 있는 선바위(위)와 남이포(아래)

이 전설은 남이 장군이 탁월한 능력으로 관군도 진압하기 어려운 도적 떼를 섬멸하여 백성을 돌보는 역사영웅의 모습을 보여준다. 영양지역은 도적의 출몰이 잦았던 곳이다. 조선말기 고종 때도 도적 이재발이 무리를 거느리고 인근 주민과 영해부를 약탈하다가 1900년 영양현감 이복우에 의해 진압된 적도 있다. 그런데 하필 영양지역에 출몰한 도적 떼를 남이 장군이 섬멸한 이유는 무엇일까? 아마도 이곳이 남씨의 시조 영의공 남민의 식읍이라는 점과 그 후손인 남이 장군의 용맹을 연결한 것으로 보인다. 지역주민들은 영양 남씨의 토대와 남이 장군의 탁월한 능력을 결부시켜 '남이포' 전설을 만들어냈던 것으로 보인다.

한말의 의병장 신돌석 장군의 비범성에 대해서도 다양한 언급을 하고 있다. <신돌석이 공부를 한 곳>에서는 신돌석 장군이 형제봉에서 공부하여 축지와 축소의 변신술을 배웠다.[30] 그래서 신돌석은 영덕 오십천을 뛰어넘는 탁월한 능력을 보여준다. 영덕지역의 <신돌석의 뛰는 힘>은 신돌석이 언덕 위에 있는 은행나무를 축지법을 활용하여 뛰어넘는다. <신돌석의 축지법>은 100보에 사람을 두고 신돌석이 5리에서 출발해서 축지법으로 승리한다. 이렇게 지역주민들은 의병장 신돌석 장군의 변신술과 축지법에 대한 관심을 지속적으로 보여준다.

영덕지역의 <혈을 질러서 신돌석이 죽은 이야기>에는 일본군사가 의병대장 신돌석의 혈을 끊고 쇠말뚝을 박는 모습이 등장한다. 이것은 축지법과 변신술에 능한 신돌석 장군을 잡지 못한 일본군이 풍수의 혈맥을 끊어서 잡았다는 점을 부각하고 있다. 따라서 영덕지역의 <신돌석 이야기>와 <신돌석의 죽음>에서도 신돌석 장군의 탁월한 활동과

30) 앞의 책, 7-6권.

비극적 죽음을 투영하고 있다.[31)]

한반도의 동쪽에 위치한 울릉도를 지켜낸 안용복은 국토의 중요성을 새삼 깨우쳐준다. 조선시대는 울릉도에 대한 관심이 부족하여 섬 주민을 육지로 이주시키는 공도 정책을 시행하였다. 이 때문에 울릉도 주변에서 고기잡이를 하던 조선과 일본 어부들 간의 충돌이 잦았다. 울릉도에 침입한 일본 어부를 쫓아낸 안용복은 일본 막부로부터 울릉도가 조선 땅임을 재확인하고 귀국한다.

이러한 안용복의 영웅적 모습은 <울릉도를 지킨 안용복 장군>에 잘 드러난다.[32)] 부산 동래의 수군이자 어민인 안용복은 숙종 19년(1693)에 동래 어민 40명과 울릉도 근해에 고기잡이를 나갔다가 일본 어부와 충돌한다. 일본 어부에게 잡혀간 안용복은 일본 태수에게 울릉도가 조선 땅임을 주장하여, 당시 일본 막부로부터 울릉도가 조선의 영토임을 재확인하였다. 안용복은 일본에서 융숭한 대접을 받고 귀국했으나, 당시 강원감사 심칭은 양양으로 돌아온 안용복 일행을 월경한 죄인이라 체포했다. 조정에서는 일본과 마찰을 일으킨 죄를 물어 안용복을 죽이려고 하였다. 다행히 원로대신 남구만과 윤지완의 변호로 안용복은 죽음을 면한 채 귀양을 떠났다.

조선의 영토를 지켜낸 구국영웅 안용복을 귀향 보내는 사건에 대해서 지역주민들은 부정적인 시각을 보여준다. 지금까지도 독도 영유권 문제를 속시원하게 해결하지 못하는 정부의 외교를 볼 때마다 안용복의 의로운 행위는 더욱 중요하게 부각되고 있다. 안용복은 울릉도 근해의 일본 어부를 쫓아내었을 뿐만 아니라 울릉도가 조선의 영토임을 재확인한

31) 앞의 책, 7-6권, 7-7권(영덕군).
32) 『울릉군』(울릉군, 1983).

구국영웅이다. 이러한 영토에 대한 안용복의 의로운 행동 때문에 조선 정부는 공도화 정책을 포기하고 울릉도에 사람을 이주시키게 되었다.

이상에서 구국영웅들은 국가의 위기를 극복하기 위해서 충성을 다하는 모습을 보여준다. 임경업 장군은 병자호란 때 활약한 영웅이지만, 간신 김자점의 역모에 휘말려 비극적 죽음을 당하였다. 지역주민들은 울릉도를 지켜낸 안용복과 한말에 활약한 평민 의병장 신돌석 장군의 활약상, 병자호란 때 임경업 장군의 휘하에서 전공을 세운 임 장군 등과 같이 구국영웅의 활약상에 상당한 관심을 보일 뿐만 아니라 간신에 대한 철저한 응징을 보여준다. 그리고 영양지역에 출몰했던 도적을 진압한 남이 장군을 통해서 영웅설화의 지역적 토착화를 보여주고 있다.

(2) 견훤의 역사적 패배와 비극적 죽음

후백제를 창업한 견훤은 고려 왕건에게 패배함으로써 역사의 뒤안길로 사라진 영웅이다.[33] 후삼국의 분열과 통일전쟁에서 패배한 견훤은 신화에서 전설의 비극적 인물로 전락하였다. <말바위와 아차산>은 후백제를 창건한 견훤의 영웅적 모습을 담고 있다. 마을 뒷산 바위 밑에 살고 있던 백마는 성질이 사납고 난폭해서 사람의 접근을 허용하지 않았다. 주민들은 백마가 밤마다 들판의 곡식을 뜯어먹어 농사를 망칠까 걱정하였다. 이 소식을 들은 견훤은 백마를 잡으려고 허수아비를 만들어 백마가 다니는 굴 앞에 두었다. 처음엔 백마가 허수아비를 경계했으나 점차 무감각해진다.

---

33) 박현국, 「<견훤설화>고」, 『중앙민속학』 3집(중앙대 민속학연구소, 1991), 173~193쪽.

> 견훤은 허수아비 하나를 만들어서 백마가 살고 있는 굴 앞에 세워 놓았다. 그러자 처음엔 백마가 잔뜩 경계를 하면서 굴 안에서만 있다가 갑자기 뛰어나오며 허수아비를 걷어찼다. 허수아비는 힘없이 쓰러졌는데 견훤은 이러한 일을 여러 번 반복하게 했다. 나중에 백마는 허수아비를 조금도 무서워하지 않고 유유히 그 앞을 지나다니게 되었다. 그러자 견훤은 스스로 허수아비처럼 옷을 입고 두 팔을 벌린 채 굴 밖에 서 있었다. 이런 줄을 모르고 백마는 견훤의 앞을 태연하게 지나갔다. 그러자 견훤은 재빨리 백마의 갈기를 잡아챘다. 그리고 준비했던 굴레를 얼른 씌우고서 백마의 등에 올라탄 것이다. 백마는 미친 듯이 몸부림을 치고 뛰면서 견훤을 떨어뜨리려고 하였지만 말갈기를 움켜잡은 견훤은 끝까지 떨어지지를 않았다.[34]

이와 같이 견훤은 사납고 난폭한 백마를 잡기 위해서 지혜를 활용하였다. 백마를 획득한 견훤은 날마다 무예훈련을 시켜 훌륭한 말로 탈바꿈시켰다. 이런 점에서 견훤은 사나운 백마의 숨은 능력을 간파했을 뿐만 아니라 그 말을 조련하는 능력을 지녔던 것으로 보인다. 이것은 백마가 역사영웅인 견훤에게 얼마나 중요한 존재인지를 구체적으로 보여준다. 그럼에도 불구하고 견훤은 자신의 성급한 성격 때문에 화살보다 빠른 백마를 죽이는 어리석음을 보여준다. 화살과 백마의 달리기 시합을 통해서 견훤은 백마의 우수성을 확인하려고 했으나, 자신의 성급한 판단으로 백마를 죽이는 비극적 상황이 발생한다. 이러한 성격적 결함에 의해서 견훤은 실패한 역사영웅으로 전락한다.

<말바위와 아차산>전설은 견훤의 안타까운 심정을 주변의 증거물

34) 『내 고장 전통 가꾸기』(문경군, 1982), 129쪽.

을 통해서 해소하고 있다. '말바위'는 난폭한 백마가 살았던 굴을 말하고 '아차산'은 견훤이 성급하게 백마의 목을 베면서 '아차'했다고 하여 붙여진 이름이다. 이러한 지명유래를 통해서 지역주민들은 견훤의 실수를 구체적으로 드러내고 있다. 견훤은 탁월한 능력을 가졌음에도 불구하고 성급한 판단으로 백마의 목을 베는 성격적 결함 때문에 패배한 역사영웅이 되었다. 다시 말해 견훤은 국가를 창업한 신성영웅의 반열에 속했지만, 후백제가 패망하면서 역사영웅으로 전락하였다. 그만큼 역사적인 승패는 신성영웅과 역사영웅을 구분하는 중요한 기준으로 작용하고 있다.

그렇다면 견훤이 지역주민들에게 부정적인 인물로 인식된 까닭은 무엇일까? 그것은 망해가던 신라를 침략하여 행패를 부린 점에서 찾을 수 있다. 당시 신라는 귀족들의 왕위쟁탈전으로 인하여 몰락하고 있었다. 천년왕국을 건설한 신라의 국운은 고려와 후백제의 틈바구니 속에서 부흥을 모색하지 못한 채 패망으로 치닫고 있었다. 이러한 상황에서 후백제왕 견훤은 군사를 이끌고 상주를 불사르고 영천을 거쳐 성급하게 경주로 진격한다. 경주에 도착한 견훤은 신라왕실을 접수하면서 약탈과 과격한 모습을 보여준다.

> 견훤이 부인을 이끌어 간통하고, 왕의 족제(族弟) 김부로써 왕위를 잇게 한 뒤 왕의 아우 효렴과 재상 영경(英景)을 사로잡고, 또 국보·병기·자녀와 백공 중에 기술이 뛰어난 자들을 털어 갖고 돌아갔다. …… 견훤이 이긴 기세를 타서 대목성·경산부·강주를 노략하고, 부곡성을 쳤다. 또 의성부 태수 홍술이 저항하여 싸우다가 죽었다.[35]

35) 『삼국유사』, 167쪽.

위와 같이 후백제의 견훤은 신라의 패망에 결정적인 영향을 끼치게 되었다. 신라의 수도를 점령한 후백제의 견훤은 왕실에 대한 갖은 약탈과 행패를 부린다. 이러한 후백제의 횡포로 인하여 지역주민들은 견훤에 대한 반발심을 키웠을 것으로 생각된다. 지역주민들은 천년 왕국의 패망에 대한 동정심과 후백제의 횡포에 대한 적개심을 동시에 보여준다. 이렇게 견훤은 신라의 수도를 점령했으나, 백성들의 환영을 받지 못하는 한계를 노출하였다. 견훤의 신라 점령은 왕실과 지역주민들에게 약탈과 횡포를 부리는 포악한 인물로 각인되는 부정적 결과를 초래한 것이다.

견훤이 지렁이의 정기를 타고난 금하굴

후백제 견훤은 천년 왕국을 유지하던 신라를 침략하여 백성들을 보살피는 것이 아니라 자신의 욕심을 채우는 점령군의 모습을 보여준다. 신라 왕실에 대한 약탈로 인하여 견훤은 포악한 성격의 소유자로 알려지게 되었다. 천년 동안 왕국을 유지한 신라를 침략하여 횡포를 부린 견훤의 행동은 지역민의 반감을 사기에 충분했을 것이다. 이러한 견훤의 성급한 행동은 대구, 구미, 선산, 의성, 안동 등의 주민들을 자극할 수밖에 없었다. 이 때문에 지역주민들은 성격이 포악한 견훤보다 온건한 왕건을 지지하면서 고려에 귀부한다. 따라서 견훤은 문경과 상주에 지역적 기반을 가지고 있었음에도 불구하고 왕건에게 패배한 비극적 역사영웅으로 전락하였다.

3. 민담적 영웅 이야기

대구 · 경북지역의 민담적 영웅은 방학중과 정만서 같은 건달형 인물이 유명하다. 이들의 이야기는 영덕과 경주를 중심으로 경북 지역에 집중적인 분포를 보인다. 건달형 인물인 방학중과 정만서는 영덕과 경주에서 출생했기 때문이다. 건달형 인물들은 영웅적인 능력을 소유하지는 못했지만, 웃음을 유발하는 탁월한 재주를 가졌다. 지역주민들은 건달형 인물을 내세워 단순한 웃음을 유발하거나 당시의 사회를 비판하는 풍자와 해학을 유발하기도 했다. 이렇게 건달형 인물들은 사회적 문제를 웃음으로 풀어내고 있어서 주목된다.

건달형 인물 정만서와 방학중은 경주와 영해 지역에서 출생하였다. <정만서 이야기>에는 정만서가 월성군 서면에서 출생하여 일제강점기 말엽까지 살았다고 밝히고 있다.[36] 정만서는 말을 빨리 하거나 재치 있게 사용하여 다른 사람을 웃기는 재능을 가졌다. 그의 행동에는 근심과 걱정은 조금도 나타나지 않는다. 그는 어떠한 어려움이 있어도 긍정적인 사고를 바탕으로 자유분방한 행동을 보여준다. 이러한 정만서의 모습은 당시의 가난한 백성들의 우상이 되기에 충분했을 것이다.

<방학중의 탄생과 행적>, <방학중의 출생>에는 방학중이 천하의 잡보로 인식되고 있다. 전자는 방학중이 태어날 때 시간에 맞춰 출생했으나, 부모가 잘못하여 천하의 잡놈이 되었다.[37] 방학중이 잡놈이 된 까닭은 방학중의 출생 여부를 공중에서 물었는데 부모가 아기를 해할까 염려하여 거짓말을 했기 때문이다. 그래서 제보자 이기백(남, 71)은 남을 골탕 먹이는 천하의 잡보 방학중 이야기의 구연을 꺼리고 있다. 후자는 방학중이 출생할 때 이웃 여자가 나쁜 말을 하였기 때문에 혼이 날아가서 대인이 되지 못하고 잡보가 되었다.

> 니는 안그래마 대인이 될껜데, 이웃에서 여자가 말을 잘못해가주고 니가 천하 잡놈 지하 잡놈 될께라꼬. 방학중이 모친이 방학주이 놀 때, 그 대인인데, 방학중이 대인인데, 이웃에 여자가 거 순산할 때 말을 잘못해가주고 그래 인제 잡놈(조사자: 잡보가 되가……) 잡보가 됐어.[38]

위와 같이 방학중은 큰 인물이 될 수 있는 조건을 갖추었으나, 부모의 잘못과 이웃 여자의 나쁜 말로 인하여 천하의 잡보가 되었다. 그럼에도

---

36) 앞의 책, 7-1권(경주시 · 월성군).
37) 앞의 책, 7-6권(영덕군).
38) 앞의 책, 7-7권, 375쪽.

불구하고 방학중의 출생여부를 공중에서 묻는 행위나 대인의 성격을 제시하여 영웅적인 모습을 부각하고 있다. 이러한 방학중의 모습은 민담적 영웅의 다양성을 보여준다.

지역민들은 방학중이 남에게 악을 행하지 않았기 때문에 지금까지 유명한 것으로 인식하고 있다. 그의 인물됨은 "한량, 별난 사람, 배웠으면 훌륭한 사람"이라고 하는가 하면 "잡보, 어지러운 사람, 신소리를 잘하는 사람" 등의 악평이 있다. 큰 사람이나 때를 못 만났다고도 하며, 대인이라고 하는 주민들도 있다. 이렇게 지역민들은 방학중에 대한 상반된 평가를 내리고 있었다. 방학중은 대한제국 말엽 사람으로 지금 살아있으면 약 150살 정도이다. 그의 무덤은 영덕군 남정면 지품실 골짜기에 있다고 한다.

민담적 영웅인 정만서와 방학중의 재치와 해학은 힘들고 어려운 당시의 삶에 한 줄기 희망의 빛이 되었다. 그런데 <정만서가 실패한 이야기>는 말을 잘하던 정만서가 수채 구멍에서 나오는 흰 물을 보고 이야기했다가 오히려 골탕을 먹기도 한다. <말이 막힌 방학중>은 누가 상스런 말을 적절하게 사용하는지 대결하는 이야기이다. 천하의 방학중이가 상스러운 말을 적절하게 구사하지 못해 여자에게 패배한다. 이렇게 정만서와 방학중은 재치와 해학을 부렸으나, 때로는 민중에게 골탕을 먹는 인물이기도 하다.

정만서와 방학중의 재치와 해학은 주로 언어의 유희에서 발생하고 있다. 곶감이 먹고 싶은 정만서는 곶감을 어떻게 먹는지를 물었다. 상인이 그냥 먹으면 된다는 말을 듣고 돈을 주지 않고 먹는다. <정만서의 거문고>, <방학중의 거문고>에는 정만서와 방학중이 기생집에서 술을 먹고 술값으로 거문고를 주겠다고 약속한다.[39] 그들은 오래된 방아의 검은 고를 가져와서 거문고를 가져왔다고 말한다. 이러한 그들의 재치는 발음의 유사성에 의해서 웃음을 유발하는 해학적 성격을 보여준다.

정만서는 거짓인줄 알면서 물건을 사놓고 더 많은 돈을 받아내는 재치도 발휘한다. <닭을 학이라고 산 정만서>에는 닭을 학이라고 속인 사실을 알고도 닭을 산 뒤에 아주 비싼 값으로 되팔았다. 이것은 거짓에 속은 정만서가 거짓으로 진실을 유도하는 속임수를 사용하고 있다. <변소를 판 정만서>와 <이천냥에 변소를 빌린 방학중>은 화장실을 무료로 사용한다는 사실을 알면서도 돈을 지불한 뒤에 더 많은 돈을 받아서 주인을 골탕 먹인다.[40] 따라서 거짓을 거짓으로 대응하여 참으로 변화시키는 정만서와 방학중의 재치가 뚜렷이 나타난다.

<정만서와 서만서>, <정만서와 백운학>, <박학중과 정만서> 등에는 민담적 영웅이 우스운 이야기를 잘한다는 소문을 듣고 찾아가 서로 웃음대결을 벌인다.[41] 대구의 서만서와 경주의 정만서, 경주의 정만서와 청송의 백운학, 경주의 정만서와 영덕의 방학중 등이 웃음대결을 펼친다. 대구의 서만서가 우스운 이야기를 잘하는 경주의 정만서를 초대하여 시험한다. 정만서의 익살스런 행동에 만족한 서만서는 후한 대접을 하였다. 청송의 백운학이 경주의 정만서를 만나서 대결을 벌인다. 이러한 웃음대결을 통해서 정만서와 방학중은 자신의 탁월한 재치와 해학을 유감없이 발휘한다.

<정만서와 술라꾼>은 정만서가 술라꾼에게 발각되었으나, 자신을

39) 앞의 책, 7-1권. 7-6권.
40) 앞의 책, 7-1권. 7-6권.
41) 앞의 책, 7-1권.

통빨래라고 하였다. 그는 이렇게 웃음을 유발하여 위기를 모면한다. <겨울에 삼베옷 입는 방학중>은 방학중이 여름에 때때옷을 입고 겨울에는 삼베옷을 입었다. 여름에는 따뜻한 바람이 안 들어와서 시원하고 겨울에는 찬바람이 지나가서 안 춥다는 것이다. <정만서가 과거 한 이야기>는 정만서의 친구들이 과거를 보러 한양을 갔는데, 자신은 글도 배우지 못하여 서울 과장이나 구경하려고 갔다. 정만서는 오뉴월 무더위에 두루막을 입고 과장에 들어가서 시관의 환심을 얻어 경주 참봉에 제수되었다.

<남의 부녀와 입 맞춘 정만서>는 부녀가 목욕하는 장면을 목격한 정만서가 내기를 하여 승리한다. 정만서는 봉사의 흉내를 내어 부녀와 입맞춤에 성공하여 술을 얻어먹었다. 이런 점에서 정만서의 재치가 잘 드러나고 있다. 이밖에도 <일본 순사를 골린 정만서>, <물 건너온 정만서>, <정만서와 어린 아이를 잃은 부인> 등에도 정만서의 다양한 재치와 해학이 나타난다. 이렇게 경주의 정만서와 영해의 방학중은 지역주민들에게 웃음을 선사하는 해학적인 인물로 등장한다.

영덕의 방학중은 <상전을 골려준 방학중(1, 2)>, <상전의 사위가 된 방학중>을 통해서 상전을 골탕 먹이고 있다.[42] 조선말기 신분제 사회에서 하층에 속하는 방학중이 재치를 발휘하여 상전을 욕보이는 행동을 서슴없이 보여준다. 방학중은 상전의 음식을 받아오다가 일부러 콧물을 빠뜨렸다고 말한다. 화가 난 주인은 방학중의 등에 하옥하거나 죽이라는 글을 써주었으나, 방학중은 재치를 발휘하여 주인집의 사위가 되었다. 이러한 방학중의 재치는 하층민이 상층민을 골려주는 탈춤의 미학

42) 『우리 고장의 전통』(봉화군, 1982), 38~45쪽.

과 유사하다. 봉산탈춤에서 말뚝이가 양반을 깔보고 질타하는 모습을 보는 것 같다.

이러한 민담적 영웅인 정만서와 방학중의 재치와 해학이 민중들에게 흥미를 끌었던 이유는 무엇일까? 아마도 민중들은 신분제도와 유교 윤리에 얽매인 답답한 심정을 해소할 수 있는 탈출구로 이들의 해학과 재치에 몰입했을 것으로 보인다. 해학과 재치는 민중들의 발랄함을 보여주는 대표적인 정서이기도 하다. 민담적 영웅들은 지혜와 재치를 활용하여 신분이 높은 상전과 백성들을 골려주기도 한다. 이렇게 정만서와 방학중은 자신의 처량한 신세를 웃음을 통해서 반전시키는 해학의 미학을 보여준다.

제3장 대구 · 경북지역 설화의 주제별 특징

1. 과거급제를 향한 끈질긴 도전과 희망

암행어사 박문수 설화에는 백성들의 억울함 심정을 중앙의 관리가 해결해주는 통쾌함이 담겨있다. 이러한 박문수의 모습은 과거에 급제한 뒤에 백성의 어려움을 풀어주는 올바른 관리자의 모습을 보여준다. 지역민들은 이러한 박문수 설화를 향유하면서 과거급제와 관직 진출의식을 반영하였다. 전국적으로 분포하는 과거급제와 박문수 설화에 대한 연구는 어느 정도 축적되었다.[1] 다만, 대구 · 경북지역의 개별성에 대한 연구는 빈약한 실정이다. 여기서는 지역민의 의식에 나타난 개별성에 주목하고자 한다.

1) 과거급제를 통한 관직 진출의식

대구 · 경북지역의 설화들은 과거급제에 대해 많은 관심을 반영하고

1) 최래옥, 「암행어사 이야기」, 『암행어사란 무엇인가』(박이정, 1999), 86~131쪽. 최운식, 「설화에 나타난 암행어사 박문수」, 같은 책, 143~162쪽.

있다. 한 집안의 흥망성쇠는 과거를 통해서 관직에 진출하는 것과 연관되어 있기 때문이다. 지역의 유학자들은 서당이나 향교에서 학문을 탐구한 뒤에, 과거시험을 거쳐 중앙관직에 진출해 자신의 이상을 펼치기 위해 노력하였다. 때문에 지역의 설화에는 과거급제를 향한 끈질긴 도전과 희망이 투영되어 있다. 그 대표적인 인물이 바로 암행어사 박문수이다. 박문수는 과거에 급제하여 관직에 진출한 인물로 지역주민들의 우상으로 인식되고 있다.

조선시대 과거급제는 유학자들이 원하는 최고의 목표이다. 학문탐구와 더불어 과거에 급제해야만 자신의 이상을 펼칠 수 있는 고위 관직에 오를 수 있기 때문이다. 중앙의 고위 관직에 오르면 가문의 발전과 경제적 풍족함도 한순간에 해결하게 된다. 그만큼 조선시대 과거급제는 신분의 상승과 가문의 발전을 가늠하는 통과의례이기도 하다. 이 때문에 유학자는 물론 평민들까지도 과거급제를 위해서 학문탐구에 몰두하였다. 유학 공부에 몰두한다고 해서 모두 과거에 급제한다는 보장은 없다. 그래서 선비가 글공부에 매진하는 동안 가난한 살림을 이끌어가는 아내의 처절한 모습도 나타난다.

<육부자가 나란히 급제한 삼난집>은 과거급제를 위해서 얼마나 노력해야 하는가를 뚜렷이 제시하고 있다.[2] 참판 벼슬을 하고 있던 부친이 5형제를 낳아 함창에 있는 행정에 보내어 공부를 시켰다. 부친은 아들에게 책과 요강을 넣어주고는 연결된 다리를 끊어버리는 비장함을 보여준다. 5형제는 열심히 공부하여 모두 과거에 급제하였다. 이것은 과거에 급제하기 위해서 얼마나 열심히 공부해야 하는지를 보여준 사례이다.

---

2) 앞의 책, 7-8권(상주군).

<금관조복이 뒤덮인 삼수정의 회화나무>, <덕천현감의 삼수정과 그의 정자>는 자손들의 과거급제와 관직진출을 보여주고 있다.[3] 낙동강을 굽어볼 수 있는 삼수정 주변에는 회화나무가 있는데, 이것은 조선 초기 덕천현감을 지낸 정귀령이 용궁현 포내로 이사하면서 정자 주변에 심었다. 그 덕분에 동래 정씨 문중에서 17명의 정승이 나왔는데 13명이 삼수정의 자손에서 나왔다고 한다. 예전에 정귀령의 생일잔치를 삼수정에서 열었는데 회화나무에 걸어둔 자손들의 관복이 오색 꽃처럼 보였다고 한다. 이러한 전설은 과거급제를 통한 관직진출을 상징적으로 보여주고 있다.

과거급제와 관직진출을 기원한 삼수정 앞에 회화나무가 자라고 있다.

3) 『내 고장 전통 가꾸기』(예천군, 1981). 앞의 책, 7-18권.

그런데 선비가 과거를 보러가다가 만난 여인 덕분에 급제하는 내용이 상당수 존재한다. <과부와 싯귀를 주고받아 과거한 선비>, <길장가 들어 과거한 사람>은 선비가 과부 며느리의 마음을 돌려놓은 보답으로 급제하였다.[4] 왜냐하면 과부의 시아버지가 시험관이 되어 선비의 급제를 돕거나 정승의 꿈 덕분에 급제했기 때문이다. 이러한 내용은 향시에 가다가 길몽 덕분에 급제한 <최한공의 벼슬꿈>도 같은 맥락으로 볼 수 있다.[5] 최한공이 세조 5년(1459) 봄에 여러 선비들과 함께 과거에 참여했는데 수양버들이 말머리에 휘늘어지는 꿈을 꾸고 급제하였다. 꿈속에서 어사화를 쓰는 것을 통해서 과거급제를 암시하고 있다. 이러한 전설은 과거제도의 부정적 면모와 급제의 어려움을 동시에 보여준다.

한편 한 집안에서 과거 급제자가 한꺼번에 등장하면 국가의 의심을 받기도 하였다. <국사동 한 못>은 아들 8명이 급제한 판서는 역모의 두려움 때문에 자신의 집을 헐고 못을 만들었다.[6] 이것은 한 집안에서 많은 사람이 급제한 것에 대한 부러움과 시기를 미연에 방지하려는 부친의 고민을 담고 있다. 급제자가 많이 나오는 것은 분명 바람직한 일이지만, 잘못하면 역모에 휘말려 패가망신할 가능성도 높아진다. 그래서 판서는 역모의 가능성을 미연에 방지하기 위해서 집을 헐고 연못을 만드는 적극적인 행동을 감행한다. 이렇게 지역주민들은 과거급제를 희망하면서도 역모에 연루되지 않으려는 양면성을 보여준다.

---

4) 앞의 책, 7-17권(예천군). 7-10권(봉화군), 434~446쪽.
5) 『내 고장 우리 향토』(김천시, 1983).
6) 『내 고장 우리 향토』(김천시, 1983).

2) 박문수 설화에 나타난 지역민의 의식

박문수 설화에 나타난 지역주민의 의식은 문제해결에 초점을 맞추고 있다. <박문수와 여자 원혼>은 박문수가 남편의 오해로 소박을 맞은 여인의 원혼을 해결해준다. 여기서 여성의 정절은 목숨만큼 소중한 것임을 뚜렷이 보여준다. 아내의 부정을 오해한 남편의 의심을 박문수가 해결하여 자결한 여인의 원혼을 풀어주었다. 박문수가 장가를 보내주어 문제를 해결한 설화는 <박문수가 장가 보내준 아이>, <태중 혼인을 성사시켜준 박 어사>에도 등장하고 있다.

박문수가 순행하다가 여자와 동침했는데 그 아들이 부친을 찾아온 이야기도 있다. <점을 쳐서 아버지 찾은 박문수 아들>, <박문수 아들이 아버지 찾아간 이야기>는 박문수가 미행을 하다가 예쁜 처자와 정을 나누었는데 다음날 보니 너무도 못 생겨서 도망친다. 아들은 어머니가 준 옷고름 표식을 가지고 아버지 박문수를 찾아간다. 이것은 암행어사의 임무를 수행하던 박문수가 여자와 동침하는 인간적인 면모를 보여주고 있다. 박문수 아들이 부친을 찾아가는 대목은 무속신화 <당금애기>에 등장하는 부친탐색과 유사하다.

<무능한 박문수와 영험있는 당산>은 박문수가 노인의 능력을 지켜보는 이야기이다.[7] 박문수와 동행한 노인은 부잣집 아들 살려주기, 하관하던 상주에게 무덤 잡아주기, 살인한 스님 용서하기 등을 실천하여 각각 5천 냥을 받았다. 박문수는 노인이 받은 돈을 서낭당재에서 부친을 위해 기도하던 처녀에게 주고, 처녀는 그 돈으로 부친의 빚을 갚아 어사와 결혼한다. 그들 사이에 출생한 아들이 도둑에게 쫓겨 박문수가 숨겨

7) 앞의 책, 7-10권, 72~79쪽.

주었다. 그런데 도둑이 박문수를 협박해 숨은 곳을 알려주어 아이가 죽게 되었다. 박문수는 이 사건을 평생 잘못한 일이라고 자책했으나, 나머지는 모두 문제를 해결했음을 강조한다.

<박문수의 무주 구천동 순행>은 박문수가 무주 구천동을 순행할 때 생긴 일로 가장 흔한 이야기이다. 구천동을 순행하다가 한 집에 유숙하여 3명이 서로 죽이려는 모습을 보고 사연을 물었다. 무주에는 구가와 천가가 많이 사는데 구가는 내 딸을 천가는 아내를 데려가려고 하여 감시하고 있다고 말한다. 어사가 매를 한 마리 사서 구천동 나무 위에 올라가서 옥황상제의 명이라 하여 구가와 천가를 나무 밑으로 불러 김씨를 도와주라고 하였다. 다음날 김씨 집에는 재물이 놓여있어 부자가 되어 잘 살았다.

<암행어사의 봉변>은 민정을 순찰하던 어사 박문수가 봉변을 당하는 이야기이다.[8] 경상도 민정을 살피기 위해서 청도 운문산 고개를 넘던 박문수는 수수떡을 팔고 있는 여인을 보자마자 갑자기 허기가 몰려왔다. 나중에 돈을 갚을 테니 수수떡을 달라고 사정했는데 한 여인은 온갖 모욕을 주면서 거절했고, 다른 여인은 딱한 모습을 보고 수수떡을 주었다. 청도 고을에 들어간 박문수는 착한 여인에게 상금을 주고, 나쁜 여인에게 벌을 내린다. 이러한 박문수 설화는 선악 판단을 통해서 보상과 처벌을 실천하고 있다.

이상에서 박문수 설화에는 지역 백성들의 어려움을 해결해주는 암행어사의 모습을 보여준다. 박문수는 백성들의 삶에 밀착된 억울한 사건을 해결해주고 양반집에서 발생한 간통과 살인사건을 해결하여 시아버

8) 『내 고장 전통문화』(청도군, 1981).

지의 누명을 벗겨준다. 지역주민들은 이러한 암행어사 박문수의 행동을 통해서 올바른 관리자의 모습을 반영하고 있다. 그럼에도 불구하고 박문수는 민중의 발랄함에 놀라거나 자신의 실수를 보여주기도 한다. 특히, <상전을 배반한 노비를 다스린 박문수>에는 박문수가 기존의 신분제를 고수하려는 체제수호형의 인물로 나타난다.[9] 따라서 박문수는 백성의 고통을 풀어주는 유능한 관리의 모습을 보여주면서도 기존의 신분제를 고수하는 체제수호적 성격을 보여준다.

2. 풍수담의 성격과 지역적 의미

풍수담은 한국설화 가운데 가장 풍부할 뿐만 아니라 한국인의 의식에 뿌리를 내리고 있다. 이 때문에 지금까지 풍수담에 대한 연구는 다양하게 진행되었다. 이러한 풍수설화에 대한 연구로 그 성격이 어느 정도 드러났지만,[10] 지역적 특징에 대한 연구는 아직도 빈약한 실정이다. 여기서는 대구・경부지역에 존재하는 풍수담에 대한 성격과 지역적 의미를 살펴보고자 한다. 풍수담의 지역적 특징은 한국 풍수설화의 보편성과 개별성에 기여할 것으로 생각된다.

---

9) 앞의 책, 7-7권(영덕군).

10) 최운식, 「설화에 나타난 한국인의 풍수의식」, 『한국의 풍수문화』(박이정, 2002), 98~132쪽. 장장식, 「조선후기 문헌설화집과 풍수설화의 수용양상」, 『한국서사문학사의 연구』 5권(중앙문화사, 1995), 1859-1882. 이몽일, 「한국풍수사상의 역사적 전개와 변모과정」, 『경산문화연구』 3집(경산대 경산문화연구소, 1998), 117~128쪽.

1) 풍수담에 대한 긍정과 부정의식

대구·경북지역에 전승되고 있는 풍수의 유형은 음택과 양택으로 구분할 수 있다. 음택풍수는 조상의 무덤을 어디에 잡을 것인가를 문제 삼는다면, 양택풍수는 건축물의 위치와 방향에 대해 문제 삼고 있다. 음택풍수에 비하여 양택풍수는 사람의 생활에 미치는 영향이 상대적으로 민감함에도 불구하고 양택풍수는 매우 빈약한 편이다. 김천의 <탄동 반석>은 꿈의 지시에 따라 이사하여 번성하는 양택풍수를 보여준다. 풍수지리에 능통한 해주 정유공은 임달이 살고 있는 감문면 탄동마을로 이사하여 집안이 번성하였다.

<조개섬의 박진사 집>은 안정면 동촌리의 형상이 조개를 닮았기에 붙여진 이름이다.[11] 박진사가 동촌리에 살았는데 재산에 비해 집의 규모가 작아서 확장하였다. 그랬더니 박진사의 가세가 퇴락하면서 마을 전체가 동시에 가난해졌다. 박진사가 확장한 집의 규모를 예전처럼 축소하여 다시 살기 좋은 마을이 되었다. 이렇게 박진사의 집은 마을의 흥망을 좌우하기 때문에 함부로 집의 규모를 확장하지 못하였다.

조선시대 사람들은 전쟁과 질병의 고통에서 벗어나 재앙과 질병이 침입하지 못하는 지역을 선호하였다. 이러한 주민들의 소망은 <풍기 금계동의 금계바위>와 같이 『정감록』의 10승지로 구체화되었다. 영주 금계동은 전쟁에 지친 피난민들이 정착하면서 재앙이 없는 신성한 터전으로 유명하게 되었다. 이렇게 양택풍수는 가옥의 위치와 규모 및 재앙이 없는 곳에 터전을 마련하는 것으로 극소수에 불과한 실정이다.

음택풍수는 조상의 무덤을 명당에 마련하여 후손의 부귀영화를 기원

---

11) 『우리 고장의 전통문화』(영주시·영풍군, 1983).

한 것으로 상당한 비중을 차지하고 있다. 음택풍수 중에서 명당에 무덤을 조성할 때는 풍수의 지시에 따라서 성공한 경우와 풍수의 말을 거역하여 실패하는 경우로 구분된다. <명당을 피한 퇴계 선생 묘터>는 풍수의 말을 듣지 않고 묘를 깊이 파다가 실패한 경우이다.[12] 이것은 만사위가 풍수의 지시를 무시하고 하관을 하다가 실패했음을 보여준다.

선행 덕분에 명당을 잡아서 3명의 왕비가 탄생하게 된 청송 심씨 시조묘

청송의 <찬경루>는 풍수의 지시를 따라 성공한 경우이다.[13] 풍악산 도승이 억울한 죄수들을 풀어준 청송 심씨 시조 심홍부의 은혜에 보답하기 위해서 명당을 잡아준 이야기이다. 청송 심씨가 선행을 실천하여

12) 앞의 책, 7-10권
13) 『청송의 향기』(청송군, 1982)

명당에 무덤을 만들었기 때문에 조선시대 소헌, 인순, 단의 등과 같은 왕비가 탄생하였다. 심씨 집안에서 왕비가 탄생한 것은 선조가 선행을 베풀었기 때문이다. 따라서 음택풍수는 풍수의 지시도 중요하지만 생전에 선행을 실천해야 복을 받을 수 있다는 점을 부각하고 있다.

풍수에 대한 부정적인 생각을 내포한 설화는 빈약한 편이지만 주목할 필요가 있다. 왜냐하면 풍수는 사람살이와 가장 밀착된 민간신앙의 형태로 존재하기 때문이다. <살인자가 묻힌 명당>은 명당에 묻히기 위해서는 생전에 덕을 쌓아야 함을 강조한다.[14] 성지도사가 잡아준 명당에 묻힌 머슴은 예상과 달리 패망하였다. 이렇게 명당에 묻혔음에도 불구하고 패망한 이유는 머슴이 살인을 하여 복을 받지 못했기 때문이다.

명당에 묻히기 위해서는 <명풍수 성진도사를 깨우친 능호화상>과 같이 생전에 선행을 실천해야 복을 받을 수 있다.[15] 아무리 좋은 명당에 묻혀도 살인, 강도를 저지른 사람은 복을 받지 못한다. 즉 선행을 베푼 사람은 어떤 곳에 묻혀도 복을 받게 되는 것이다. 그런데 불가에 몸담은 주지가 풍수로 유명한 성진도사의 부족함을 깨우쳐주는 대목은 주목된다. 풍수보다 불교의 가르침에 따라서 선행을 쌓아야 함을 강조한다. 이것은 민간신앙으로 자리를 잡은 풍수를 활용하여 불법을 전하고자 하는 의도를 담고 있다.

2) 명당을 차지하기 위한 경쟁의식

풍수담에는 조상의 산소를 명당에 잡거나 남의 명당을 차지하기 위

---

14) 앞의 책, 7-10권(봉화군), 358~359쪽.
15) 앞의 책, 7-17권(예천군).

한 다양한 갈등이 나타난다. 명당을 차지하기 위한 지역주민의 갈등을 보여준 <호장공의 묘>, <재령 이씨네 무덤>, <황울산의 힘>, <명당 정묘>, <산소를 옮겨야 할 복호형> 등은 주목된다. 이러한 전설은 명당에 조상의 무덤을 만들기 위해서 여러 가지 방법을 동원하고 있다.

먼저 아전이 원님의 명당을 차지하는 <호장공의 묘>는 거짓말로 명당을 차지하는 경우이다.[16] 퇴계의 선조가 진보의 아전으로 있을 때, 풍수지리에 밝은 고을 원님을 속여 무덤을 차지하였다. 명당에 퇴계 선조를 안장했음에도 불구하고 시체가 자꾸만 솟아올라서, 예전의 원님을 찾아가 자신의 거짓말을 실토하였다. 명당을 빼앗긴 원님은 헤어진 관복을 시체에 입혀 묻으라고 당부하였다. 명당에 조상의 산소를 안장한 지 6대 만에 퇴계와 같은 훌륭한 인물이 출생하게 되었다. 따라서 <호장공의 묘>는 속임수를 사용하여 원님의 명당을 차지했음에도 불구하고 퇴계와 같은 인재가 출생했음을 보여준다.

<황울산의 힘>은 두 집안의 명당잡기 경쟁을 보여준다.[17] 김천시 봉산면 예지동에는 황씨와 정씨가 살았는데 초상이 발생한다. 두 집안에서는 태평사 뒷산 명당에 무덤을 쓰려고 대결하였다. 그때 정씨 집안에서는 가짜 상여를 메고 황씨 집안의 출상과 실랑이를 벌여 명당을 차지하였다. 이렇게 지역주민들은 속임수를 사용해서라도 명당을 차지하려는 의식을 반영하고 있다. 한 걸음 나아가 <재령 이씨네 무덤>은 명당을 빼앗기지 않으려고 지명까지 변경하였다.[18] 영해에 살고 있던 재령 이씨가 조상의 무덤을 육조골에 조성한 다음 지명을 개칭하였다. 다른 가문이 육조골의

---

16) 『청송의 향기』, 132~133쪽.
17) 『내 고장 우리 향토』(김천시, 1983), 294쪽.
18) 앞의 책, 7-6권(영덕군).

명당에 가득한 물을 빼기 위해서 만든 도장샘

명당을 차지하지 못하도록 하기 위한 고도의 전략으로 보인다.

<명당 정묘>, <정묘에 얽힌 지관의 기지>는 무덤에 물을 빼내어 명당을 차지하는 이야기이다.[19] 지보면 도장리에 정사의 묘는 조선 8대 명당에 속한다. 정사(1400-1453년)는 진주목사 재임시절에 부친이 세상을 떠나 풍수를 데리고 명당을 찾아 낙동강을 거슬러 올라왔다. 지보면 도장리에서 명당을 발견하였으나 무덤에 물이 나와서 철수하는 중이었다. 박풍수는 호미로 논두렁을 파서 무덤의 물을 빼고 명당을 차지한다. 명당은 물을 빼서라도 무덤을 만들어야 한다는 의식을 보여준다.

<산소를 옮겨야 할 복호형>은 예천 지역에서 명당을 차지하기 위한 대결을 보여준다. 호랑이가 반씨의 무덤을 파내어 이장한 곳에 박씨의 선조가 묘를 잡았다. 이것은 박씨들이 기존의 반씨 세력을 누르고 명당을 차지한 것이다. <정승을 누른 어린이의 지혜>는 어린아이가 정승의 횡포를 풍수로 물리친 이야기이다.[20] 정승이 권력을 남용하여 남의 산소에 조상의 무덤을 만들었으나, 아이 때문에 역적으로 몰려 죽임을 당하였다. 이러한 명당을 차지하기 위한 경쟁담은 빈부귀천에 관계없이

19) 앞의 책, 7-17권, 『내 고장 전통 가꾸기』.
20) 앞의 책, 7-10권

공통적으로 등장하고 있다.

<소감동 임씨와 차씨의 대립과 속신>에서는 풍수를 통해서 토착민과 이주민의 대결을 보여준다.[21] 토착민 차씨는 마을에 이주한 임씨의 세력을 누르기 위해 석마를 만들었다. 그런데 차씨의 의도와 달리 임씨는 석마가 오히려 차씨를 패망하게 한다고 생각하였다. 이런 점에서 풍수는 자신에게 유리한 방향으로 인식하고 있음을 뚜렷이 보여준다. 지역민들은 명당을 차지하기 위해서 다양한 방법을 동원하여 부귀영화를 기원하고 있다.

3) 풍수담의 유형구조와 의미

풍수담의 유형분류는 명당획득담, 명당탈취담, 명당발복담, 명풍수담, 가짜풍수담 등으로 구분한 뒤에 필요에 따라 세분하기도 한다.[22] 풍수담은 신분에 관계없이 명당에 무덤을 만들어 복을 기원하는 명당획득담이 가장 많이 전승되고 있다. 이러한 풍수담은 문헌설화와 구비설화에도 상당한 비중이 나타날 뿐만 아니라 신분이나 귀천에 관계없이 지역민들이 수용하고 있다.[23] 그런데 대구·경북지역의 풍수담에는 명당을 차지하기 위해서 경쟁하거나 혈맥을 끊어 패망하는 이야기, 역모에 대한 두려움을 미리 제거하는 내용 등이 주목된다.

---

21) 앞의 책, 7-18권(예천군).

22) 장장식, 「풍수설화의 유형 분류」, 『한국민속학』 22집(민속학회, 1989), 63~85쪽. 강중탁, 풍수설화의 분류시론」, 『명지어문학』 17·18호(명지대 국어국문학과), 93~122쪽.

23) 손정희, 「한국풍수설화연구」(부산대 박사논문, 1992), 42~50쪽. 신월균, 「한국풍수설화의 서사구조와 의미분석」(인하대 박사논문, 1989), 17~18쪽.

(1) 접빈객을 꺼리다 패망한 경우

조선시대 여성들에게 가장 중요한 집안일은 봉제사와 접빈객이라 할 수 있다. 여성들은 제사 음식을 장만하는 일은 당연하게 생각했으나, 집안에 찾아오는 손님 접대에 대해서는 다소 부정적으로 인식했던 것으로 보인다. 여성들은 접빈객보다 봉제사를 더욱 중요한 덕목으로 생각하였다. 여성들의 입장에서는 집안에 찾아온 손님을 대접하는 일은 매우 번거롭거나 귀찮게 생각했다면, 남성들은 집안의 부귀와 권세를 과시하기 위해 선호하였다. 이러한 접빈객에 대한 남성과 여성의 시각 차이 때문에 집안이 패망하게 되는 것이다.

칠곡지역의 <청계못의 사연>, <부러진 돛대바위>는 접빈객을 꺼리던 여인 때문에 패망한다.[24] <부러진 돛대바위>는 지천면 창평동 산기슭 마을에 진주 강씨 5형제가 과거에 급제하여 세도를 부렸다. 하루는 강씨의 과오를 충고하던 스님이 선돌에 묶이는 봉변을 당하였다. 그런데 강씨 부인은 손님이 찾아오지 않도록 해달라고 스님에게 부탁하여 돛대바위를 부러뜨렸다. 강씨 마을은 행주형인데 돛대가 부러져 항해하지 못해 패망한다. 강씨가 패망한 까닭은 권력의 횡포보다 접빈객을 꺼리던 부녀자의 요구 때문이다.

조선시대 여성들은 접빈객과 같은 집안의 대소사를 감당하는 고통에서 벗어나고 싶었을 것이다. 특히 권세와 재산이 있는 집안의 여성들은 접빈객을 매우 번거롭게 생각하고 있다. <청계못의 사연>은 동산을 깎아 연못을 만들고 쇠말뚝을 박아 손님을 방지했으나, <부러진 돛대바위>는 스님이 직접 돛대바위를 깨뜨린다. 이러한 차이점은 스님이 강

24) 『호국의 고장』(칠곡군, 1983).

씨에게 당한 봉변에 대한 복수의 의미가 담겨있다. 집안에 손님의 발길이 끊어져 좋아했으나, 집안이 패망하는 사태가 발생한다. 따라서 집안에는 적당한 손님이 찾아와야 한다는 점을 보여준다.

성주의 <장자골의 전설>은 천석꾼 집에 손님이 매일 찾아와서 며느리의 손이 마를 날이 없었다.[25] 며느리는 번거로운 손님 접대의 고통에서 벗어나기 위해서 대사에게 방도를 물었다. 대사의 말대로 가야금을 집의 구멍에 찔러 손님이 오지 않자 집안도 패망한다. 이러한 내용은 영덕의 <남씨네가 망한 유래(1)>에서도 나타난다. 천석꾼으로 유명한 남씨 집에 찾아오는 손님을 방지하기 위해서 계곡을 끊어서 패망한다. 그런데 <손님 못 오게 하려다가 집안 망한 이야기>에서는 접빈객의 고통을 극복한 며느리가 집안의 패망을 감당하지 못하여,[26] 오십천에서 자살하는 며느리의 비장감이 나타난다.

욕심 많은 형이 접빈객을 꺼리다가 패망한 진보의 5층 석탑

<오층석탑>은 재산이 많은 형의 욕심으로 패망한다.[27] 진보면 이촌동의 원성 이씨는 노승의 말

25) 앞의 책, 7-4권(성주군).
26) 앞의 책, 7-6권.
27) 『청송의 향기』, 139~141쪽.

대로 집 뒤에 5층 석탑을 세우고 불공을 드려 집안이 번창하였다. 부친의 죽음으로 맏이가 동생을 내쫓고 재산을 독차지하였으나, 욕심 많은 맏이가 집에 찾아오는 손님을 막으려고 5층 석탑을 이촌동으로 옮겼다. 이 때문에 맏이의 재산이 줄어들고 가족들은 병에 걸려 죽었다. 사람들은 그의 죽음을 당연하게 생각했고 동정하거나 슬퍼하지 않았다.

<오는 손님 막으려다 망한 손동지댁>은 서벽리의 손복술 조상이 산의 혈맥을 끊어서 패망한다.[28] <접빈을 꺼리다 망한 황부자>는 덕을 쌓아 명당을 얻었음에도 접빈객을 홀대하여 패망한다.[29] 석보면 소계동에 살았던 황씨는 나무를 팔고 돌아오다가 산에 쓰러진 풍수의 대가를 구해준다. 그 덕분에 황씨는 앞산 학바위로 문을 내자마자 재물이 쌓이고 부자가 되었다. 그런데 며느리와 손부가 들어오면서 접빈객의 고통이 가중되어 학바위를 파손시킨다. 이렇게 황씨 집안은 시집온 여성들 때문에 패망하게 된다.

조선시대 신분관계에 대한 폐단을 풍수로 해결하는 <모암산 사모바위>는 눈여겨보아야 한다.[30] 감천면 양천동에 최씨와 이씨가 3판서 6좌랑의 벼슬을 역임했는데 이들의 행차로 김천역졸들은 괴로워 견딜 수가 없었다. 역졸의 꿈에 나타난 도승의 지시로 모암산 사모바위를 굴려서 과거급제를 막았다. 이것은 신분이 낮은 김천역졸이 과거급제자의 행차를 막기 위해서 사모바위를 산 아래로 굴려버렸다. 나중에 주민들이 옛날의 영화를 되찾으려고 사모바위를 마을 입구에 옮겨놓았는데 정월대보름에 금줄을 치고 소원을 비는 신성한 바위가 되었다.

---

28) 앞의 책, 7-10권, 497~500쪽.
29) 『내 고장 전통 가꾸기』(영양군, 1982).
30) 『내 고장 우리 향토』(김천시, 1983).

<남산동의 과하천>에는 지역민이 진상품의 수탈이 가혹하여 과하천을 훼손하는 모습이 등장한다.31) 과하천은 임란 때 이여송이 샘물을 맛보고 명나라 금릉 땅의 물맛과 같다고 칭송하였다. 이러한 과하천의 물로 빚은 술은 향과 맛이 일품이라 조정에 진상하였다. 진상품의 핑계로 공물의 양이 늘어나서 백성들이 감당하지 못해 과하천을 메워버렸다. 지역주민들이 진상품에 대한 관리의 농간과 횡포를 견디지 못해 과하천을 훼손한 것이다.

(2) 친정 아버지 무덤을 빼앗은 딸의 경우

<수륜면 윤동터>는 김씨가 박씨네 땅을 빼앗은 이야기이다. 박씨 딸이 윤동 김씨에게 시집갔는데 친정 아버지가 사망하여 문상을 갔다. 친정 오빠가 부친의 무덤을 정했으나, 시집간 딸이 그 산소에 물을 부어 못쓰게 했다. 오빠가 다른 장소에 부친의 산소를 마련하였다. 나중에 시집간 딸이 오빠에게 자기 남편의 무덤을 그곳에 쓰도록 허락을 받아서 김씨가 윤동터를 차지한다. 본래 윤동터는 박씨의 땅이었으나, 박씨의 딸이 김씨 집안에 시집가서 김씨가 차지하게 되었다.

> 김씨네 박씨네 짜다라 새(사이)가 안 좋아. (청중: 옛날에는 혼인도 안 했어. 지금이사 대가 자꾸 바뀌고 하이 달라졌지.) 그래 서로 원수간이라. 중간에 수원지가 있어. 혼인도 안 하고 그래 지내.32)

위와 같이 시집간 딸이 친정 아버지의 무덤에 자기 남편을 묻었기

31) 『내 고장 우리 향토』(김천시, 1983).
32) 앞의 책, 7-6권(영덕군), 162쪽.

때문에 김씨와 박씨는 서로 갈등하게 되었다. 이러한 유형은 영덕의 <명당자리 차지한 딸>에도 그대로 반복된다. 주씨의 딸이 권씨에게 시집가서 친정 아버지의 장례식에 참석했다. 그때 친정 부친의 무덤자리가 명당임을 알고 밤에 물을 부어서 다른 곳으로 무덤을 옮겼다. 그곳에 자신의 남편 무덤을 만들어 명당을 차지하였다.

<오계 나들 조계 나들>은 명당을 둘러싸고 오씨와 조씨가 대립하고 있다. 400년 전에 영양읍 상원동에 함양 오씨와 한양 조씨가 살았는데 어느 날 오씨의 딸이 조씨에게 출가하였다. 오씨 딸은 친정 부친이 별세하여 문중에서 잡아둔 장지에 물을 부었다.

> 어느 날 오씨 딸 친정 부친이 별세하자, 오씨 문중에서는 평소에 잡아둔 명산 터를 장지로 정하고 장례 전일에 광내를 하여 두었는데 이를 알아차린 딸이 남몰래 밤새도록 광내한 곳에 물을 날라다 부었다. 다음 날 오씨 상가에서 상여가 장지에 도착하여 보니 광내한 곳에 물이 가득 고여 있으므로 이곳은 터가 나쁜 곳이라 하여 수척 위에 다시 광내를 하여 장례를 치루었다.[33]

오씨는 친정 오빠에게 사정하여 예전에 아버지 묘소로 잡아두었던 곳에 자기 남편의 무덤을 만들었다. 오씨 문중에서는 오씨 딸의 계략으로 명산을 빼앗긴 것을 알고 분통하게 생각했다. 이 때문에 오씨와 조씨는 마을 앞의 징검다리를 따로 만들어 다녔을 정도로 사이가 나빠졌다. 그래서 오씨가 다니는 길은 오계 나들, 조씨가 다니는 길은 조계 나들이라 부른다.

한편 <딸 자식은 출가외인>은 시집간 딸이 부친의 명당을 차지했다

---

33) 『내 고장 전통 가꾸기』(영양군, 1982), 184쪽.

가 사과하는 내용이 첨가되어 있다. 시집간 딸이 친정 부친의 무덤자리가 명당임을 알고 물을 부었다. 그런데 풍수가 부친의 산소를 다른 곳에 잡아주며 산신제를 지내라고 당부한다. 아들은 부친의 무덤에 정성을 다해 산신제를 지냈다.

> 저짜(저쩍에)는 명산한 그 골에 산신이 (큰소리로) 진짜 국물도 없네. 하이, 머 배가 불러야 머머 만게 머 도와주제. 이짝 산에 오이 만게 머 진수 진수파이라(진수성찬이라)…… 너거 산신 이리 오너라! 그가짓거 거기 못 먹는데 치았부러라…… 산시(산소)이 까짓거 머 명산이 없다는 게라.[34]

위와 같이 아들의 정성에 감복한 산신이 명산의 산신을 불러오게 되었다. 그리하여 풍수의 지시에 따른 아들은 부친의 무덤 덕분에 과거에 급제하였다. 비로소 시집간 딸이 친정 부친의 무덤자리를 빼앗은 잘못을 사과했다. 이렇게 오누이는 서로 화합하며 행복하게 잘 살았다. 이것은 명당이 아니더라도 산신제를 지내면 과거에 급제할 뿐만 아니라 시집간 여동생과 화합할 수 있음을 보여준다. 친정 부친의 묘를 빼앗은 딸의 이야기 중에서 유일하게 행복한 결말로 작품이 마무리되고 있어서 주목된다.

(3) 신하의 질투와 역모에 대한 두려움

<도승의 약속과 명산>은 성주 이씨의 6형제가 급제한 원인을 조상의 무덤에서 찾고 있다. 고려말 성주 이씨 집안의 5형제와 외손까지 모두 6형제가 급제하였다. 명산인 월항에 무덤을 만들었는데 신하들이 "이러

34) 앞의 책, 7-7권, 408~409쪽.

다가는 잘못하다간 그 집에 벼슬자리 다 뺏기겠다."[35]라고 질투하였다. 도사는 산소를 잡아주며 3가지를 당부했으나, 성주 이씨 집안에서는 이를 지키지 않았다. 국가에서는 태봉을 핑계로 성주 이씨의 조상 묘를 찾아낸 다음 시체를 발견하였다. 이렇게 성주 이씨는 신하의 질투와 역모에 대한 두려움 때문에 조상 묘를 훼손한 것에 대한 반발이 나타나지 않는다.

세종대왕 왕자들의 태를 보관한 성주 태실은 천하의 명당이다.

<어풍의 지시에 따라 샘을 메운 삼난집>, <어풍이 내사한 삼난집의 형세>는 과거급제한 집에서 역적이 날까 두려워 풍수를 보내어 조상의 묘를 살피게 한다. 전자는 나라에서 묘를 파라고 했는데 마을 앞의 큰

35) 첫째 산소에 있는 전나무는 스님이 절에 들어가고 난 뒤에 베고, 둘째 신체를 12번째 관에 넣고, 셋째 자손이 득세해도 재실을 낮게 지으라 당부했다.

못을 메워서 묘의 훼손을 막았다. 후자는 한 집에서 5형제가 급제하여 나라에서 어풍을 보내 그 집의 무덤을 조사했다. 이렇게 한 집안에서 과거급제자가 집중되면 역적의 의심을 받을 수밖에 없었다. 후자는 무덤을 살펴본 어풍이 "과불과 참판이요. 후불과 천석, 천석"이라고 임금께 보고하였는데 "그 뭐 대단찮다. 그래 그만 팔 건 없다"라고 하였다. 제보자는 자기 집안의 훌륭한 점은 부각하면서도 역적에 대한 두려움을 감추고 있다. 한 집안에서 과거급제가 많이 나오면 언제든지 역적의 의심을 받고 있음을 뚜렷이 보여준다.

> 청중: 사람이, 사람이, 잘나이께 그 고마 역적이나 나까 싶어가주 그리됐는게래.
>
> 그 본래 우리가 이전 그거백에 더 안했어요. 부자 구천석도 못했고. 그거백에 안했어요.[36]

이러한 역모에 대한 조정의 감시는 <분통골에 얽힌 이야기>에도 나타난다.[37] 여기서는 정씨가 조상의 묘를 제대로 묻지 않았기 때문에 패망한 것으로 보인다. 봉산면 봉계의 서산 정씨들이 초상을 당하였는데 풍수가 11개의 관을 묻으라고 당부하였다. 그런데 정씨의 세력이 날로 번창하여 조정에서는 역모를 방저하기 위해서, 정씨의 무덤을 파헤쳐 10번째 만에 시체를 찾아낸다. 이렇게 풍수의 지시를 따르지 않아서 정씨 가문은 점차 약화되었던 것이다. 따라서 조정에서는 지역의 권력자가 명당에 묻히면 역모가 일어날 수도 있음을 경계하고 있다.

36) 앞의 책, 7-17권, 478~479쪽.
37)『내 고장 우리 향토』(김천시, 1983), 297쪽.

(4) 비보풍수의 경우

풍수적으로 부족한 곳을 보완해주는 비보풍수도 많이 등장하고 있다. 이러한 비보풍수는 후삼국 말기 고려 왕건을 도왔던 도선에 의해서 전국적으로 퍼졌을 것으로 짐작된다. 지역주민들은 비보풍수를 활용하여 화재를 예방하거나 재앙의 발생을 미리 막았다. <화재를 예방한다는 돌자라>는 물을 상징하는 자라를 만들어 예천의 화재를 방지하였다. 풍수지리에 의해 호명면 본동 뒷산인 검무산과 종산동 뒷산이 마주보아 예천읍에 화재가 빈번하게 발생해 남산 위에 돌자라를 만들어 두 산의 화기를 막았다.

울진의 <진화봉>은 토병에 소금물을 넣어 울진읍 토일동 남쪽 산봉우리에 묻어 화재를 예방하였다. 영덕의 <강수의 유래>는 화재방지를 위해서 강구의 바닷물을 독에 넣어 뒷산에 묻었다. 비보풍수는 약한 부분은 채워주고 강한 부분은 완화하여 산수의 조화를 강조하고 있다. <거도산의 액운 막는 조산단의 느티나무>는 영양읍에 인공적으로 산을 만들어 재난을 방지하였다.

> 풍수지리설에 따르면 영양읍은 동쪽과 북쪽, 서쪽으로는 아담한 산맥이 둘러있어 좋은 형상을 이루고 있으나, 남쪽에는 가까이 울타리가 될 만한 산이 없을 뿐만 아니라 거도형 산이 두 곳으로 나눠져 ……이 재난을 예방하기 위한 노력으로, 삼백 년 전 인위적으로 산을 만들고 그 주위에 소나무를 가꾸고 조산단에는 느티나무를 심어 울타리로 삼고, 화산인 향로봉의 화기는 매년 정월 대보름날 산꼭대기에 소금을 묻어 해소시키고, 팔수곡 입구 남쪽 칼등의 액운은 길목에 도축장을 설치 방지하였다.[38]

38) 『내 고장 전통 가꾸기』(영양군, 1982), 235쪽.

한편 <혈이 끊긴 배미재>는 혈을 끊는 행위는 같았으나 의미가 다름을 보여준다.[39] 풍수는 못된 여자의 출생을 방지하기 위해서 배미재 용의 꼬리에 침을 놓았으나, 일제 강점기에 일본놈은 장군이 출생할 용혈을 끊어버린다. 이렇게 풍수와 일본인은 동일하게 단혈을 했음에도 불구하고 지역주민들의 의식은 다르게 나타난다. 풍수는 배미재의 잡귀를 누른 비보풍수를 사용했다면, 일본인은 장군출현을 막은 것이다. 따라서 주민들은 풍수의 행위는 긍정적인 데 반하여 일제 강점기에 일본인의 행위는 부정적으로 인식하고 있다.

이러한 비보풍수는 대구·경북지역에 골고루 분포되어 있다. 대구의 화기를 예방하기 위해서 돌로 만든 자라를 만든 경우와 마을의 모습이 외부에 노출되는 것을 방지하기 위해서 나무를 심어서 가꾸는 경우도 있다. 그리고 안동지역에서 여성의 풍기문란을 예방하기 위해서 남근석을 세우는 경우도 같은 맥락으로 볼 수 있다. 지역주민들은 비보풍수를 활용하여 자연 환경을 보완하고 땅의 기운을 북돋우며 생활의 안정을 유지하였다. 따라서 비보풍수는 화재와 재앙을 예방하거나 여성의 풍기문란을 방지하여, 지역주민의 안녕과 평안을 기원하기 위해서 사용된 것으로 보인다.

4) 남사고에 대한 지역민의 반응

대구·경북지역의 풍수로 유명한 사람은 남사고(南師古)[40]와 성지도사가 있다. 남사고는 울진에서 출생하여 남의 무덤을 잡아주었지만, 자

39) 『내 고장 전통』(경산시, 1982), 156~157쪽.
40) 조동일, 「남사고 전설의 유형과 구조」, 『구비문학』 2집(한국정신문화연구원, 1979), 3~16쪽. 정우락, 「남사고 전승의 존재양상과 의미 지향」, 『격암 남사고 선생의 생애와 사상』(조선사연구회, 2000), 67~85쪽.

기 부모의 산소는 명당에 잡지 못하였다. 부모의 무덤을 명당에 이장하려는 과도한 욕심 때문에 후손이 없는 자리에 무덤을 조성하여 실패한 것이다. 이러한 내용은 경주지역에 전승되고 있는 <남사고의 실수>, <후손 없는 풍수 남사고>에 잘 나타난다. 여기서는 명당에 이장하려던 남사고의 욕심을 부정적 시각으로 인식하고 있다.

그런데 경주지역의 <남사고>는 남사고에 대한 부정과 긍정적 시각을 동시에 보여준다. 남사고가 임진왜란이나 신하의 반역을 예견하는 국가적 충성을 보여준 것은 긍정하지만, 개인적 욕심을 위해서 부모의 산소를 여러 번 이장한 것은 부정하고 있다. 이러한 남사고의 행동에 대하여 지역주민들은 양면성을 반영한 것으로 보인다. 안동지역의 <국풍 남사고의 모친 묘터>에서도 부모의 무덤을 명당에 잡지 못하는 사건을 통해서 풍수에 대하여 비판적 시각을 보여준다.[41]

경주지역의 <성지와 남사고 이야기>에는 성지도사와 남사고가 풍수대결을 펼치고 있다. 남사고와 더불어 영남지역의 풍수로 유명한 홍성지는 군위에서 출생하였다. 홍성지의 출생과 풍수활동은 <서자인 홍성지가 잡은 명당>에 잘 나타난다.[42] 태몽을 꾼 부친이 부인과 관계를 맺으려 했으나 거절당하여, 노비의 몸에서 출생한 인물이 바로 홍성지이다. 서자로 출생한 홍성지는 과거에 응시할 수 없는 신분적 한계를 가지고 있었다. 이 때문에 홍성지는 적서차별과 같은 신분제도의 불만을 풍수를 통해서 해소하고 있다.

구미와 선산지역에는 <성지도사 이야기>, <성지도사가 지리에 달통하게 된 내력>, <성지도사 덕에 부자된 선산 김씨> 등과 같이 성지

41) 앞의 책, 7-9권(안동시 · 안동군), 865~867쪽.
42) 앞의 책, 7-10권, 354~358쪽.

도사에 대한 관심을 보여준다. 이것은 군위와 인접한 구미지역에 전파된 것으로 보인다. <홍성지가 공부하던 명당>은 풍수의 일부를 긍정적으로 바라본다.[43] 명당은 풍수가 잡아주는 것보다 복이 있는 사람이 묻힌다. 제보자 홍병옥(남, 74)은 직접 풍수로 활동했기 때문에 다소 부정적 시각을 가졌던 것으로 보인다. 그럼에도 성지도사가 봉화의 닭실을 잡아준 것은 긍정적으로 생각한다. 명풍수 성지도사가 공부한 춘양면 성지골이 명당이지만, 대명산에 묻히는 사람은 따로 있다고 한다.

이상에서 대구·경북지역의 주민들은 풍수의 대가 남사고에 대해서는 양면성을 보여주고 있으나, 군위에서 출생한 성지도사에 대해서는 긍정적 인식을 보여준다. 이러한 까닭은 남사고가 부모의 산소를 명당에 잡으려는 과도한 욕심이 표출되었기 때문이다. 반면에 성지도사는 남사고가 가진 욕심이 없었기 때문에 지역민에게 긍정적으로 인식되고 있다. 따라서 지역주민들은 남사고의 개인적인 풍수는 부정하면서도 국가적 풍수에 대해서는 긍정하고 있다. 지역주민들은 풍수에 대한 욕심을 제거한다면 생활에 필요한 것으로 인식하고 있다.

3. 임란체험과 지역주민의 대응

우리가 살고 있는 한반도는 예부터 금수강산이라 할 만큼 아름다웠다. 우리나라는 대륙과 해양의 문화를 수용하여 새로운 문화를 창조할 수 있는 지정학적 위치에 놓여있다. 이러한 지정학적 위치 때문에 수많은 외침을 받았는지도 모른다. 지정학적 위치에 걸맞은 국력을 갖추지

43) 앞의 책, 7-10권, 351~353쪽.

못했을 때는 언제든지 인접국의 침략을 받을 수밖에 없다. 그럼에도 불구하고 우리 민족은 지금까지 아름다운 강산을 지키기 위해서 외세와 맞서 고군분투하였다. 한민족의 단합된 공동체 의식 덕분에 외침을 방지하여 한반도를 지켜낸 것이다.

이러한 전쟁체험은 대구·경북지역의 설화에도 뚜렷이 나타난다. 지역주민들도 다양한 전쟁을 경험했음에도 불구하고 설화에 투영된 전쟁체험은 의외로 단순하다. 주민들은 조선시대에 발생했던 임진왜란에 대하여 많은 관심을 보이고 있다. 임진왜란은 조선 전기와 후기로 구분할 수 있을 만큼 중요한 변화를 파생하였다. 설화에 투영된 임진왜란은 지역주민에게 막대한 피해를 주었던 것으로 보인다. 여기서는 임진왜란의 체험과 지역주민의 대응을 통해서 지역의식을 살펴보고자 한다.

1) 임란체험이 투영된 이야기

한반도에서 발생한 수많은 전쟁 중에서 지역주민들에게 뚜렷이 부각된 것은 임진왜란이다. 임진왜란은 조선시대 전라도 지역을 제외한 전국에 커다란 피해를 끼친 참혹한 전란이다. 전쟁에 대한 대비가 소홀했던 조선은 불과 한 달 만에 도성이 불타게 되는 풍전등화의 위기에 놓여 있었다. 이때 조선의 선비들은 앞다투어 의병을 모아 왜군의 보급로를 차단하고 지역 방어에 매진하였다. 뿐만 아니라 조선 수군의 해상권 장악과 관군 및 의병으로 편성된 육군의 저항으로 전라도 곡창지대를 안전하게 지켜냄으로써 전세는 반전되기 시작한다.

임진왜란 때 왜적의 북상을 손쉽게 방어할 수 있는 문경 새재를 포기한 신립 장군에 대한 이야기가 많이 전승되고 있다. 협곡과 산으로 둘러싸인 문경 새재는 서울로 가는 지름길이자 천연의 요새이다. 이 때문에 문경 새재를 두고 왜군과 조선군의 치열한 대결이 발생할 수밖에 없었다. 그런데 신립 장군은 천혜의 요새인 문경 새재를 버리고 충주의 탄금대에서 배수진을 치고 왜적을 막았다. 이러한 신립 장군의 전술에 대한 지역주민들의 관심은 지대했다. 왜냐하면 문경 새재에서 왜적을 방어했다면 임진왜란의 피해를 줄이고 종전을 앞당길 수 있었기 때문이다.

<새재와 신립 장군>은 신립 장군이 문경 새재를 버리고 여인의 지시에 따라 탄금대에서 왜적과 싸워 패전한 내용을 담고 있다.[44] 도승은 신립 장군에게 문경 새재에서 적을 격퇴하라고 당부했으나 따르지 않는다. 신립 장군은 사냥을 갔다가 처녀 혼자 있는 집에 유숙하게 된다. 처녀의 부친은 집안의 머슴이 딸을 탐낸다고 생각하여 그를 죽였는데, 그 뒤로 머슴귀신이 나타나 일가족을 몰살하였다. 그곳에서 신립이 여인을 구해주었으나 여인은 자결하였다. 그런데 신립 장군은 여인의 도움으로 전투에서 자주 승리하였다. 임진왜란 때도 여인은 신립 장군에게 달천 탄금대에서 싸울 것을 지시했다. 부하 장수들의 반대를 묵살한 신립 장군은 탄금대에서 배수진을 치고 싸우다 패배한다.

신립 장군이 왜적에게 패배한 까닭을 여인의 원한 때문으로 보고 있다는 점에서 주목된다. 여인의 원한은 국가의 중대사를 망치게 할 수도 있음을 보여준다. 여인은 자신의 목숨을 구해준 신립 장군을 도왔으나, 임진왜란과 같은 국가의 중대사에서 복수하는 점은 설득력이 약하다. <신립 장군의 패전과 처녀의 원혼>, <처녀귀신 탓에 일본군에 패한 신립 장군>에서도 유사한 내용이 나타난다.[45] 이러한 신립 장군의 이야기를 들은 권율 장군

---

44) 『내 고장 전통 가꾸기』(문경군, 1982).
45) 앞의 책, 7-18권. 7-17권, 518~523쪽.

은 사람의 목숨을 먼저 구하지 못한 신립의 인물됨을 비판하고 있다. 결국 신립 장군은 임진왜란의 위급한 상황에서 구국영웅으로 거듭날 수 있음에도 불구하고 왜적에게 패배한다.

지역주민들은 임진왜란으로 참혹한 피해를 당하였기 때문에 왜적을 물리칠 비범한 영웅의 출현을 기원하였다. 그런데 <각시바위와 신랑바위 전설>에는 왜적이 조선의 민중영웅 출현을 방지하기 위해서 단혈하였다.[46] 대가면 사도실에 각시바위가 있고 칠봉산 관용묘 뒤에 신랑바위가 있으며, 대가면 신기마에는 중신애비 바위가 있다. 왜적이 신랑 신부 바위가 마주보면 큰아기가 출생한다고 생각하여 각시바위와 신랑바위를 깨뜨린다. 그 뒤로 조선에는 큰아기가 출생하지 않았다. 이렇게 지역주민들은 조선의 인재 출현을 막았던 왜적에 대한 저항과 부정적 인식을 보여준다.

초간 권문해의 글귀 덕분에 무사했던 예천 권씨 종가 별당

46) 앞의 책, 7-4권(성주군).

명나라 장수의 무례함을 혼내준 예천향교 대성전

<임란을 겪은 예천 권씨 종가 별당>은 임진왜란의 위기상황에서도 권문해의 글귀 때문에 종가의 별당을 무사히 지켜낸 이야기이다.[47] 용문면 죽림동의 예천 권씨의 종가 별당은 초간 권문해의 조부인 권오상이 창건한 궁궐양식의 건축물이다. 임란 때 왜군이 행랑채를 불사르고 종택으로 몰려왔으나, 종부는 "착한 일을 많이 한 집에는 반드시 경사스런 일이 남아있다."라는 권문해의 글을 기둥에 부쳤다. 왜군은 권문해의 글귀를 보고 물러갔다고 한다. 따라서 예천 권씨의 종가 별당은 권문해의 훌륭한 글귀 때문에 지금까지 무사하게 되었다.

<명나라 장수의 무례함을 혼내준 대성전 대들보>, <향교에서 쫓겨난 마귀 장군>은 임란 때 명나라 마귀 장군의 무례함을 꾸짖는 이야기이

---

47)『내 고장 전통 가꾸기』(예천군, 1981), 138~140쪽.

다.[48] 마귀 장군이 군사를 이끌고 예천 향교의 대성전에 머물고자 하였으나, 주민들은 공자의 위패가 있는 곳에 주둔할 수 없다고 반대했다. 그래도 막무가내로 명나라 군사를 주둔시켜서 공자의 위패를 정산서원으로 옮겼다. 마귀 장군은 대성전에 앉자마자 벼락치는 소리와 함께 대들보가 뒤틀려서 도망친다. 대성전 대들보는 제자리로 돌아왔으나, 그때 뒤틀렸던 흔적이 지금까지 남아 있다. 지역주민들은 공자의 위패를 모신 향교의 대성전에 주둔한 명나라 마귀 장군을 비판하는 의식을 보여준다.

<이여송이 먹어보고 이름 붙인 예천 주천>, <예천의 내력>은 관혁동(노상동)에 있는 주천에서 예천의 지명이 유래했음을 보여준다. 임란 때 왜군을 토벌하러 왔던 명나라 장수가 이 샘의 물을 마셔보고 예천이라 하였다. 현재 예천읍 사무소 동북쪽 경로당 밑에 있는 '군방골샘'이 옛날 주천이라는 설이 유력하다.

<구만동과 죽암>은 사회 변화에 따라 지명유래가 변모했음을 보여준다.[49] 각남면 녹명동의 옛 이름은 구만동이다. 어느 해 큰 홍수가 났는데 급류가 세 갈래로 갈라져 마을이 3개로 나눠진다. 임진왜란 때 왜적의 침략에 대비하여 주민들은 구만동에 운정산성을 쌓아 대비했다. 다행이 왜적의 눈에 띄지 않아 만 명을 구했다고 하여 구만동이라 부른다. 한편 지나가던 스님이 바위의 이름을 물었는데 주민들이 죽바위라 대답한다. 스님은 장수가 태어날 곳에 대나무 한 그루를 심어놓고 죽암이라 부른다. 지금도 대나무는 무성하게 자라고 있다. 이렇게 지명유래는 임진왜란과 같은 사회변화를 반영하면서 새롭게 변모되었음을 보여준다.

48) 앞의 책, 7-17권. 『내 고장 전통 가꾸기』(예천군, 1981), 212~213쪽.
49) 『내 고장 전통 문화』(청도군, 1981).

임란 때 주민의 목숨을 구해준 구만동의 죽암

<송림사의 구부러진 5층 전탑>은 왜적이 보물을 약탈하기 위해서 문화재를 훼손한 경우이다.[50] 임란 때 왜적이 송림사 전탑의 사리와 보물을 약탈하기 위해 상륜부에 밧줄을 걸어 당겼다. 그 순간 뇌성이 치고 탑속에서 큰 소리가 나서 왜적은 도망갔다. 이때 탑의 상륜부가 구부러졌는데 1959년 보수할 때 바로잡았다고 한다. 이것은 문화재를 훼손하여 보물을 약탈하는 왜적의 만행에 대한 주민들의 저항의식을 천둥과 탑의 울음소리로 나타내고 있다.

이렇게 임진왜란이 투영된 이야기 유형은 매우 다양하다. 왜군들은 조선에 인재가 출현하지 못하도록 단혈하는 부정적인 모습을 보여준다.

50) 『호국의 고장』(칠곡군, 1983).

지역주민들은 왜적의 문화재 훼손과 만행을 비판하고 있다. 또한 조선을 구하기 위해서 도착한 명나라 장수의 만행이나 지명유래도 담아내고 있다. 그런데 왜군들은 조선의 훌륭한 인물의 글귀에 감탄하기도 한다. 이것은 지역민들이 조선의 유교문화를 과시하고 있는 것이다.

한편 왜적의 만행에 자결한 <쌍절각의 유래>, <쌍절바위에 진 두 송이의 꽃>은 며느리와 시누이가 절개를 지키기 위해서 자결한 이야기이다.[51] 임란 때 왜적이 행패를 부리자, 며느리 한씨와 시누이 정씨는 절개를 지키기 위해서 낙동강 바위에서 투신하였다. 그들의 거룩한 절개를 기려 나라에서 쌍절각이란 정문을 내린다. 지금까지 풍양면 우망2리에 쌍절각이 400년의 절개를 보여준다.

박씨의 열녀비와 부인의 시체를 지켜준 의로운 개의 비석

51) 앞의 책, 7-18권. 『내 고장 전통 가꾸기』(예천군, 1981).

<박씨 열녀비와 견비>는 임란 때 박씨와 그의 두 딸은 왜군의 겁탈을 피하기 위해서 자결하였다.[52] 박씨 모녀의 시체에 까막까치들이 몰려들었는데 집에서 기르던 개가 지켜주었다. 주민들은 박씨의 정열과 부인의 시체를 지키다 죽은 개를 칭송하였다. 임란이 평정된 뒤에 그 사실을 들은 고을 원이 박씨의 열녀비와 의구비를 세워주었다.

2) 왜적을 격퇴한 충신의 활약상

대구·경북지역의 주민들은 왜적을 물리치기 위해서 의병을 조직하여 대항하였다. 선비와 주민들로 구성된 의병은 지형적 특성을 이용하여 왜적의 보급로를 차단하고 후방을 교란하였다. 이러한 의병활동에 힘입어 파죽지세로 북상하던 왜적의 기세는 점차 약화되었다. 지역의 의병들이 왜적의 후방을 기습하여 많은 성과를 올렸다. 특히 대구·경북지역은 전국에서 처음으로 의병이 봉기한 곳으로 유명하다. 여기서는 지역 방어를 위해서 다양한 활동을 벌인 의병장과 충신의 이야기를 살펴보고자 한다.

임진왜란 때 의병장으로 활약한 인물은 현풍의 곽재우, 봉화의 유종개와 배인길, 상주의 정기룡, 고령의 김면 등이 있다. 그 중에서도 곽재우 장군은 임진왜란 때 전국에서 처음으로 의병을 일으켜 왜적을 격퇴하는 혁혁한 공을 세웠다. 구미지역에 전승되었던 <미득바위와 곽재우 장군>, <천생산성과 곽재우 장군>에는 곽재우 장군이 천생산성에서 왜적과 대적한다. 산성에 식수가 부족하였음에도 곽재우 장군은 지혜를 발휘하여 백마의 등에 쌀을 부어 물이 풍부함을 보여준다. 그래서 왜적은 산성을 포위하는 작전을 취소하고 물러갔다.

---

52) 『의성의 전통』 (의성군, 1982), 160~161쪽.

대구지역에 전승되었던 <땀나는 신도비>는 곽재우 장군의 충성이 사후에도 계속 유지되고 있음을 보여준다.[53] 충렬공 곽재우 장군의 비석은 국가에 큰일이 있을 때마다 비신이 땀을 흘린다. 예컨대 일제의 조선 침탈, 제2차 세계대전, 한국전쟁, 4・19와 5・18 등의 굵직굵직한 사건이 발생했을 때도 비신이 땀을 흘렸다고 한다. <홍의 장군 부인의 내조>는 곽재우 장군이 의병을 모집하여 왜적을 격퇴할 때 부인의 역할이 중요하게 부각되고 있다.[54] 부인의 선견지명과 탁월한 내조 덕분에 곽재우 장군이 의병을 모집하여 왜적을 무찌를 수 있었던 것이다.

군위지역에 전승되었던 <사명당 이야기>와 <일본을 항복시킨 사명당>은 임란 때 승병을 일으켜 왜적을 물리친 사명당 유정의 이야기이다.[55] 이 전설의 공통점은 왜왕의 거듭된 시험을 탁월한 능력과 재치로 극복한다는 점이다. 사명당은 왜왕의 시험을 극복하여 항복을 받아낸다. 임란의 주범인 왜왕을 지혜로 눌러버리는 사명당의 통쾌한 도술은 민족의 자부심을 보여준 것이다.

상주의 정기룡 장군은 유격전의 명장으로 알려져 있다. 임란 때 상주는 왜적의 주둔지였기에 피해가 매우 심했다. 정기룡은 갑장산 영수암에서 백성들을 규합하여 의병을 일으켜 상주성과 인접 지역의 왜적을 격퇴한다. <죽은 아기장수와 용마 얻은 정기룡 장군>은 정기룡 장군이 상주 경천대에서 아기장수의 용마를 잡아타고 왜적을 격파한다. 정기룡 장군이 아기장수의 용마를 획득하는 것은 민중영웅의 비범한 능력을 발휘해 왜란을 종결시켜달라는 민중의식이 내포되어 있다. <조공제>

---

53) 『내 고장 전통 가꾸기』(달성군, 1981), 237~238쪽.
54) 달성군, 『내 고장 전통 가꾸기』, 256~258쪽.
55) 앞의 책, 7-11권(군위군).

는 정기룡 장군이 횃불작전으로 상주성을 탈환할 때 밤나무 숲에 군사를 매복하여 적의 퇴로를 막았던 곳이다. 이렇게 상주지역에는 정기룡 장군의 의병활동이 다양하게 등장한다.

<유종개와 화장산 전투>는 임진왜란 때 의병장 유종개의 구국활약상을 담고 있다.[56] 조선시대 명종 13년(1558) 안동 예안에서 출생한 유종개는 어린 시절 외가인 봉화군 상운면 문촌리에서 글을 배우며 자랐다. 그는 임란 때 김중청을 비롯한 봉화의 의병 600명과 함께 화장산 전피현 고개에서 왜적을 무찌르다 전사하였다. 유종개와 600명의 의사가 장엄하게 전사한 화장산 주위 30리 안에는 그들의 영혼을 위로하기 위해 관리를 파견하여 지켰다고 한다. 유종개와 의병의 활약 덕분에 안동으로 진출하는 왜적을 막을 수 있었다. 이러한 의병활동은 임진왜란을 극복하기 위한 지역주민의 구국의식을 반영하고 있다.

<배인길 부부의 절개>는 왜적과 대적하다가 전사한 배인길 의사의 절개를 담고 있다. 임란 때 배인길 의사는 왜적을 맞아 싸웠으나 장렬히 전사하고 남편의 무운을 빌던 부인 이씨는 선생의 애마가 홀로 돌아오자, 식음을 전폐하고 혈서를 쓰고 자결하였다. 그들의 절개를 기리기 위해서 봉화읍 석평리 유록동에 쌍절각을 세웠다. 이것은 임란 때 의병을 일으켜 예천의 용궁전투에서 전사한 배인길과 부인의 충절을 기리는 정문이다.

예천의 <추월담 백장군의 마주목이 주는 교훈>은 왜적을 격퇴한 백장군의 충절이 죽어서도 계속됨을 뚜렷이 보여준다.[57] 400년 전 황해도 관찰사를 지낸 추월헌 백진양은 말 한 필을 우물가 나무에 메어놓고 길렀다. 백 장군은 임란이 발생하여 전쟁터로 떠나면서 다음과 같은 말을

56) 『우리 고장의 전통』(봉화군, 1983).
57) 『내 고장 전통 가꾸기』(예천군, 1981).

남겼다. “내가 싸움에 이기고 공을 세우면 이 나무가 무성할 것이요, 내가 공을 세우지 못하고 죽으면 이 나무도 죽을 것이다. 그러니 이 나무가 죽거든 나도 죽은 줄 알라.” 백 장군은 용궁면 성저의 산세를 활용하여 왜적을 격퇴하다가 전사했으나, 그의 마주목은 수백 년 동안 생명을 유지하였다. 이것은 백 장군의 충절이 마주목에 계승되고 있음을 보여준다.

말무덤에 꽂아둔 채찍이 자라나서 주민의 수호신이 된 마능지의 말채나무

<주인과 함께 죽은 말 이야기>는 왜적에게 패한 의병장을 묻어준 이야기이다.[58] 임란 때 청송과 안동에서 왜적과 싸웠던 의병장은 중과부적으로 패하여 영양까지 밀려왔다. 싸움에 지친 의병장은 전장의 부

상으로 죽었는데 애마가 장군의 시신을 양지 바른 곳으로 옮겼다. 말도 전장의 상처로 인해 죽었다. 그래서 마을 주민이 청기면 토곡 마을 뒷산에 의병장과 말을 묻어주었는데 그곳을 말무덤이라 부른다.

<마능지의 당나무>는 임란 때 임 장군이 왜군을 무찔렀으나, 타고 있던 말이 전사하여 무덤을 만들어준 이야기이다.[59] 청송군 안덕면 명당동 마능지는 임란 때 임 장군이 왜군을 격퇴하다가 전사한 말을 묻어준 곳이다. 마능지에는 애마의 죽음을 슬퍼한 장군이 꽂아둔 말채찍이 400년 동안 무성하게 자라고 있다. 주민들은 말채나무를 수호신으로 삼아 동제를 지낸다. 그런데 일제 강점기에 마능지와 말채나무를 훼손하여 주재소를 지으려던 사람이 즉사했다고 한다. 이것은 신성한 마을 수호신을 파괴하려는 일본에 대한 저항으로 볼 수 있다.

<김치중>은 의성군 점곡면 사촌동에서 출생해 임란이 발생하여 건마산에서 왜적을 맞아 싸웠다. 그런데 왜군의 조총과 인해전술로 인하여 아우와 숙부, 종제 등이 전사하고 자신은 투신하였으며, 아내도 남편을 따라 자결한다. 또한 노비들도 주인의 죽음을 통곡한 뒤에 따라 죽었다. 남편은 나라를 위해서 순국하고 아내는 남편을 위해 순절하며, 노비는 주인을 따라 목숨을 바친 이 죽음을 삼강이라 칭송했다. 이 사실이 조정에 알려져 나라에서는 정려를 내렸다. 그들의 숭고한 정신을 기리는 의열각은 송내동 길가에서 건마산을 바라보고 있다.

3) 이여송의 단혈에 대한 부정의식

임진왜란 때 구원병으로 참전한 명나라 장수 이여송에 대한 인식은

---

58) 『내 고장 전통 가꾸기』 (영양군, 1982).
59) 『청송의 향기』, 149~150쪽.

문헌설화와 달리 구비설화에서는 부정적으로 나타난다.[60] 왜군의 북진을 막기 위해서 출병한 이여송은 평양성 전투에서 공을 세웠으나, 자만심에 빠져 섣불리 왜군을 공격하였다가 패전하였다. 왜적에게 패배한 이여송은 남진을 미루어둔 채 여러 가지 트집을 잡으면서 협상을 시작하였다. 조선·명나라 연합군과 왜군의 지루한 협상이 계속되는 동안 전쟁은 장기화로 접어들었다. 이 때문에 왜군은 전열을 정비하여 조선·명나라 연합군을 반격할 수 있는 여건을 확보하게 되었다.

임진왜란 때 이여송은 조선의 산천을 유람하면서 인재가 출현할 산천의 혈맥을 끊어버리는 부정적 모습을 보여준다. 예천의 <이여송이 혈 찌른 부용봉>에는 황제가 탄생할 기상이 있는 하리면 부용봉에 쇠말뚝을 박는다. 경산의 <혈이 끊긴 금박산>은 산의 모양이 학의 머리와 닮았는데 이여송이 조선에 장군이 태어날 형상이라 생각하여 산의 맥을 끊었다. 영덕의 <들온산, 이여송이 혈을 지른 곳>은 이여송이 산에 구리쇠말뚝을 박아서 조선에 인재가 나오지 않도록 했다. 이밖에도 <이여송이 혈 찌른 구름고개>는 이여송이 구름고개에서 혈을 잘라 피가 나왔다.

<혈 찌른 이여송>에는 유성룡과 김성일이 명나라 이여송의 그림을 가지고 구원병을 요청한 내용이 담겨있다.[61] 서애와 학봉은 노파가 그려준 이여송의 화상을 가지고 명나라에 도착하여, 조선 출병을 꺼리던 이여송의 트집을 슬기롭게 극복하였다. 명나라 군사를 이끌고 조선에 도착한 이여송은 전쟁이 끝났음에도 회군하지 않았다. 조선의 산천을

60) 임재해, 「이여송 전설에 갈무리된 민중의 역사인식」, 『민족설화의 논리와 의식』(지식산업사, 1992), 221~241쪽. 임철호, 「이여송 설화 연구」, 『국어국문학』 90집(국어국문학회, 1983), 247~278쪽.

61) 앞의 책, 7-18권.

둘러보며 인재가 출현할 곳의 혈을 잘랐으나, 초립동자에게 꾸짖음을 듣고 회군하였다. 이것은 구원병으로 출전한 이여송의 허위성과 훌륭한 인재의 출현을 기대하는 지역주민의 소망을 반영하고 있다.

이러한 조선의 인재 출현을 막은 내용은 <이여송이 깨뜨린 바위>에서도 뚜렷이 나타난다.[62] 법전면 풍정2리 노림동은 태종 이방원의 난으로 삼봉 정도전이 피난했던 곳으로 유명하다. 임란 때 이여송이 우뚝 솟은 바위를 보고 조선에 명장이 태어날 것을 염려해 칼로 바위를 부셔버렸다. 조선 초기 왕권과 신권의 대립에서 패배한 정도전이 피난했던 곳에서 명장이 출생한다는 의식은 주목된다. 이러한 조선의 인재가 출생할 수 있는 바위를 깨뜨리는 이여송의 행위는 부정적으로 나타난다.

<구암의 부처미이>는 이여송의 가문에 대해서 좀더 구체적으로 드러난다.[63] 지금부터 380년 전 임란 때 명나라의 이여송 형제가 조선에 출병하여 왜군을 무찔렀다. 이여송의 부친은 조선에 살았는데 적서의 차별이 심하여 명나라로 이주하였다. 그래서 조선 출전을 꺼리던 이여송 형제는 상인 황씨 때문에 출전할 수밖에 없었다. 당시에 조선과 명나라를 왕래하며 장사하던 황씨는 천냥 빚을 진 처녀의 목숨을 구해준다. 조선의 황씨 덕분에 명나라 승상의 부인이 된 처녀는 이여송을 조선에 보내어 왜적을 물리치게 한다. 조선 출병을 싫어했던 이여송은 자신의 형이 전사하여 불만이 가득했다. 그는 형의 죽음에 복수하려고 의성군 점곡면에서 청송 방향으로 말을 달렸으나, 구암고개에서 말발굽이 땅에 붙어버린다. 화가 난 이여송은 석불의 목을 베고 산의 혈을 잘랐다.

이 전설은 이여송의 조상이 적서차별의 설움과 불만으로 인하여 명나라

62) 앞의 책, 7-10권, 247~248쪽.
63) 『의성의 전통』, 148~150쪽.

로 이주했음을 뚜렷이 보여준다. 이여송 부친이 조선의 신분차별을 극복하지 못하고 명나라로 피신한 것으로 보아, 이여송도 조선 출병을 꺼렸을 것으로 짐작된다. 조선은 이여송의 조상이 서자의 설움을 안고 명나라로 이주했던 치욕의 현장이다. 조선 출병을 싫어했던 이여송이 출전한 것은 황씨의 도움을 받은 여인의 보답으로 나타난다. 여인은 황씨의 은혜에 보답하기 위해서 이여송을 조선에 파견했기에 왜적을 무찌르다 전사한 형의 불만을 청송의 황씨에게 돌리고 있다. 따라서 이여송이 석불의 목을 베거나 산의 혈을 자르는 것은 자신의 분을 풀기 위한 행동으로 보인다.

<이여송의 원정담>에는 이여송이 조선에 출병하여 단혈한 이유가 나타난다. 이여송이 단혈한 이유는 조선에 인재가 출현하여 대국이 근심하는 것을 방지할 뿐만 아니라 조선왕이 왜적을 토벌한 자신의 공로에 대한 보답이 없었기 때문이다. 다시 말해 이여송이 단혈한 궁극적인 목적은 자신의 공을 알아주지 않은 것에 대한 불만에서 비롯된 것이다. 이러한 이여송의 행패에 대하여 초립동자가 꾸중하여 대국으로 돌려보낸다.

> 이여송이는 지금 빨리 안드가면 내가 직인다. 그래서 대국 드가고 혈맥 셋은 살아남았다 캅니다.[64]

<이여송은 성주 이씨>는 임란 때 구원병으로 온 명나라 장수 이여송이 성주 이씨로 구체화되어 나타난다.[65] 조선에 살던 이여송의 선조가 이웃집 아이를 죽여 중국으로 피신한 점을 부각하고 있다. 그래서 이여송은 중국에서 출생했으나, 그의 조상 묘소는 성주 까치산에 있다. 이

---

64) 앞의 책, 7-4권, 133쪽.
65) 앞의 책, 7-5권(성주군).

때문에 지역주민들은 이여송을 성주 이씨의 후손으로 생각하고 있다.

이상에서 이여송에 대한 주역민의 인식은 한결같이 부정적이다. 조선을 구하기보다는 명나라의 안전을 도모하기 위해서 출병한 이여송은 여러 가지 트집을 잡거나 행패를 부린다. 지역민들은 왜적과 싸우지 않고 조선의 인재가 출현할 장소의 혈을 끊은 이여송의 행위에 대해 부정적 인식을 표출하고 있다. 더욱이 이여송의 조상이 살인하여 중국으로 피난하였음에도 자신의 조상 묘지까지 단혈하는 어리석음도 보여준다. 이렇게 지역민들은 이여송에 대한 부정적 의식을 뚜렷이 보여준다. 다만, 이여송 조상의 무덤이 성주에 있다는 점을 들어 성주 이씨로 변이된 점은 지역적 변모를 반영하고 있다.

4. 사찰유래 전설과 지역민의 관심

대구·경북지역에는 사찰과 관련된 다양한 전설이 존재한다. 우리나라에서 최초로 불교가 전래된 곳으로 알려진 선산 도리사를 비롯하여, 신라 불교의 찬란함을 예술로 승화시킨 경주의 불국사와 석굴암, 팔공산의 너른 품에 안긴 대구의 동화사와 파계사, 영천의 은해사, 신라 화랑도 정신의 기틀을 제공한 원광법사가 머물렀던 청도의 운문사, 아도화상이 도리사와 마주보는 곳에 창건한 김천의 직지사, 청정도량을 자랑하는 문경의 봉암사, 포항의 보경사와 오어사, 울진의 불영사, 안동의 봉정사, 영주의 부석사 등과 같이 유서 깊은 고찰들이 즐비하다. 이러한 사찰은 지역주민들의 사상적 토대를 제공하는 역할을 담당했던 것으로 보인다.

부석사 창건과 연관된 부석(위)과 무량수전 현판(왼쪽)

지역에 존재하는 사찰은 감은에 대한 보답으로 창건한 경우가 많다. 성주의 감응사는 신라 왕자의 눈병을 고쳐준 부처님의 은혜에 보답하기 위해 애장왕이 창건하였다. 영주의 부석사는 신라 문무왕 16년에 의상대사가 창건한 화엄종의 총본산이다. <의상과 선묘의 구원의 사랑>에는 당나라에서 불법을 공부한 의상대사가 선묘의 도움으로 부석사를 창건하였다. 의상대사는 당나라 유학에서부터 부석사 창건까지 자신을 도와준 선묘에 대한 보답으로 선묘각을 지었다. 이렇게 부석사에는 의상과 선묘의 애절한 사랑 이야기가 전한다.

> 의상이 당나라에 불법을 공부하러 갔다가 병을 얻어 양주성 수위장 유지인의 집에 머물렀는데 선묘라는 딸이 의상을 흠모했다. 의상은 불법을 공부한 뒤에 선묘의 집에 들렀다가 신라로 돌아가기로 약속했다. 의상은 종남산 지상사에서 지엄선사를 스승으로 삼아 수학했으나, 당나라가 30만 대군으로 신라를 침범한다는 소식을 듣고 서둘러 귀국했다. 이 소식을 들은 선묘는 의상대사를 쫓아갔으나 이미 배를 타고 떠난 뒤였다. 선묘는 의상의 법의를 바다에 던지며 축원한 뒤에 바다의 용이 되어 의상의 귀국을 호위하였다. 의상이 부석사를 창건할 때도 선묘가 법력을 사용하여 바위를 3차례 부양하여 이교도들을 쫓아내었다. 그래서 의상은 부석사를 창건하여 화엄종의 시조가 되었고, 선묘는 무량수전의 석룡으로 변해 절을 수호하고 있다.[66)]

위와 같이 부석사는 의상과 선묘의 고결한 사랑이 승화되어 창건되었다. 그럼에도 불구하고 부석사는 단순한 감은에 대한 보답만 나타나지 않는다. 부석사는 창건 과정에서 기존의 세력과 대립하는 모습을 뚜렷이 보여준다. 의상대사는 기존의 토착세력을 누르고 불법을 전파하기 위해 태백산 기슭에 부석사를 창건하였다. 그곳에는 이교도들이 토착세력을 형성하고 있었으나, 바위를 부양하는 신기한 도술을 사용하여 몰아낸다. 이렇게 토착종교와 불교의 대결은 신비한 힘을 보여준 불교의 승리로 귀결되어 불교의 신비감을 강조하고 있다.

---

66) 『우리 고장의 전통문화』(영주시, 1983).

이러한 민간신앙과 불교의 대립을 보여준 <선석사의 전설>은 부석사 창건과 유사하다.[67] 마을 주민들이 사찰 창건을 반대하였으나, 처녀귀신이 바위를 들어올리는 행동을 보여주어 선석사를 창건하였다. 봉암사는 문경시 가은읍 원북리 희양산 기슭에 있는 사찰로 신라 헌강왕 5년(879) 지증국사가 창건하였다. 지증국사는 신라말기 경문왕 때 당나라 유학을 마치고 희양산에서 중생구제를 한 것은 부처님의 자비 덕분이고, 그곳에 절을 짓지 않으면 도적의 소굴이 될 것이라 생각했다. 지증국사는 큰못에 사는 용을 도력으로 쫓아내고 봉암사를 창건하였다. 이것은 지증국사가 도술을 사용하여 민간신앙의 대상인 용을 물리쳐서 봉암사를 창건하는 과정을 보여준다.

민간신앙의 대상인 용이 불법의 수호자로 변모한 청도 운문사의 이목소

67) 앞의 책, 7-5권(성주군).

청도 운문사에는 보양과 이목의 이야기가 전해지고 있다. 보양이 대국에서 불법을 가지고 귀국하다가 서해 용의 초대를 받아 경을 외우고 금라가사 한 벌과 용의 아들 이목을 데리고 왔다. 보양은 용의 지시대로 뭇까치가 땅을 쪼고 있는 곳에 작갑사를 창건하였다. 이러한 작갑사 창건설화는 민간신앙과 불교의 융합을 내포하고 있다.

> 이목은 작갑사 주변의 작은 연못에 살았는데 가뭄이 들어 채소가 말라죽었다. 보양은 이목에게 명하여 비를 내리게 하여 풍년이 들었다. 천제가 자연을 위배한 죄로 이목을 죽이려 하였으나, 보양의 도움으로 이목은 살아난다.[68)]

위와 같이 보양 스님은 가뭄을 극복하기 위해서 이목에게 비를 내리도록 명령한다. 『삼국유사』의 <보양이목조>는 불교의 승려가 민간신앙의 용보다 상위에 있음을 보여준다. 한편 경산의 <개미산의 이목이>, 청도의 <이무기>, <꽝철이>는 불교와 용의 대결을 보여준다. 민간신앙의 대상인 용이 불법을 수호하거나 승천에 실패하는 것은 민간신앙의 쇠퇴와 불교의 영향력이 강화되고 있는 사회상의 변화를 반영하고 있다. 이 때문에 <꽝철이>에서는 승천을 방해한 주지에 대한 화풀이로 바위를 부수는 난동을 부린다.[69)]

숭유억불 정책을 반영하는 <소수서원의 경석>을 주목할 필요가 있다.[70)] 소수서원 자리는 통일신라시대 숙수사가 있었던 곳이다. 이곳에

---

68) 『삼국유사』, 307~308쪽.
69) 『내 고장 전통문화』(청도군, 1981).
70) 『우리 고장의 전통문화』(영주시 · 영풍군, 1983).

조선 중종 37년(1542) 풍기군수 주세붕이 숙수사를 헐고 백운동서원을 창건하면서 절에 있던 모든 불상을 주변의 소에 던져버렸다. 이 불상들의 한이 하늘에 사무쳐 밤에 요란한 소리가 나서 유생들이 불안하였다. 그 소식을 들은 주세붕은 바위에 경(敬)자를 새겨 방비하였다. 그 뒤에 다시는 그런 일이 일어나지 않았다. 경자는 공경한다는 뜻으로 불상의 한을 위로하고 제자들이 경건한 마음을 갖도록 한 것이다. 이렇게 조선시대 소수서원이 숙수사에 창건된 것은 숭유억불 정책의 단면을 반영하고 있다.

소수서원의 경(敬)자 바위는 불상의 한을 위로하고 경건한 마음을 갖게 한다.

<고산사의 후신 구화사>는 조선 중엽에 김산읍 진산에 자리한 고산사에 김산 향교가 창건된 내용을 담고 있다. 조선시대 숭유억불정책의 일환으로 불교탄압에 의해서 명당에 있던 고산사가 강제로 철거되었다.

<절을 빼앗아 만든 태평재>는 봉산면 태화동 태평사의 산세가 좋아 세도가들이 승려를 쫓아내고 태평재를 건축하였다.[71] 이렇게 조선의 건국과 더불어 불교 사찰이 있었던 자리에 유교의 건축물을 짓는 사회상의 변화를 담아내고 있다.

봉화군 소천면 절둔에는 제보자의 산신신앙이 불교로 변모하는 과정을 보여준다. 제보자 홍성수(남, 47)의 증언에 의하면 마을 주민들이 산신을 신앙했는데 불교가 전래되면서 모두 개종했다. 적어도 50년 전까지만 해도 1년에 한 차례 산신을 섬겼는데 지금은 중단되었다고 한다. 불교의 전래로 해마다 섬겼던 마을의 산신제가 중단되었음을 보여준다.

이상에서 사찰과 관련된 전설은 지역주민의 다양한 의식을 반영하고 있다. 예컨대, 감은에 대한 보답, 사찰 창건과 연관된 유래, 불교와 민간신앙의 대결, 숭유억불 정책에 의해서 불교에서 유교로 변화되는 모습 등이 주목된다. 불교의 전래와 민간신앙의 대결에서 승리한 불교는 조선시대에 접어들면서 숭유억불 정책의 일환으로 그 자리를 유교에 내주게 된다. 따라서 사찰관련 전설은 시대의 변천과 더불어 민간신앙에서 불교, 불교에서 유교로 변모했던 신앙적 자취를 보여준다.

---

71) 『내 고장 우리 향토』(김천시, 1983).

제 4 장 대구 · 경북 설화의 지역별 양상과 의미

Ⅰ. 대구지역 설화의 양상과 의미

1. 머리말

인류가 출현하면서 다양한 문화가 더불어 발생했는데 그 중에서도 문자로 전승되지 않고 말이나 이야기, 춤, 노래 등으로 전승되는 문학을 구비문학이라고 한다. 구비문학은 개인성을 중시하는 기록문학에 비하여 상대적으로 집단성과 민중성을 중시하고 있다. 따라서 문자로 정착되지 못한 구비문학 속에는 오랜 세월 동안 지역의 자연환경과 역사적 사건을 수용한 전승집단의 의식이 담겨있다. 이들 전승집단의 가치관과 의식에 의해 구비문학의 생사(生死)뿐만 아니라 같은 갈래의 유형에서 각편이 파생되기도 한다. 사실 구비문학은 하나의 유형과 다양한 각편이 상호 연결될 때, 기록문학에 비하여 생동감 넘치는 현장성을 파악할 수 있다.

대구지역은 구비문학 갈래 가운데 설화가 지역의 특징을 잘 드러내고 있다. 왜냐하면 대구지역의 생활 방식과 지역민의 생각을 잘 담아내고 있을 뿐 아니라 가장 풍부하게 전승, 채록되었기 때문이다. 설화의 일반적 갈래 구분은 신화, 전설, 민담으로 나누지만,[1] 최근에는 신화를 독립된 갈래로 설정하여 전설과 민담을 설화의 하위 범주로 보기도 한다.[2] 여기서는 설화의 일반적인 갈래 구분을 바탕으로 대구에 구비 전승되고 있는 설화의 양상과 지역성에 초점을 두고 논의를 진행할 것이다.

설화의 분류와 체계적인 분석은 다양한 유형 연구를 통해서 진행되었다. 유형 분석의 결과 한국 설화를 이해하는 폭이 그만큼 넓어진 게 사실이다. 그런데 전국적인 설화를 대상으로 분석한 보편성 못지 않게 지역성도 중요하다. 설화의 진정한 가치는 유형에서 얻을 수 있는 보편성보다 지역성이 내포된 각편에서 찾아야 한다. 따라서 지역성을 내포한 설화가 보편성을 형성하는 과정을 추적하는 작업과 보편성을 내포한 설화가 지역민에 의해 개별성을 획득하는 작업을 동시에 고려해야 한다. 이러한 대구지역 설화의 보편성과 지역성을 동시에 주목할 때, 설화를 생성하게 된 지역의 성격과 지역민의 의식을 찾을 수 있다.

현재까지 조사·채록된 대구지역의 설화를 살펴보면 대구지역에는 신화가 없는 것으로 보인다. 그런데 청동기 시대부터 인류가 거주했다는 기록을 참고하면 신화가 존재했을 가능성은 충분하지만, 자연환경의 생성에 관한 신화의 흔적이 남아있는 설화가 단편적으로 존재할 뿐이

1) 장덕순 외, 『구비문학개설』(일조각, 1992), 7쪽.
2) 최인학, 『한국 민담의 유형연구』(인하대출판부, 1994), 3쪽. 강재철, 「설화의 개념·갈래·명칭」, 『설화문학연구』 상권(단국대출판부, 1998), 217~255쪽.

다. 왜냐하면 대구지역은 산업화와 도시화로 인하여 전승집단의 유입이 가속화되면서 이야기판을 형성하지 못했기 때문이다. 따라서 대구지역의 신화는 전승집단의 변화로 인하여 전설과 민담으로 변모하거나 사라진 것으로 보인다.

대구지역 설화 가운데 신화는 존재하지 않고 전설과 민담이 대부분을 차지하고 있다. 전설과 민담 중에서도 민담의 비중이 상대적으로 높은 편이다. 대구지역의 역사와 인물에 대한 구비 전승이 중단되거나 새로운 인구의 유입으로 흥미 위주의 떠돌이 민담이 증가했기 때문이다. 특히 도시화의 물결로 타 지역에서 대구로 대거 유입된 인구[3])로 인하여 도시에서 마을 단위의 이야기 전승이 어려웠던 사정을 반영한다. 그럼에도 전국적인 분포를 보이는 민담과 지역성을 내포한 전설이 공존하고 있어서 주목된다.

대구지역 설화에는 지역민의 생활방식과 지역적 특징을 담아내고 있는 이야기가 존재한다. 그 중에서도 지명 · 사찰 유래담, 충 · 효 · 열사상, 남아선호 사상 등에서는 유교 윤리를 강조하고 있다. 홍수예방과 가뭄극복을 위한 기우제에는 자연환경과 천재지변을 극복했던 지역민의 지혜가 담겨있다. 여기서는 이러한 설화를 주제별로 구분하여 대구지역 설화의 양상과 지역적 특징을 분석할 것이다.

---

3) 대구지역의 인구 증가 추세를 살펴보면 1944년(206,638명), 1947년(293,835명), 1957년(609,316명), 1967년(887,107명), 1977년(1,415,759명), 1987년(2,165,954명), 1997년(2,501,928명) 등으로 나타난다. 대구지역은 해방과 더불어 한국전쟁이 끝난 뒤 1957년과 도시화가 가속화된 1977-1987년에 가장 급격한 인주 증가를 보이고 있다. 대구시사편찬위원회, 『대구시사』와 대구광역시, 『대구통계연보』 제39회에서 복합적으로 인용하였다.

2. 대구지역의 개관과 설화의 현황

1) 대구지역의 개관

대구지역은 넓고 평탄한 시내의 중앙부를 북부와 남부의 팔공산과 비슬산이 병풍처럼 감싸고 있는 분지에 터를 잡았다. 대구를 남북으로 관류하는 신천이 팔조령에서 발원한 대천과 합류하여 금호강으로 흘러가고, 금호강은 시의 중앙부를 동서로 흘러 낙동강에 합류한다. 분지형 지형에 자리한 대구지역은 여름에 덥고 겨울에 추운 대륙성 기후를 보이며 타 지역에 비하여 강수량이 비교적 적다. 그럼에도 낙동강과 금호강 및 하천 주변의 풍부한 수량과 비옥한 토지를 바탕으로 논농사가 일찍부터 발달할 수 있는 기반을 갖춘 것으로 보인다. 이러한 자연 지리적 환경과 입지조건을 토대로 대구지역에 일찍부터 사람이 거주할 수 있는 여건이 조성된 것이다.

대구지역은 구석기와 신석기 유적이 발견된 바 없고 청동기 유물이 발굴되는 점으로 보아 청동기 시대부터 인간이 거주한 것으로 보인다. 이 지역은 신라와 가야의 접경 내지 완충 지역으로 존재하다가 3세기 중엽에 일부가 신라에 복속되고 6세기 초엽에는 완전히 신라의 지배에 들어갔을 것으로 추정된다. 신라의 5악 중에 하나로 팔공산이 선정되어 정치적 중요성을 인정받았던 대구지역은 고려의 건국으로 별다른 기능을 못하다가 조선시대 도호부(1446년)와 경상도감영(1601년)이 설치되면서 명실상부한 영남지역의 중심지가 되었다.[4] 일제 강점기와 근대화의 물결 속에서도 대구지역은 반외세와 민족적 자주성을 수호한 자부심

4) 한국정신문화연구원, 『한국민족문화대백과사전』 6권(웅진출판사, 1992), 290~291쪽.

을 가진 고장이다. 광복 이후는 해외귀환 동포의 정착과 월남 피난민들의 유입으로 인한 급격한 인구 증가로 도시화가 가속화되면서 오늘에 이르고 있다.

이러한 자연환경과 역사적 변천을 통해서 형성된 대구지역에 구비전승되는 설화는 지역민의 생활양식과 삶의 애환을 다양한 이야기 문화 속에 반영하고 있다. 대구지역의 설화는 지역의 역사적 사건과 자연 지리적 입지조건을 수용하며, 삶의 터전을 가꾸어온 지역민의 의식을 투영하고 있기 때문이다. 따라서 대구지역 설화의 양상과 지역적 특성을 분석하기 위해서는 설화의 개별성과 지역성에 초점을 맞출 필요가 있다. 이렇게 대구지역 설화의 특징이 부각된다면 전승집단의 성격도 아울러 드러날 것으로 생각된다.

2) 설화의 전반적 현황

설화를 연구하기 위해서는 해당 지역의 범위를 설정하고 현장 조사를 철저하게 하는 게 원칙이다. 대구지역의 범위를 현재 대구시 행정구역 단위로 편의상 설정한다면, 대구지역의 설화에 대한 조사와 채록은 빈약한 형편이다. 대구지역의 설화를 조사, 채록하는 작업은 꼭 필요한 작업이면서도 시간과 비용을 많이 투자해야 하는 어려움이 있다. 뿐만 아니라 투자한 시간과 비용에 비하여 풍부한 자료를 얻지 못할 가능성도 있다. 대구지역은 섬유와 염색 같은 노동집약적인 경공업이 비교적 일찍 발달했고 산업화와 도시화로 인하여 인구집중이 가속화된 고장이다.

대구지역의 설화 조사·채록은 비교적 늦게 시도되었다. 농촌이 아닌 도시라는 성격을 고려한다면 좀더 일찍 조사했으면 하는 안타까운 생각이 든다. 현재까지 대구지역에 대한 체계적이고 전반적인 조사, 채록은 진행된 바 없는 것으로 보인다. 다만 한국정신문화연구원에서 1980년대 대구시와 달성군의 설화 자료를 조사·채록한 작업이 주목된다. 정신문화연구원에서 채록한 자료를 살펴보면 산업화와 도시화로 인하여 대구지역의 많은 이야기가 지역적 특징을 잃어버린 것으로 판단된다. 지역성을 잃어버린 설화는 지역의 특성을 담아내지 못할 뿐 아니라 떠돌이 민담으로 변모할 수밖에 없다. 그럼에도 지역성을 간직한 설화가 팔공산과 비슬산을 중심으로 구비 전승되고 있어서 주목된다.

대구지역의 설화는 『한국구비문학대계』 대구시(172편), 달성군(146편)[5]과 『팔공산』(35편), 『비슬산』(88편)[6] 및 『대구의 향기』(30편)[7], 『내 고장 전통 가꾸기』(47편)[8] 등에 채록되어 있다. 이러한 자료에 실린 대구지역의 설화는 중복을 포함해서 약 538편이다.

『대구의 향기』와 『내 고장 전통 가꾸기』의 설화자료는 일찍 채록된 것이고, 『팔공산』과 『비슬산』은 비교적 후대에 채록된 자료이다. 이들 자료들은 설화를 전문적으로 조사, 채록했다기보다는 지역의 전반적인 자료수집 과정의 일환으로 수행된 작업이다. 전자는 체계적인 조사와 채록이 이루어지지 못한 것이지만, 비교적 대구지역의 특징을 잘 담아내고 있다. 후자의 작업은 특정한 산악 지역을 조사하여 채록한 작업은 눈길을 끌지만, 조사와 채록 과정의 문제점을 내포하고 있다. 예컨대

---

5) 최정여·천혜숙, 『한국구비문학대계』 7-13권(한국정신문화연구원, 1985). 최정여, 『한국구비문학대계』 7-14권(한국정신문화연구원, 1985).

6) 김광순, 「팔공산의 설화」, 『팔공산』(경북대학교, 1991). 김광순, 「비슬산 지역의 설화」, 『비슬산』(경북대학교, 2000).

7) 대구시, 『대구의 향기』, 1982.

8) 달성군, 『내 고장 전통 가꾸기』, 1981.

조사 과정의 제보자 선정과 조사자의 조사의식 및 녹음을 전사하는 과정에서 표준어로 게재한 것이 아쉽다. 그럼에도 대구를 감싸고 있는 팔공산과 비슬산 일대의 설화를 조사, 채록한 작업은 산악을 중심으로 한 새로운 자료의 발굴이라는 의미를 부여할 수 있다.

『한국구비문학대계』는 한국정신문화연구원에서 대구시와 달성군의 설화 자료를 조사, 채록한 작업으로 가장 신뢰할 만하다. 이 자료는 전문조사자의 충실한 설화 조사와 채록으로 기존의 자료에 비하여 주목된다. 그런데 대구지역의 일부만 조사 지점으로 선정했다는 점에서 체계성을 갖추었음에도 불구하고 전체 자료를 알 수 없는 아쉬움이 있다. 이러한 이유로 인하여 대구지역에 대한 전체적인 설화 조사와 채록이 필요한 실정이다.

대구지역에서 조사·채록된 자료를 중심으로 주제별 유형으로 묶을 수 있는 설화를 몇 가지 제시하면 다음과 같다. 지명·사찰유래 전설(19편), 효·열설화(41편), 충(忠)설화(8편), 남아선호 사상(13편), 홍수와 가뭄설화(13편) 등으로 나타난다. 이밖에도 혈맥 끊기와 민중영웅의 출현 기대와 같은 설화들도 전승되고 있지만, 개별성과 지역성을 찾을 수 없어서 제외했다. 여기서는 비교적 많은 분포를 보이는 설화를 토대로 대구 설화의 양상과 지역성을 분석할 것이다.

3. 대구지역 설화의 양상과 의미

1) 지명·사찰유래 전설과 지역민의 관심

지명·사찰유래 전설은 산, 들, 강과 같은 자연물과 동네, 사찰의 명칭을 설명하는 이야기이다. 지명유래에 대한 이야기를 통해서 과거의 사건이 현재의 장소와 자연물에 어떻게 관련되었는가에 대한 역사적 유래를 이해하려는 의식에서 만들어진 것이다. 대구의 지명유래 전설은 자연물과 건물, 동네의 명칭이 생성된 역사적 유래를 설명하면서 구체적인 증거물을 제시하여 이야기의 신빙성을 확보하고 있다. 지명유래 전설은 <칠성석 유래>, <칠성바위>, <달성공원 유래>, <날뫼>, <용연사와 용연지>, <대견사 유래> 등의 자연물과 동네, 사찰에 대한 것과 <파군재>, <은적사와 은적굴> 등의 고려 태조 왕건과 관련된 것이 있다.

동네 지명의 유래는 '칠성'과 '달성', '비산' 등이고 사찰 지명의 유래는 '용연사'와 '대견사'가 대표적이다. <칠성석 유래>는 <칠성바위>의 내용과 유사한데 먼저 채록된 <칠성바위>[9]를 중심으로 살펴보면 '칠성동'은 칠성바위에서 유래한 것이다. 조선조 정조(19~21년)시대에 경상감사 이태영[10]은 북두칠성이 떨어지는 꿈을 꾸고 새벽에 그 곳에 가보니 7개의 바위가 북두칠성 모양으로 놓여있었다. 경상감사는 그 바위에 7명의 아들 이름을 새겼는데 장성한 아들은 모두 돌의 성질과 같은 품성으로 성장한 것이다.

---

9) 대구시, 『대구의 향기』, 1982.

10) 한국정신문화연구원, 『한국인물대사전』(중앙일보, 1999), 1811쪽. 이태영은 아마 이태연(李泰淵)으로 생각된다. 이태연은 1615년(광해군 7)-1669년(현종 10) 조선 중기의 문신으로 1642년(인조 20) 진사로 정시문과에 을과로 급제하였다. 1650년 공산현감, 수찬을 거쳐 1657년 수원부사, 1659년 충청도관찰사, 1661년 병조참의를 지내고 1666년 경상도관찰사에 임명되었다. 1668년 대사간, 이초참의를 지내고 평안도관찰사를 역임했다. 이렇게 이태연은 짧은 기간 유배생활을 경험했으나 비교적 조선조의 요직을 두루 역임했다.

칠성동이 유래한 칠성바위는 바위의 모양새와 인물의 성품이 일치하였다는 이야기를 통해서 환경의 중요성을 부각하고 있다.

이 이야기는 경상감사의 7명 아들이 입신양명할 수 있었던 이유를 하늘에서 떨어진 북두칠성 바위에 이름을 새겨 넣은 결과로 설명한다. 아들의 성품이 바위의 성질과 모양새와 같았다는 것은 주위 환경이 자녀의 성장에 미치는 효과를 부각한 것이다. 이러한 아들의 입신양명을 본받기 위해서 '칠성바위'에서 기자치성을 올리는 지역주민들의 후일담이 첨가되어 있다.

'달성'과 '비산'은 어느 날 밤에 산이 구름처럼 이동하던 것을 본 아낙네가 산이 떠온다는 말을 함으로써 그 자리에 산이 멈춘 것이다.

옛날에는 달성공원이 큰 들과 논밭으로 이루어졌었고 지금의 달서청 앞으로는 소나무숲과 시내가 있었다. 이 시내는 부인들의 빨래터로 이용되었는데 하루는 한 노파가 달밤에 아이를 업고 빨래를 하다가 달빛

아래 산이 움직여 다가오는 것을 발견하였다. 노파가 이것을 아이에게 이야기하자 아이는 거짓이라고 하였다. 아이의 말이 끝나자 산은 그만 그 자리에 멈춰서 지금의 달성공원이 되었다고 한다.[11)]

이것은 평야와 개천이 흐르는 '달성'에 산이 생긴 것에 대한 궁금증을 풀어주기 위해서 산 이동 이야기가 생성되었다. 산이 움직이는 모습을 본 노파가 아이에게 이 사실을 말하였으나, 아이는 노파의 말을 거짓이라고 한다. 이 때문에 산은 그 자리에 멈춰선 것이다. 타 지역의 산 이동 이야기는 주로 "산이 떠온다는 여인의 방정맞은 말"로 인하여 산이 멈춘다면, 여기서는 노파의 말을 거짓말이라고 한 아이의 말로 인하여 산이 멈춘다. 대구지역의 지명유래 가운데 '달성'과 '날뫼'는 같은 산 이동 설화를 내포하면서도 전승자에 따라서 차이점이 등장한다.

전국적인 분포를 보이는 산 이동 설화의 구조는 동일하지만, 산이 멈추게 된 원인은 지역과 현재적 의미에 따라서 각각 다르게 변모하고 있다. 달성공원은 동물을 구경할 수 있었기 때문에 어린이들의 관심을 끌기에 충분했으나,[12)] 비산동은 그렇지 못했기 때문이다. 달성공원의 성격이 어린이와 연관된 사실을 염두에 둔다면 산 이동을 멈춘 사람이 '아기'로 변모한 사실을 이해할 수 있다. 그리고 노파는 초세속적 사실을 수용한다면, 아이는 노파의 신비성을 거부한다. 산 이동 이야기를 통해서 노파와 아기의 세계관이 다름을 알 수 있다. 그리고 한자로 표기된

---

11) 김광순, 「팔공산의 설화」, 『팔공산』, 412쪽.

12) 『한국민족문화대백과사전』 6권(웅진출판사, 1992), 298쪽. 달성공원은 대구시 중구 달성동에 있는 공원으로 달구벌 토성이 있는 자리에 건립되었다. 1965년부터 본격적인 공원 조성이 시작되었으며, 750여 마리의 동물을 구경할 수 있는 동물원이 있어 도시 어린이들의 자연학습장으로 큰 몫을 하고 있다.

'비산동(飛山洞)'을 한글로 읽으면 '날뫼'가 된다. 산 이동 이야기의 지명 유래를 한자로 표기하여 '비산동'이라는 명칭이 생긴 것으로 생각된다.

<용연사[13]와 용연지>, <대견사 유래>는 비슬산을 중심으로 전승되는 사찰 창건 유래담이다. 대구지역의 남쪽에 솟은 비슬산은 일찍부터 사찰 창건의 유리한 여건이 조성된 곳이다. <용연사와 용연지>[14]는 평온한 마을에 침입한 왜적을 방비하다 전사한 7명의 동네 청년의 원혼 때문에 못의 물이 말랐다. 동네 사람들의 제사로 인하여 못의 물이 다시 생성되면서 7마리의 용이 살게 되었다. 인간의 삶을 보살펴주며 수호신 역할을 했던 용들이 먼저 승천하기 위해 싸운 결과 3마리는 승천하지 못하고, 동네 사람들은 흉년과 전염병으로 고생하게 된다. 마을 사람들은 용왕님께 제를 올려 마을의 평안을 기원하였는데 용왕은 이무기를 보내어 용 3마리를 죽인다. 이렇게 '용연사'는 죽은 용을 위해서 제사를 치려주는 의식에서 유래되었으며, '용연지'는 용이 살았던 연못에서 지어진 명칭이다.

<대견사의 유래>[15]는 중국의 명나라 황제가 보았던 아름다운 명승지를 신하에게 찾게 하였다. 여러 신하들이 중국 전체를 찾아보았으나 황제가 본 명승지를 찾지 못했다. 그런데 비슬산의 경치가 중국황제가 말한 명승지와 같이 아름다웠다. 따라서 중국의 황제가 본 것과 같은 빼어난 경치가 있는 비슬산에 '대견사'를 창건하게 된 유래를 설명하고

---

13) 『한국민족문화대백과사전』 16권, 380쪽. 용연사(龍淵寺)는 달성군 옥포면 반송리 비슬산에 있는 사찰로 914년(신덕왕 3) 보양화상이 창건하고 1419년(세종 1)에 천일이 중건하였다. 임진왜란으로 소실된 후 1603년(선조 36)에 사명대사가 인잠·탄옥·경천 등에게 명하여 중창하도록 했다.

14) 『비슬산』, 349~351.

15) 『한국구비문학대계』 7-14권, 351~357쪽.

있다. 안타깝게도 지금 남아있는 '대견사'는 폐허가 되어 석탑만이 당시의 절터임을 말해준다. 지금은 볼품없지만 비슬산 정상 부근에 사찰을 건립하게 된 배경을 중국의 황제가 부러워할 정도로 아름다운 경치로 인하여 사찰을 창건했음을 말해준다.

이러한 사찰 유래가 죽은 용에 대한 제사의식과 중국의 황제와 연관시키고 있는 것은 비슬산 일대의 민간신앙이 불교의 전래로 점차 불교문화로 변모하거나 빼어난 경관을 부각하여 사찰의 건축이 일찍부터 번성했음을 이야기 속에 반영한 것이다. 비슬산에 터 잡은 사찰 창건 이야기를 통해서 일찍부터 용을 숭배하는 민간신앙이 점차 불교의 도량으로 바뀌고 있음을 이해할 수 있다.

견훤에게 대패한 왕건을 위해서 충성을 다한 신숭겸 장군의 가묘

대구지역은 후삼국의 통일 과정에서 후백제와 고려의 치열한 전쟁이 발생했던 곳이다. 특히 지금의 팔공산을 중심으로 왕건의 군대가 후백제의 포위망에 속아 참패를 하게 된다. 이러한 태조 왕건과 후백제 견훤의 공산전투에서 유래한 역사적 사건을 수용한 지명유래가 주목된다. 신라를 구원하기 위해서 팔공산으로 이동하던 왕건이 견훤에게 대패한 내용은 <파군재>설화에 잘 나타난다.[16] 그리고 왕건이 겨우 위험을 벗어나 노한 얼굴을 풀었다는 '해안', 홀로 탈출하던 왕건을 새벽달이 비춰주던 '반야월', 왕건이 머물고 갔다는 '왕산'이 있고, 공산에서 신숭겸 장군의 도움으로 탈출한 왕건이 3일 동안 숨었던 굴과 자신을 보호해준 은혜에 감사하여 지었다는 <은적사와 은적굴>[17] 등이 있다. 대구의 지명유래는 팔공산을 중심으로 후삼국 통일을 위하여 접전했던 공산전투를 반영하고 있다.

고려 태조 왕건과 관련된 지명이 많지만 대부분 단편적인 것에 불과하다. 이것은 기존에 있던 지명을 후삼국 통일의 역사적 중요성을 감안하여 공산전투 이후에 새로 명명한 것으로 보인다. 비록 태조 왕건이 공산전투에서 대패했지만, 이후 여러 호족세력을 융화하여 고창전투에서 전세를 뒤집고 후삼국을 통일하게 된다. 대구지역민들은 역사적 승자인 왕건이 고려를 창업하게 되면서, 기존의 지명을 대신하여 새로운 이야기를 지명에 첨가하였다. 왜냐하면 지역주민들은 공산전투에서 승리한 견훤보다 후삼국을 통일한 왕건에 초점을 맞추고 있기 때문이다.[18]

---

16) 『팔공산』, 417쪽.

17) 『비슬산』, 321~322쪽.

18) 지금의 안동지역 일대에서 벌어진 고창전투에서는 왕건이 승리했다. 이 지역에

대구지역은 내륙분지에 위치한 지리적 입지조건과 영남 유림의 전통이 계승된 곳으로 다른 지역에 비하여 보수적 성향이 강하게 남아 있다. 이러한 보수적 성향이 강한 대구지역에 외국인이 귀화하여 터전을 잡았다는 사실은 매우 흥미 있는 일이다. 대구에 정착한 사람은 중국인 두사충과 일본 장수 김충선이다. <두사충과 모명재>[19]는 임진왜란과 정유재란을 계기로 중국에서 파견된 두사충이 조선을 좋아해 귀화하고, <김충선과 녹동서원>은 왜장으로 출전한 김충선[20]이 조선의 문물에 호감을 가지고 귀화하였다. 이들이 고국을 버리고 조선에 귀화한 것은 조선이 살기에 좋은 땅이라고 생각했기 때문이다. 유교의 윤리와 명분을 강조하는 대구지역에 명나라와 왜의 귀화자가 삶의 터전을 마련했다는 점은 지역의 개방성을 반영한 것으로 볼 수 있다.[21] 새로운 것을 수용하는 것보다 기존의 전통을 계승하려는 의식이 지배적인 지역민의 성격은 임진왜란을 거친 이후에는 다소 포용력을 갖추고 있었던 것이다.

서 전승되는 설화에는 견훤이 지렁이의 후손이기 때문에 강물에 소금을 풀어서 패배했다는 점을 부각하고 있다. 따라서 대구지역민들은 공산전투에서 패배한 왕건을 따뜻한 시각으로 감싸고 있다면, 안동지역민들은 고창전투에서 패배한 견훤을 통쾌하게 바라보고 있다.

19) 『비슬산』, 337~340쪽.

20) 김충선(金忠善)은 1571년(선조 4)~? 임진왜란 때 귀화한 일본인이다. 조선에 귀화한 뒤 임진왜란과 정유재란 때 전투에 참가하여 많은 승리를 거두고 대구에 터전을 잡았다.

21) 임진왜란이 끝난 뒤에 외국인이 조선에 귀화하여 대구지역에 터전을 잡았다는 것은 주목된다. 타 지역에 비하여 보수성과 폐쇄성이 강화된 지역민의 입장에서 볼 때 적어도 임진왜란 직후까지는 새로운 문물과 인재를 수용하는 개방성을 보여준다. 이렇게 지역민의 성격을 개방성으로 설명하기 위해서는 많은 근거가 필요하리라 생각된다.

임란 때 귀화한 왜장 김충선을 배향한 녹동서원

지명유래담은 타 지역과 구분되는 대구만의 유래를 갖추고 있을 가능성이 높기 때문에 주목해야 한다. 비슬산과 팔공산은 대구의 남서부와 북동부를 감싸고 있으며 불교문화가 일찍부터 꽃핀 곳으로 유명하다. 특히 태조 왕건과 견훤의 공산 전투와 관련된 지명이 많이 분포하고 있어서 그 당시의 역사적 상황을 반영하고 있다. '용연사'와 '용연지'는 왜적을 방비하기 위해 싸우다 전사한 마을 청년이 마을의 수호신인 용이 되었다. 승천 과정에서 싸우던 용들이 용왕에게 죽음을 당하여 제사를 지내던 터전에 사찰을 창건한다. 여기서 왜적을 방비하던 청년이 용이 되었다는 점은 매우 주목된다. 결국 마을 수호신이 용왕이 보낸 이무기에게 죽음을 당하는 대목은 불교와 민간신앙의 혼합을 보여주는 동시에 호국불교의 성격을 읽을 수 있다.

지명유래 전설은 전반적으로 빈약할 뿐만 아니라 단편적인 내용으로 구성되어 있지만, 대구지역의 특징을 담아내고 있다. 특히 귀화한 중국인과 일본인에 대한 이야기는 주목된다. 대구의 폐쇄성과 보수성이 강화된 것은 조선후기 유교 이념의 강화와 일제 강점기의 민족적 자주성을 고수하려는 반외세의 결과물로 보인다. 임진왜란 이후 외국에서 귀화한 사람을 수용한 대구지역민의 포용력은 일제 강점기와 군사정권을 거치면서 점차 시대에 둔감한 이념의 보수화로 변모하였다.

2) 효·열사상과 유교 의식 강화

효성과 열녀에 관한 이야기는 전국적으로 가장 많은 분포를 보이는 이야기이다. 유교 이념이 강하게 남아있는 대구지역에서 자녀의 효성과 아내의 정절을 강조하는 이야기가 많은 것은 당연하다. 효성담 가운데 부모의 목숨을 구하기 위해 4형제가 차례로 죽음을 당한 <사효자 전설>, <사효굴에 얽힌 슬픈 이야기>, <사효굴>, <사효자굴> 등이 전승된다. 임란이 발생하여 형제가 부모를 모시고 동굴로 피신하였다. 동굴 앞을 지나가던 왜적이 아버지의 기침소리를 듣고 사람이 숨은 것을 알게 되었다. 왜병은 동굴 속에 숨은 사람에게 빨리 나오라고 소리쳤으나, 부모를 살리기 위해서 맏이가 나오자마자 왜병에게 죽음을 당하였다. 그래도 기침소리가 계속 나서 나머지 아들이 차례로 왜적에게 죽게 된다. 마지막에 아버지를 잡은 왜병은 아들이 부모를 살리기 위해서 대신 죽었다는 사실에 감동하였다.

자기가 죽인 네 아들이 아버지를 대신해 죽은 것을 안 왜병은 곽노인의 등에다 일본어로 '효자의 아버지'라 커다랗게 써 붙이고 그 아래 잔 글씨로 자초지종을 기록한 후 다른 왜병이 이 노인을 잡더라도 죽이지 못하도록 써 두었다. 과연 곽노인은 다른 왜병에게 여러 번 들켰으나 등의 글을 읽은 왜병은 칼을 거두고 순순히 물러갔다.[22)]

비록 조선을 침략한 왜적이라도 부모를 살리기 위해서 자신의 목숨을 희생하는 효성에 감동한 것이다. 아들의 효성에 감동한 왜병이 아버지를 살생하지 못하도록 글을 적어준 결과 아버지를 구할 수 있었다. 이와 같이 부모의 생명을 구하기 위한 아들의 효성담은 대동소이하지만, <사효자굴에 얽힌 슬픈 이야기>는 홍의장군 곽재우의 사촌 동생과 4명의 아들 이야기로 구체화되어 있다.[23)] 이것은 의병장 곽재우 장군의 충성과 사촌 동생 및 그 아들의 효성을 통해서 충효의 논리를 강조하고 있다.

<사효굴>은 현풍 곽씨와 3형제가 동굴에 숨어 있다가 왜적의 말에 서로 나가려고 하다가 왜적의 총탄에 희생된 이야기다.[24)] 부모와 자식이 서로를 위하려다가 죽음을 당한 것으로 후대에 전승, 변모된 것이다. 이 이야기는 부모와 자식이 서로를 위하는 과정에서 자애와 효성이 우러나온다. 부모의 목숨을 구하려고 아들 형제가 희생하는 이야기는 자식에게 효성을 강조한 시대적 성격을 보여준다.

<효자 두한필>, <효자 강순항>은 부모에게 제철이 아닌 버섯과 참외로 봉양하고, <서명보의 효성>은 24년 동안 모친의 병을 수발한 이야기이다. 부모에 대한 효성이 지극하여 국가로부터 비각을 받은 효성

22) 『대구의 향기』(대구시, 1982), 178쪽.
23) 『비슬산』, 396쪽.
24) 『대구의 향기』, 177~178쪽.

담은 <정효각>, <정려각의 하광신의 효행>, <현풍 소래 곽씨네 효부> 등이다. 이러한 효자, 효부들은 국가의 유교 윤리의 장려와 맞물려 효성의 모범이 되었다. 특히 현풍의 12정려각이 세워진 소래 곽씨의 정절을 대표적인 효부의 사례로 인식하고 있다.

부친을 위해 효성을 다했던 아들의 넋이 어린 사효굴

남편이 부재한 상황에서 어렵게 자녀를 양육한 어머니를 위해서 다리를 놓아준 효성담이 <도깨비 징검다리>와 <홀어미 위해 놓은 다리>이다. 개가를 하지 않고 자녀를 양육한 어머니가 밤에 물을 건너 홀아비에게 찾아가는 사실을 목격한 자녀들이 몰래 다리를 놓아서 편안하게 건널 수 있게 하였다. 이 다리를 누가 놓았는지 몰라서 도깨비가 거론되기도 하였으나, 자식이 어머니를 위해서 다리를 놓았다는 사실이 알려진다. <도깨비 징검다리>는 딸 해랑과 사위의 도움으로 어머니는 재혼하여 행복하게 살았다.[25] 이러한 효성으로 놓은 다리는 홍수에도 떠내려가지 않는 신비한 다리가 되었다. <홀어미 위해 놓은 다리>는 5형제가 다리를 놓은 사실을 안 어머니는 "이거 이거 내가 이럴, 내가 이래 댕기는 걸 이늠들이 알았구나"[26]라는 부끄러운 마음으로 정절을 지키며 살았다. 다시 말해 어머니의 행동을 이해하고 돌다리를 놓아준 아들의 효성이 오히려 어머니를 깨우치게 하였다.

여인의 정절을 담고 있는 이야기는 <무당웅덩이>, <형제바위>, <열녀의 소원> 등이다.[27] 조선시대 정절은 여성에게 특히 강조된 윤리로 자신은 물론 가문의 번성과 패망을 결정하는 중요한 판단 기준이 되었다. <무당웅덩이>는 남녀 무당이 명문대가의 기자치성 도중에 여자 무당이 남자 무당의 겁탈을 피하여 웅덩이에 투신한 이야기이다. <형제바위>는 왜적에게 쫓기던 자매가 정절을 지키려고 낙동강에 투신하고, <열녀의 소원>은 혼례를 치르기도 전에 신랑이 사망했다는 소식을 접한 신부가 자결하여 합장되기를 소원하였다. 이처럼 대구지역의 설화는 여성에게 정절의식을 지나치게 강조하고 있다.

영남의 중심지 대구에 유교윤리가 뚜렷이 남아있다는 점에서, 효성과 정절을 장려하는 이야기가 다수 분포하는 것은 어쩌면 당연한 이치이다. 지역의 효자에게 부과된 효성은 부모를 정성으로 보살피고 자신의 목숨을 희생하는 극단적인 것으로 드러난다. 이러한 지극한 효성은 왜병을 감동시키고 홍수에도 다리가 떠내려가지 않는 이변이 발생한다. 여성의 정절도 마찬가지인데 정절을 지키기 위해서는 자결을 선택할

25) 『내 고장 전통 가꾸기』(달성군, 1981), 212~213쪽.
26) 앞의 책, 7-13권, 63쪽.
27) 『내 고장 전통 가꾸기』, 206~207쪽, 214~215쪽, 224~225쪽.

수밖에 없다. 이러한 효·열사상은 유교윤리의 강화와 맞물려 오랜 기간 동안 대구지역에 구비 전승되고 있다.

3) 충(忠)을 통한 왜적 방비와 국가수호

대구지역은 타 지역에 비하여 충성과 의리가 강하게 남아 있다. 임진왜란이 발생했을 때 제일 먼저 의병을 조직하여 왜적과 싸운 곳이 바로 대구지역이다. 일제강점기 때 우리 물건을 애용하여 일본의 경제적 침탈을 막아보려 했던 물산장려 운동과 독재에 항거하는 학생의거 등이 모두 이곳에서 출발하고 있다. 이러한 대구지역민은 충(忠)을 통하여 왜적을 방비하고 국가를 지키는 일에 적극적으로 동참하고 있다.

언제부터 대구지역에 충이 중요한 사상으로 정착되었는지 확실한 근거를 찾기 어렵다. 설화를 중심으로 살펴보면 적어도 조선 초기 사육신의 한 사람인 박팽년[28]의 유복자가 모친의 고향인 달성군 하빈으로 피신하여 살면서 더욱 강화된 것으로 보인다. <태고정[29]의 유래>[30]는 임

---

28) 정신문화연구원, 앞의 책, 799쪽. 박팽년(朴彭年)은 1417년(태종 17)~1456년(세조 2)까지 비교적 짧은 생애를 살다간 조선조의 충신이다. 1455년 수양대군이 어린 조카인 단종의 왕위를 빼앗자 울분을 참지 못한 백팽년은 경회루(慶會樓) 연못에 자살하려 했으나 후일을 도모하자는 성삼문의 만류로 단념한다. 박팽년이 충청도 관찰사로 있을 때 세조에게 올리는 일체의 문서에 신(臣)이라는 글자를 쓰지 않았다. 단종에게 충성을 다하기로 약속한 박팽년은 세조 앞에서 왕이라 칭하지 않고 '나으리'로 부르고, 세조의 귀부를 거절한 충신이다.

29) 태고정(太古亭)은 달성군 하빈면 묘리에 있는 조선 중기의 정자이다. 본래 사육신의 한 사람인 박팽년의 절의묘와 99칸 종가에 딸린 별당 건물이다. 임진왜란 후 치철사 윤두수의 한시와 정유재란 후 명나라 선무관의 현판이 남아 있는 것으로 보아 임진왜란 이전 성종조(1470년~1594년)에 건축된 것으로 보인다.『한국민족문화대백과사전』 23권, 10쪽.

30) 앞의 책, 7-14권, 637~641쪽.

진왜란 때 힘이 장사인 박 장군이 왜적과 대적하다 사당으로 피신하여 왜적을 물리친다. 겁을 먹은 왜병이 사당에 불을 지르고 기둥을 파괴하려 했으나 실패한다. 이것은 단종 임금에 대한 충성을 실천하려다가 희생된 박팽년의 충성심으로 왜적을 물리친 것이다.

<땀나는 신도비>는 충렬공 곽재우 비석에서 큰일이 있을 때마다 비신에서 땀을 흘린다.[31] 이러한 일이 일제의 조선침탈과 2차 세계대전, 한국전쟁, 4·19와 5·18 등의 사건이 일어났을 때도 땀을 흘렸다고 한다. 이것은 왜적의 침략에 맞서 의병을 모집하여 나라를 지킨 곽재우 장군의 충성심이 죽어서도 계속되고 있음을 보여준다. 국내·외적으로 중요한 사건이 발생하면 땀을 흘리는 것은 생전의 곽재우 장군의 충성이 절실함을 설화를 통해서 담아내고 있다.

나라에 큰 일이 있을 때마다 땀을 흘린 곽재우 장군의 신도비

31) 『내 고장 전통 가꾸기』, 237~238쪽.

이렇게 <태고정의 유래>와 <땀나는 신도비>는 국가의 위기 상황에서 생전의 충성심을 발휘했던 인물이 사후에도 계속되기를 바라는 지역민의 의식이 투영되어 있다. 충성을 다한 박팽년의 고귀한 희생과 왜적을 무찌른 곽재우 장군의 충성심은 죽어서까지 왜적을 물리치는 정신적 힘으로 작용하길 기원하는 지역민의 의식이 반영되어 있다. <낙빈서원>[32]은 임금에 대한 충성을 다한 사육신의 제사를 모시기 위해 건립된 것으로 충성에 대한 지역민의 의식을 짐작할 수 있다.

박팽년의 충절이 스며있는 태고정 마루

<화월 이야기>[33]는 임진왜란 때 김덕령이 애첩 화월의 도움으로 왜장을 죽일 수 있었으나, 화월은 원수의 아기를 가졌기에 김덕령에게 죽

32) 앞의 책, 7-14권, 642쪽.
33) 『비슬산』, 346~347쪽.

여달라고 한다. 여기서 이야기의 초점은 김덕령이 아니라 애첩 화월에게 맞춰져 있다. <용연사와 용연지>는 왜적의 침입을 방어하려다가 동네의 청년 7명이 전사하여 용이 된다. 왜적을 방어하다가 죽어서 용 신앙의 대상으로 좌정한 것은 충성의 본보기이다. <용암산성과 옥천>[34]은 왜적에 대항하여 용암산성에 모여 방어하였으나 우물이 없어 위기에 봉착했다. 왜적이 성을 둘러싸고 지연작전을 펼칠 때, 우물에서 물이 솟아나서 왜적을 방어하였다. 그리고 <홍의장군 부인의 내조>는 홍의장군이 의병을 모집하여 왜적을 격퇴시키는 일에 부인의 역할을 부각하고 있다.[35] 홍의장군을 만든 것은 아내의 선견지명과 탁월한 내조가 있었기 때문에 가능했다는 것이다.

충을 통한 왜적 방비와 국가수호 의식을 보여준 설화는 임진왜란이 발생하여 조선에 침략한 왜적을 방비하거나 의병을 규합하여 물리치는 것이다. <태고정의 유래>와 <땀나는 신도비>는 생전에 충성을 다한 충신이 죽어서도 나라의 위기를 극복할 수 있는 충신으로 등장한다. 박팽년의 사당에서 왜적을 무찌르거나 국가의 위기 상황에서 곽재우의 비에서 땀이 흘렀다는 것은 지역주민의 의식 속에 충성을 강조하고 있다. 특히 국내·외의 중대한 일이 발생하면 곽재우 장군의 비신에서 땀이 흐른다는 점은 호국사상의 신비화를 보여준다. 따라서 국가를 수호하고 자유와 평화를 지키려면 곽재우 장군과 같은 충신이 있어야 한다는 의식을 반영한 것이다.

<홍의장군 부인의 내조>는 의병장 곽재우 장군이 왜적을 무찌를 수 있었던 것은 아내의 내조가 국가의 충성으로 나타난다. <화월 이야기>

---

34) 『팔공산』, 415~416쪽.
35) 『내 고장 전통 가꾸기』, 256~258쪽.

는 김덕령의 애첩 '화월'이 첩의 신분이지만 왜장을 죽이는 데 이바지하는 충성을 보인다. 이렇게 충성은 남녀와 귀천의 구별 없이 국가와 민족을 위해서 강조되고 있다. 이 설화들은 유교 이념이 강한 대구지역에서도 왜적을 물리치고 국가를 수호하는 일에는 여성의 능력 발휘도 중요했음을 보여준다.

대구지역에 구비 전승되는 충과 관련된 설화는 대부분 임진왜란과 연관되어 있다. 이것은 임진왜란이 지역에 끼친 영향이 그만큼 많았다는 점을 반영하는 것으로 생각할 수 있다. 왜적을 방비하고 국가를 수호하기 위해서 지역민들은 박팽년의 일편담심 충성과 의병장 곽재우의 충성을 토대로 위기를 극복하려는 의식을 보여준다. 대구지역민들은 개인의 부귀와 영화를 거부하고 국가와 민족을 위해서 희생하는 충성을 중요한 가치로 인식하고 있다.

4) 남아선호 사상과 기자치성

대구지역에서는 남아선호 사상이 타 지역에 비하여 상대적으로 높다. 한 가족과 가문의 혈통을 후대로 계승하려는 의식에서 생겨난 남아선호는 임진왜란과 병자호란을 겪으면서 더욱 강화된 것이다. 가정과 가문에서 적장자 승계원칙이 확정되고 재산권과 제사권을 장손에게만 계승하게 되면서 남아선호 사상은 강조될 수밖에 없다.

<고산골의 유래>, <고산사의 영험>은 신라의 왕실에서 아들을 낳기 위한 온갖 방법을 동원하였으나 실패하게 된다.[36] 꿈에 도인이 등장하여 절을 짓고 기도하면 득남할 것이라 예언하여, 왕실에서는 절을 세

36) 『비슬산』, 319~321쪽. 『대구의 향기』, 186~187쪽.

우고 기자치성을 하여 아들을 얻었다. 신라 왕실이 '고산사'에 기자치성을 하여 아들을 출산했다는 소문이 퍼지면서, 아들을 낳으려는 부녀자가 고산사에 찾아온다. <무당 웅덩이>는 명문대가의 며느리가 아들을 낳기 위한 기도를 올리는 대목이 등장한다. <절을 구한 비석>은 청신암의 비석 덕분에 산사태를 면하게 되었는데, 그 잘려진 비석에 돌을 던져 얹히면 아들을 낳는다는 것이다.[37]

돌을 던져 아들을 기원하는 설화는 <장수 발자국>, <아들바위와 장군바위>, <한천바위> 등에도 지속적으로 등장한다.[38] <한천바위>는 왼손으로 돌을 던져 바위에 얹히면 아들을 낳고 떨어지면 딸을 낳으며, <아들바위와 장군바위>는 왼손으로 돌을 던져 바위의 왼쪽에 떨어지면 아들을 낳고 오른쪽으로 떨어지면 딸을 낳는다고 한다. 이것은 오른손보다 왼손을 길하게 생각하는 의식과 신랑과 신부의 좌우방향을 통해서 남녀를 구분하는 의식이 투영된 것이다. 지역주민들은 이러한 이야기를 구비 전승하면서 아들의 출생과 입신양명을 기원하였다. 지금도 아기를 가진 부녀자들이 장수의 발자국에 돌을 던져 태어날 자녀의 성별을 추측하고 있다. 이렇게 부녀자들이 아들을 낳기 위한 기자치성과 아들을 낳은 효험이 서린 자연물을 찾아가 득남을 기원하고 있다.

<건들바위 유래>에서 건들바위도 아기를 얻기 위한 기자치성의 장소가 되었다.[39] 대구의 설화에는 사찰과 바위를 대상으로 한 기자치성을 통해서 가족과 가문을 영구적으로 계승하려는 의식이 뚜렷이 남아 있다. 왜냐하면 아들의 출생이 단순한 가족과 가문계승에 머무는 것이 아니라

37) 『대구의 향기』, 203~204쪽.
38) 『내 고장 전통 가꾸기』, 239~240쪽, 208~209쪽, 214쪽.
39) 『팔공산』, 411~412쪽.

아직도 기자치성의 발길이 끊이지 않는 건들바위

노동력의 확보와 과거를 통한 입신양명이 가능하기 때문이다. 지명 유래에서 잠시 언급했던 <칠성바위>도 아들 7형제의 이름을 붙여서 훌륭한 인물로 성장했다. 이 때문에 기자치성을 위해서 칠성바위를 찾아오는 사람이 증가하고 있다.

<형제봉 전설>, <장군남매와 고모령>은 남매 장사가 산 쌓기 내기를 통해서, 치마로 산을 쌓던 여동생이 승리할 것을 우려하여 오빠가 발로 짓밟아 버린다.[40] 이러한 남매의 싸움을 지켜보던 어머니는 아버지 없는 자식이라는 소리를 듣지 않기 위해서 노력했지만 수포로 돌아간다. 이것은 오빠와 여동생이 산 쌓기 내기에서 여동생이 승리하려는 찰나에 오빠의 횡포로 좌절되었다. 이 설화는 여성과 남성의 차별과 여성의 능력을 멸시하는 남성의 횡포를 반영하고 있다.

대구의 남아선호 사상은 조선후기 양난을 거치면서 강화되었는데, 지명 유래와 연관된 자연물과 부처 등에 다양하게 나타난다. 아들을 선호하는 것은 신라 왕실에서부터 일반 백성에 이르기까지 신분과 귀천을 구분할 수 없으며, 아들을 선호하는 지역민의 의식을 단적으로 반영하

40) 『대구의 향기』, 207~208쪽. 『비슬산』, 335~336쪽.

고 있다. 이렇게 대구지역은 남아선호 사상이 강화되어 가족과 가문의 혈통을 계승하려는 의식도 뚜렷이 나타난다. 따라서 민간신앙과 종교를 불문하고 모든 곳이 기차치성의 장소로 사용되고 있는 실정이다.

5) 홍수 · 가뭄과 천재지변 극복

대구지역은 낙동강과 금호강, 신천 주변에 터를 잡고 있기에 강과 하천의 범람으로 충적된 기름진 평야에 일찍부터 논농사가 발달하였다. 이러한 입지 조건을 토대로 사람이 거주하기에 편리하였으나, 팔공산과 비슬산이 내부를 감싸고 있는 분지형 지형으로 강수량의 계절적 편차가 심한 편이다. 이 때문에 지역민의 한 해 농사가 가뭄극복과 하천의 범람으로 인한 홍수예방에 집중되어 있다고 해도 지나친 말이 아니다. 한 해의 풍년을 이루기 위해서 지역민들은 주어진 자연환경에 적응하면서 삶의 터전을 가꾸어온 것이다.

낙동강과 금호강, 신천 주변에 위치한 대구지역은 홍수로 인하여 강과 하천의 범람이 빈번했을 것으로 생각된다.[41] 홍수 설화는 이러한 지역의 자연 지리적 입지조건을 반영한 것으로 보인다. <소바위에 얽힌 전설>, <소바위>는 부부와 여동생이 모내기한 논에 비가 많이 내려 물을 빼기 위해서 갔다.[42] 갑작스러운 홍수로 인하여 제방이 붕괴되어 이들은 급류에 휩쓸려 떠내려갔다. 오빠가 떠내려오던 아내는 구했나, 여동생은 구하지

---

41) 전병일 · 김일곤, 「낙동강 유역의 자연 재해」, 『낙동강연구논총』 창간호(신라대학교 낙동강연구원, 1998), 122쪽. 대구지역의 재해 발생 횟수(1904년~1992년)를 살펴보면 호우(441회), 폭풍(403회), 태풍(269회) 등이다. 이러한 재해의 발생을 토대로 대구지역에 홍수가 발생했을 가능성이 매우 높다고 할 수 있다.
42) 『비슬산』, 352~354쪽. 『내 고장 전통 가꾸기』, 223~224쪽.

못해 떠내려갔다. 이런 사연이 동네에 알려지게 되었다. 이 소식을 들은 인근 마을 처녀들이 죽은 여동생의 혼을 달래려고 노래를 지어 불렀다.

> 능청휘청 저 비륵 끝에 / 무정하다 우리 올배
> 나도 죽어 후생가서 / 낭군님부터 싱길라네[43]

이 노래는 모내기 과정에서 불려지는 노동요인데 여동생이 오빠를 원망하는 대목보다 자신을 구출해줄 님의 부재를 한탄하고 있다. 이 때문에 저승에 가서라도 사랑하는 님을 만들겠다는 강한 의지가 표출된 것이다. 위 대목은 '모심기 노래' 사설에서 중요하게 등장하고 있다.[44] '모심기 노래'의 사설에 대구 지역민의 이야기가 첨가되거나 대구의 이야기로 변모하고 있어서 주목된다. 전국적인 분포를 보이고 있는 설화가 대구 지역민의 전승집단에 의해 지역성이 강화되는 모습을 보여준다.

<홍수를 막아준 느티나무>는 해마다 낙동강의 범람으로 홍수 피해를 입었던 마을에 노승이 수맥이 흐르는 급소에 나무 2그루를 심어서 홍수를 예방한 이야기이다.[45] <당산나무>는 홍수로 인하여 낙동강 물이 마을까지 밀려와 온통 물바다가 되어 사람들이 마을의 수호신으로 나무를 심었던 이야기다.[46] 이 설화는 홍수로 인한 재산과 인명을 보호하려는 의식이

---

43) 『내 고장 전통 가꾸기』(달성군, 1981), 224쪽.

44) <모심기 노래>의 사설에 대한 분석은 다음의 논문 참고. 김재웅, 「고령지역 민요의 전반적 고찰」, 『고령지역의 역사와 문화』(계명대 한국학연구원, 1997), 119~123쪽. 김재웅, 「군위지역 민요의 전반적 고찰」, 『군위지역의 역사와 문화』(계명대 한국학연구원, 1998), 169~171쪽. 김재웅, 「합천지역의 민요 연구」, 『합천지역의 역사와 문화』(계명대 한국학연구원, 2000), 235~239쪽.

45) 『비슬산』, 381~392쪽.

46) 『내 고장 전통 가꾸기』, 228~229쪽.

홍수예방을 위해서 심었던 당산나무

나무심기로 나타나고 있다. 지역주민이 당산나무를 심어 수호신으로 삼은 까닭은 홍수 예방을 통해서 풍요와 다산을 기원했기 때문이다. 도인이 정해준 나무를 수맥이 흐르는 곳에 심어서 홍수를 방지 한 것은 홍수를 예방하기 위한 지역민의 의식이 투영된 것으로 볼 수 있다.

<까마귀바위>는 큰 홍수로 인하여 마을 사람들은 강물을 피해 산으로 올라갔는데 마을 입구에 앉은 까마귀 덕분에 물이 줄어들었다.[47] <백안 마을의 유래>, <배바위>는 홍수로 모든 세상이 물에 잠겼을 때 배가 한 척 떠있을 만큼만 잠기지 않았거나 산 정상의 바위에 배를 맬 수 있는 고리가 있었다고 한다.[48] 이러한 홍수 설화는 전국적인 분포를 보이기 때문에 지역성을 찾기 어렵지만, 태풍이나 홍수로 인하여 강물의 범람을 경험한 자연 지리적 입지조건을 수용하고 있다.

대구지역은 홍수로 낙동강과 금호강, 신천의 범람으로 인하여 인명과 재산의 피해가 컸던 것으로 보인다. 이러한 홍수 설화는 지역의 자연환경을 반영하고 있으며, 홍수를 방지하기 위한 방법으로 나무심기가 등장하기도 한다. 홍수가 빈번하게 발생한 사실을 기록과 설화를 통해서

47) 『내 고장 전통 가꾸기』, 235쪽.
48) 『팔공산』, 414쪽. 『내 고장 전통 가꾸기』, 209~210쪽.

확인할 수 있고, 홍수를 예방하려는 기원이 수목신앙으로 나타나기도 한다. 이러한 홍수 설화는 세계적으로 분포하고 있을 뿐 아니라 우리나라도 광범위한 분포를 보이고 있다.

대구지역은 여름을 제외하면 강수량이 비교적 적기 때문에 가뭄을 극복하는 일이 무엇보다 중요했을 것이다.49) 지역의 가뭄 상황을 부산과 비교해 보면 좀더 분명하게 알 수 있다.50)

대구와 부산의 연평균 강수량 비교

연도 지역	1913	1932	1939	1943	1968	1988	1994
대구	657	612	581	736	803	617	537
부산	955	858	808	1000	1037	902	940

벼농사와 같은 주곡 작물을 재배하려면 물의 확보가 선행되어야 한다. 대구의 지역민은 분지와 대륙성 기후를 가진 척박한 조건에서도 가뭄 극복에 대한 염원을 담아 기우제를 지낸 것이 설화에 반영되어 있다. <유가사 개불 전설>은 부처의 힘으로 비를 내려 가뭄과 질병을 극복한 것이다.51) <용재산 용의 승천>, <용소>는 가뭄이 심하여 기우제를 지냈더니 비가 내렸다.52) 대구의 가뭄을 해결할 수 있는 유일한 방법은 비에 의존할 수밖에 없다. 지금이야 낙동강이나 금호강의 물을 끌어오

49) 1931년~1960년까지 대구(979.3㎜), 부산(1,381.4㎜), 서울(1,259.2㎜), 신의주(1,050.2㎜)의 강우량 비교를 통해서 어느 정도 가늠할 수 있을 것이다. 『대구시사』 3권(대구시, 1973), 15쪽.

50) 전병일·김일곤, 앞의 논문, 137쪽.

51) 『비슬산』, 364~365쪽.

52) 『내 고장 전통 가꾸기』, 215~216쪽. 237쪽.

면 되지만, 당시에는 기우제를 통해서 하늘에 기원하는 것이 최선이었을 것이라 생각된다. 논농사를 짓는 지역민에게 비를 내리게 할 수 있는 대상물이 부처와 용으로 등장한다. 이것은 비를 관장하는 기능을 담당했던 용이 점차 부처의 수호자로 변모하고 있음을 보여준다.

<와룡산>은 심한 가뭄이 들면 산 정상에 자신의 부귀를 위해서 몰래 매장된 묘를 파내어 비를 기원하는 이야기이다.[53] 민간의 숭배 대상인 용은 비를 관장하는 상징물이기에 와룡산이나 용소 및 용이 승천한 곳에서 기우제를 지냈던 것이다. 가뭄 극복을 위한 기우제도 불교의 전래로 민간 신앙의 숭배 대상인 용에서 부처로 변모하거나 습합되는 모습을 보여준다.

이상에서 홍수 예방을 위해서 나무를 심거나 가뭄 극복을 위해서 기우제를 지내는 것은 대구의 지리적 입지조건과 자연환경에 근거한 것으로 볼 수 있다. 주변의 낙동강, 금호강의 범람으로 인한 인명과 재산피해를 줄이기 위해서, 대구의 설화에는 나무를 심는 독특한 이야기가 전승된다. 또 홍수로 세상이 물에 잠겼을 때, 까마귀 앉은 자리와 배가 떠있을 자리 및 산 정상에 매었던 배 고리의 자리가 등장한다. 그리고 대구지역은 강수량이 비교적 적기 때문에 가뭄에 대한 대책을 기우제를 통해서 해결하고 있다. 물이 절대적으로 필요한 논농사가 발달한 곳에는 기우제가 발달하였다. 이러한 홍수와 가뭄에 대한 이야기는 지역의 자연환경을 반영하면서도 천재지변을 극복하려는 지역주민의 소망을 담아내고 있다.

---

53) 『내 고장 전통 가꾸기』, 211~212쪽.

4. 대구지역 설화의 지역적 특징

대구지역 설화의 특징을 살펴보기 위해서 지역성에 초점을 맞출 필요가 있다. 설화 갈래가 전세계적인 보편성을 보이고 있지만, 국가와 민족 및 지역에 따라서 다양한 개별성이 존재한다. 이러한 사실을 염두에 두고서 설화의 보편성과 개별성의 연관관계 속에서 지역성을 논의하는 것이 바람직할 것이다. 설화의 보편성 속에서 개별성을 찾을 수 있고, 유형과 각편이 존재하기 때문에 지역성 찾기는 가능하다고 본다. 따라서 대구설화의 지역적 특징은 민담보다 전설에서 뚜렷이 나타난다.

지명유래 전설은 지역성과 밀접한 관계를 가진다. <달성공원 유래>는 전국적인 분포를 보이는 산 이동 설화를 수용하면서도 산을 멈춘 사람이 '아기'로 변모되어 있다. 이것은 '달성공원'에 동물원이 조성되어 어린이들의 관심을 끌기에 유리한 인물로 바뀐 것이다. 그리고 태조 왕건과 관련된 <파군재>, <은적사와 은적굴>은 역사적 사실을 반영한다. 대구지역민은 공산전투에서 승리한 견훤 이야기 대신에 패한 왕건을 따뜻한 시선으로 감싸고 있다. 이것은 공산전투의 승리보다 후삼국을 통일한 왕건에게 초점을 맞춘 것으로 역사적 승자를 수용하고 있다.

대구지역은 내륙분지에 터를 잡은 까닭으로 새로운 문화를 수용하는 의식이 미약했다. 아울러 영남유림의 전통이 계승되면서 폐쇄성과 보수성이 지역성으로 강화되었다. 그럼에도 임진왜란을 계기로 조선에 귀화한 외국인 '두사충'과 '김충선'이 대구에 터를 잡았다는 사실은 흥미롭다. 유교 윤리와 명분을 강조하는 대구에 중국과 왜의 귀화자가 정착했다는 점은 지역의 개방성을 반영한다. 적어도 임진왜란 뒤까지는 대구지역이 어느 정도 포용력을 보여주었다고 생각된다. 대구의 보수성과 폐쇄성은 일제 강점기와 군사정권을 거치면서 강화되었을 것이다.

효성과 정절을 강조한 이야기가 상당히 많이 전승되고 있어서 지역민의 효·열사상과 유교 의식을 반영하고 있다. 효·열 설화는 전국적인 분포를 보이는 보편적 특징이지만, <사효자굴에 얽힌 슬픈 이야기>와 <사효굴>은 대구 지역민의 성격을 수용하고 있다. 전자는 효를 실천한 사람이 의병장 곽재우 장군의 사촌 동생과 아들로 변모되었고, 후자는 현풍 곽씨의 3형제로 나타나고 있다. 이러한 효 설화를 통해서 보편성과 개별성을 확인할 수 있다. 즉 효를 실천한 사람을 의병장 곽재우의 친척이나 현풍 곽씨로 설정하여 충효의 논리를 강조한다. 대구지역에서 활약한 의병장 곽재우 장군의 충성을 본보기로 그 친척이나 같은 성씨로 효성을 구체화하고 있다. 보편적인 효 설화가 지역의 역사인물과 연결되면서 변모하였다.

대구지역과 임진왜란의 관계를 주목해볼 필요가 있다. 임진왜란과 관련된 이야기는 전국적인 분포를 보인다. 그런데 지역에 구비 전승되는 설화는 대부분 임진왜란과 연관되어 있다. <태고정의 유래>, <땀나는 신도비>와 <화월 이야기>, <홍의장군 부인의 내조> 및 <형제바위>, <사효자 전설>, <두사충과 모명재> 등이 대표적인 설화이다. 임진왜란과 관련된 이야기가 많은 것은 대구지역의 피해가 많았거나 의병 활동을 통해서 왜적을 방어했다는 양면성의 반영으로 볼 수 있다. 특히 임란을 계기로 대구지역은 왜적 방비를 위한 군사 요충지로 부각되어 1601년 경상도 감영이 설치된다.

대구지역의 충·효·열설화, 중국인과 일본인의 귀화가 대부분 임진왜란과 연관되어 있다. <태고정의 유래>는 생전의 충신 박팽년이 죽어서도 왜적을 방비하는 충절 의식으로 변모하고 있다. <땀나는 신도비>

는 국내외적인 큰 사건이 있을 때마다 땀을 흘리는 곽재우 장군 비석을 통해서 국가수호를 위한 충성이 필요함을 역설하고 있다. 이렇게 대구 지역민들은 충절과 지역의 인물을 연관시켜 왜적을 방어와 국가수호에 동참하고 있다.

남아선호 사상이 강하여 부처 및 자연물에 대한 기자치성이 많이 전승되고 있다. <칠성바위>는 경상감사 이태영의 7명 아들이 모두 입신양명했다는 소식을 듣고 '칠성바위'에서 기자치성을 올린다. 이 설화는 단순히 아들을 얻기 위한 것만 아니라 아들의 입신양명을 함께 기원한 것으로 보인다. 대구지역은 영남 사림파의 본거지로 과거나 학문을 통한 관료지향 의식이 강했던 곳이다. 따라서 남아선호 사상의 유교 이념이 지역민의 의식 속에 잠재하기 때문에 기자치성이 상대적으로 높게 나타난다.

대구지역의 설화는 용 신앙과 불교의 융합과정을 보여준다. <용연사와 용연지>는 불교의 전래로 민간신앙의 장소에 사찰이 창건되거나 용 신앙과 불교가 융합하는 모습을 보여준다. <억새와 칡이 없는 비슬산>은 도성국사와 환기대사가 서로 왕래하면서 지냈는데, 하루는 도성국사가 환기대사를 방문하려다 억새와 칡넝쿨로 인하여 길을 잃어서 약속을 지키지 못했다.[54] 이 때문에 도성국사와 환기대사는 비슬산의 점수대왕에게 억새와 칡이 살 수 없도록 해달라고 요청하였다. 이것은 비슬산에 불교신앙과 민간신앙이 상호 공존하는 모습을 보여주고 있다. 그리고 가뭄으로 인하여 비를 관장하던 용에게 제사를 지내던 기후제 풍습이 점차적으로 불교의 부처로 그 대상이 변모하고 있다. 이렇게 대구지역의 설화에는 민간신앙의 대상과 장소가 불교의 전래로 통합되거나 불교

54) 『비슬산』, 351~352쪽.

가 지역민들의 신앙으로 자리를 잡고 있음을 보여준다.

홍수와 가뭄을 극복하려는 지역민의 지혜도 주목해야 한다. 대구지역의 설화에는 홍수와 가뭄에 대한 이야기가 많이 전승되고 있다. 이것은 낙동강과 금호강을 인접하고 있는 지리적 환경과 기우제를 통한 가뭄극복을 기원했던 자연환경을 수용한 것이다. <홍수를 막아준 느티나무>, <당산나무>는 수맥이 흐르는 곳에 나무를 심어 홍수를 예방하거나, 낙동강의 홍수로 인하여 마을의 수호신으로 나무심기가 등장한다. 이것은 홍수만 예방하면 풍요와 다산을 획득할 수 있기 때문에 마을의 수호신으로 나무를 심어 신성시하였다.

대구지역은 대륙성 기후로 인하여 강수량이 비교적 적어 가뭄이 자주 발생했다. 이러한 가뭄을 해소하기 위해서 <용재산 용의 승천>, <용소>와 <유가사 개불 전설>에서는 용과 부처에게 기우제를 지내거나 불공을 올린다. 논농사를 짓는 지역민들은 가뭄 해소의 방법으로 민간신앙의 대상인 용에게 올리던 기우제가 점차 불교의 영향으로 부처로 변모하고 있다. 따라서 대구지역 설화에는 열악한 기후와 자연환경을 극복하려는 지역민의 다양한 노력이 반영되어 있다.

이상에서 대구의 설화는 타 지역과 마찬가지로 보편적인 성격을 소유하고 있으면서도 유교 이념에 충실한 충효열 지향의식이 강하게 남아 있으며, 자연 지리적 환경을 반영한 홍수와 가뭄에 대한 설화가 많이 전승되는 특징을 발견할 수 있다. 이밖에도 여성의 활약에 대한 관심을 보여준 <화월이야기>와 <곽재우 장군 부인의 내조> 등이 전승된다. 유교적 이념이 강한 대구 설화에도 여성의 능력과 활약을 중시하고 있어서 주목된다.

5. 맺음말

대구지역의 설화는 주로 1980년을 전후하여 조사, 채록되었기 때문에 이야기의 면모가 단편적이거나 이야기판의 형성이 어려웠던 흔적을 찾을 수 있다. 한국정신문화연구원에서 조사・채록한 설화자료를 살펴보면 전설보다 민담이 훨씬 많은 비중을 차지한다. 이것은 도시화로 인한 농촌 인구의 대도시 집중이 주된 원인으로 보인다. 이 때문에 이야기판이 제대로 형성되지 않는 상태에서 단편적인 설화를 조사할 수밖에 없었을 것이다. 그럼에도 불구하고 대구지역의 설화에 관심을 갖고 조사・채록한 작업은 주목된다.

대구지역은 타 지역에 비하여 유교 문화가 상당히 강하게 남아있는 고장이다. 영남지역의 중심지인 대구는 비슬산과 팔공산이 양쪽을 감싸고 있으며, 낙동강과 금호강의 충적 평야 위에 터를 잡았다. 이러한 유교 문화와 자연 지리적 입지조건을 반영한 대구지역의 설화는 지역성과 연관되어 구비 전승되고 있다. 대구지역은 홍수와 가뭄이 빈번했으나, 이러한 열악한 자연환경을 극복하기 위한 지혜를 설화에 담아내고 있다.

<용연사와 용연지>, <억새와 칡이 없는 비슬산>은 일찍부터 민간신앙이 유행하던 비슬산에서 불교의 전래로 점차 불교신앙으로 변모한다. 민간신앙 중에서 용 신앙을 올리던 곳에 사찰을 창건한다는 점은 용 신앙과 불교가 융합하고 있다. 이것은 팔공산과 비슬산에 분포하는 많은 사찰을 통해서 민간신앙이 불교신앙에 그 자리를 내어주었음을 이해할 수 있다. 그리고 가뭄에 비를 기원했던 <용소>의 용 신앙도 점차 부처로 바뀌고 있다. 따라서 대구지역의 설화는 비슬산과 팔공산의 민간신앙이 점차 불교로 변모하는 과정을 보여준다.

대구지역 설화의 양상과 지역적 특징을 요약하면 충효열사상과 남아선호 사상이 유교윤리의 강화와 더불어 매우 높게 반영되어 있으며, 천재지변인 홍수와 가뭄에 대한 예방과 극복을 위한 나무심기와 기우제가 중요하게 등장한다. 이러한 대구지역 설화는 지역의 성격과 무관하지 않은 것으로 보인다. 대구 지역민의 보수성과 폐쇄성은 유교 윤리의 강화와 맞물리며 오래도록 구비 전승되었다. 특히 충효열사상이 의병장 곽재우 장군과 연관시키고 있어서 설화의 구체성을 획득하고 있다. 설화의 구체화를 역사적 인물과 연결시켜 사실로 인식하려는 경향이 강하게 나타난다.

역사적 사건에 대한 지명유래는 태조 왕건과 견훤의 공산전투로 인하여 명명된 전설을 주목해야 한다. 지역민들은 공산전투에서 패배한 왕건을 따뜻한 시선으로 감싸고 있다. 지역민들은 역사의 최종 승자인 왕건을 높이고 일시적 승자인 견훤의 이야기는 생략하고 있다. 한편 보수적이고 폐쇄적인 대구지역의 성격이 임란 이후에는 중국과 일본의 귀화자를 수용한 것으로 보아 다소 개방적인 성격을 가졌던 것이다. 따라서 대구 지역민들은 조선말기와 일제 강점기를 거치면서 반외세와 민족적 자주성을 강조하던 의식이 점차 이념의 보수화로 굳어졌던 것으로 보인다.

대구 지역민들은 임진왜란과 연관된 설화를 구비 전승하고 있다. 이것은 지역에 끼친 왜란의 폐해가 많았다는 점과 왜란을 극복하려는 의식이 강했다는 양면성을 보여준다. 대구는 임진왜란을 수습하는 과정에 군사적 요충지로 부각되어 경상감영이 설치되었다. 이때부터 대구는 경상도의 중심으로 본격적인 위상을 갖춘 것으로 보인다. 이러한 대구지역에 의병장 곽재우 장군과 박팽년의 충성이 죽어서도 계속되길 기원하는 지역민의 의식이 담겨있다.

대구지역 설화의 지역적 특징은 보편성에서 개별성으로 옮아가는 변이에서 찾을 수 있다. 설화의 변이 요소에는 이야기판의 구성원들의 의식이 매우 중요하다. 뿐만 아니라 지역의 자연환경과 역사적 사실 및 사회, 문화, 사상적 배경도 중요한 역할을 하였다. 보편적 설화가 개별적 특성으로 변모하거나 개별적 설화가 보편적 특성으로 변모할 수도 있다. <달성공원 유래>에서는 보편적인 산 이동 설화를 수용하면서도 '아기'가 산을 멈춘 것으로 변모되었다. 어린이들이 달성공원을 자주 찾고 있기 때문에 설화의 개별성과 지역성이 첨가된 것이다.

지금까지 대구지역 설화의 유형과 각편의 연관관계 속에서 개별성과 지역성을 확인하였다. 그 중에서도 증거물과 관련된 전설이 지역성과 전승집단의 성격을 제대로 반영하고 있다. 이 때문에 대구의 역사와 자연환경을 수용한 전설에 초점을 맞출 수밖에 없었다. 대구 설화의 지역적 특징을 좀더 구체적으로 이해하기 위해서는 다른 지역의 설화와 비교연구를 병행할 필요가 있다. 대구의 설화와 타 지역의 설화를 비교하는 작업은 다음으로 미루어 둔다.

Ⅱ. 구미·선산지역 설화의 양상과 의미

1. 머리말

구미와 선산지역에 구비 전승되는 설화는 다양하지 못한 편이다. 대부분의 설화는 가족 간의 윤리를 담고 있거나 풍수와 관련된 이야기가 주종을 이루고 있다. 이러한 설화에는 어김없이 유교적인 의식이 내포된 효·열담, 과거급제를 통해 관직을 얻는 내용이 첨가되어 있다. 특히, 명당자리에 조상의 묘를 조성하여 자손이 과거에 급제해 높은 벼슬을 하거나 부자가 되는 내용이 빈번하게 등장한다. 이런 점에서 구미와 선산지역의 설화는 유교문화의 영향권에 놓여있다고 해도 지나친 말이 아니다.

구미와 선산지역은 다른 곳에 비하여 특별히 주목해야 할 필요가 있다. 왜냐하면 이 지역은 동일 농촌문화권에 속했으나, 의도적인 산업화와 도시화의 영향으로 이질적인 문화로 변모했기 때문이다. 구미지역은 눈부신 산업화를 이룩했다면, 선산지역은 농촌문화를 그대로 유지하고 있다. 이러한 도시와 농촌의 이질적인 환경에 의한 설화의 변모를 살펴보기에 적당한 곳이 바로 구미와 선산지역이다. 도시와 농촌의 서로 다른 환경에서 설화의 전승이 단절되거나 변모된 양상을 고찰하는 작업은 매우 중요한 의미를 갖는다. 설화는 전승환경의 변화에 민감한 구비문학의 하위 갈래이기 때문이다.

그런데 안타까운 것은 1980년대 한국정신문화연구원에서 구미시의 설화를 조사할 때에도 단 한 곳만 조사지점을 선정하여 채록했다는 점이다. 구미지역은 국가의 공업화 정책으로 급격한 산업화와 도시화가 진행된 대표적인 곳이다. 이러한 구미지역에 대한 체계적인 설화 조사가 미흡했다는 점이 아쉬울 뿐이다. 농촌 공동체에서 창조된 설화가 전승환경의 변화로 어떻게 변모되는지를 확인할 수 있는 가능성은 점점 희박한 실정이다. 그럼에도 불구하고 구미와 선산에서 채록된 설화를 비교한다면 어느 정도의 실마리를 찾을 수 있을 것이다.

여기서는 구미·선산지역에 분포하는 설화의 양상과 지역적 특징을 밝히고자 한다. 이러한 목적을 달성하기 위해서는 지역에 존재하는 설화의 전반적 현황을 검토할 필요가 있다. 그 다음에는 지역적 성격이 뚜렷이 드러나는 설화의 주제별 양상과 특징을 분석하여, 다른 지역과 구별되는 의미를 밝히고자 한다. 이러한 과정을 통해서 구미·선산지역 설화의 특징이 뚜렷이 드러날 것으로 생각한다.

2. 구미·선산지역의 개관과 설화의 현황

1) 구미·선산지역의 개관

구미·선산지역은 경상북도 중앙부의 서남쪽에 위치하고 있으며 영남 지방의 젖줄인 낙동강이 두 지역을 가로지르고 있다. 구미시가 우리나라 공업도시의 중심이라면, 선산군은 유서 깊은 역사를 가진 농촌으로 볼 수 있다. 그런데 최근에 두 지역이 구미시로 통합되면서 예전의 영역은 회복되었으나, 여전히 문화적 이질성은 유지되고 있다. 이러한 구미와 선산지역의 급격한 변화는 구비설화의 전승과 변모에 어떤 영향을 끼치는지 주목해야 할 대목이다.

이 지역은 청동기 시대부터 인간의 거주가 활발했던 것으로 보이며, 소국에서 점차 신라의 영토로 편입되었다. 신라 진평왕 36년(562)에는 일선주로 승격되었다. 후삼국 시대에는 견훤과 왕건의 치열한 전투를 벌인 격전장으로 유명하다. 조선시대 태종 13년(1413)에는 해평현을 병합한 선산군의 호수가 1,000호 이상이 되어 도호부사를 설치하였다. 그 후 1896년 도호부사를 폐지하고 18개 면을 거느린 군으로 재조정되었다. 1962년 구미면이 읍으로 승격한 뒤에 1978년 구미시로 분리되었으나, 1996년 구미와 선산이 통합되어 구미시로 명칭을 변경하였다. 또한 구미 · 선산지역은 도리사를 비롯한 불교문화와 서원과 향교가 발달하여 많은 인재가 배출된 선비의 고장으로 유명하다.

선산지역은 황악산과 덕유산의 물이 합쳐진 감천이 동쪽의 낙동강으로 흘러 곳곳에 기름진 농토가 발달했다. 지역주민들은 풍부한 토지에서 수확한 농산물을 바탕으로 비교적 안정된 생활을 하였다. 이러한 풍족한 지역에 터전을 마련한 주민들은 오랫동안 대를 이어 살면서 선비문화를 꽃피웠다. 이중환의 『택리지』에 보면 선산은 산천이 상주에 비해 더욱 맑기 때문에 조선 인재의 반은 영남에 있고 영남 인재의 반은 선산에 있다고 했다.[55] 이것은 선산지역의 자연환경과 인물에 대한 평가를 보여준 대표적인 사례이다.

1982년 조사한 선산군의 인구와 농업의 비율을 참고하면 이 지역의 성격을 이해하는 데 도움이 된다.[56] 선산군 인구는 15,627가구에 70,666

55) 이중환, 『택리지』(을유문화사, 1994), 68쪽.
56) 최정여 · 천혜숙 · 임갑랑, 『한국구비문학대계』 7-15권(한국정신문화연구원, 1987), 4쪽.

명인데, 그 중에서 농민의 비율이 75%로 나타났다. 이런 점에서 선산군은 80년대까지만 해도 상당한 인구가 농업에 종사한 것으로 보인다. 그러나 인근 구미지역의 산업화로 인하여 농민의 상당수가 도시로 이주하여 주민의 수가 급격히 감소하였다. 뿐만 아니라 80년대는 60세 이상의 노인 인구가 7,000명 정도인 데 반하여, 지금은 대부분이 노인으로 구성되어 있다. 젊은 층의 이주로 인한 농촌의 고령화 현상은 농촌 공동체문화의 붕괴를 가속시키고 있는 실정이다.

한편 구미시는 산업화와 도시화의 영향으로 급격한 인구 증가의 부작용을 경험하게 되었다. 농촌마을에 국가의 정책적 뒷받침 아래 각종 대규모 공장이 세워지면서 구미시는 급격한 성장을 거듭하였다. 이러한 산업화 과정에 발맞추어 타 지역의 젊은 인구가 대거 유입되었다. 산업화의 초기에는 섬유와 같은 경공업이 주종이었으나, 시대의 변화에 따라 점차 첨단산업으로 옮겨가고 있는 추세이다. 농촌 환경의 급격한 변화와 타 지역 인구의 대거 유입으로 인하여, 지역의 설화가 어떤 모습으로 변모했는지를 살펴보는 작업은 가치 있는 일임에 틀림이 없다.

2) 설화의 전반적 현황

구미・선산지역의 설화에 대한 체계적 조사는 아직까지 미흡한 실정이다. 지역의 문화원이나 자치단체에서 제작한 자료와 한국정신문화연구원에서 간행한 『한국구비문학대계』자료가 있을 뿐이다. 지역에서 간행한 자료는 설화에 대한 집중적인 관심을 보여준 경우는 거의 없다. 대부분 지역의 역사와 문화를 소개하는 측면에서 설화를 일부 소개하고 있는 정도이다. 그럼에도 불구하고 자치단체의 자료들은 구미・선산지역의 설화를 이해하는 기초 자료로서 활용할 필요가 있다.

한국정신문화연구원에서는 체계적인 입장에서 구미·선산지역의 설화를 조사하였다. 이 조사는 전국의 구비문학을 체계적으로 조사하여 한국구비문학의 보편성 내지 기층문화의 특징을 연구하기 위해 진행되었다. 이 때문에 구미와 선산지역에 투입된 조사자들은 전문적인 지식을 활용하여 구비설화를 채록한 것으로 보인다.[57] 한국정신문화연구원에서 조사, 채록한 자료는 지역의 설화를 연구하는 데에 꼭 필요한 기본 자료이다.

한 가지 아쉬운 점은 설화를 조사할 당시에는 여러 가지 상황을 고려했으나, 도시와 농촌의 차이점에 대해서는 신경을 쓰지 못한 것으로 보인다. 구미와 선산지역은 도시와 농촌의 뚜렷한 문화적 차이에도 불구하고 한꺼번에 조사하였다. 한국정신문화연구원에서 채록한 설화조사지역도 대부분 농촌에 편중되었다. 이것은 도시에서는 설화를 채록하지 못했거나 전승이 거의 중단된 상태였음을 반증한다. 그럼에도 불구하고 급격한 도시화의 상징인 구미지역에 대한 자세한 조사가 첨가되었더라면 하는 아쉬움이 남는다. 농촌문화가 도시화를 겪으면서 설화에는 어떤 영향을 미치는지 살펴볼 수 있기 때문이다.

구미와 선산지역에서 채록된 설화의 현황을 전반적으로 검토하면 뚜렷한 차이점을 보인다. 구미지역의 설화는 <구대 독자 살린 열녀>, <신작의 글귀로 급제한 어사>, <살인한 중 잡은 박문수>, <신유복 이야기>, <해몽 덕에 급제한 선비>, <거센 시어머니 길들인 며느리>, <걸객 제사 지내주고 낳은 강감찬> 등이 있다. 이러한 설화들은 구미

57) 앞의 책, 7-15권, 7-16권.

시 원평동에서 조사, 채록한 자료로서 전설보다 민담의 비중이 매우 높다고 할 수 있다. 따라서 구미지역에는 지역성과 증거물을 가진 전설이 소멸된 반면에 평범한 민담이 구연되고 있음을 보여준다.

그런데 이곳에 본래부터 민담이 많았는지, 산업화와 도시화로 인하여 전설이 사라지고 민담이 그 자리를 대신한 것인지는 쉽게 판단하기 어렵다. 다만 지역의 애향심을 높이기 위해서 만든 자료에는 구미지역의 인물과 지명유래에 대한 소개가 첨가되어 있다. 그렇다면 구미지역에도 지역성이 내포된 전설이 구비 전승되었으나, 급격한 산업화의 영향으로 파괴되거나 변모된 것으로 보인다. 산업화의 영향으로 농촌의 이야기판이 파괴될 경우에는 전설이 가장 큰 타격을 받았을 것으로 생각된다.

선산지역의 설화는 선산읍 노상동, 고아면 다식동・오로동, 무을면 송삼동・원동, 옥성면 초곡동, 장천면 상림동 등에서 조사, 채록한 것이다. 이 지역의 설화도 전설보다 민담의 비중이 높은 실정이다. 그런데 선산에는 지역의 인물과 지명유래에 대한 전설이 존재하고 있다. 예컨대 선산의 전설은 <선산의 인물>, <채미정의 유래>, <선산 조색시 전설>, <의우총>, <의구총>, <성지도사 덕에 부자 된 선산 김씨>, <도리사 전설>, <미득바위와 곽재우 장군> 등이 있다. 선산의 민담은 <권익중 이야기>, <미륵과 박문수>, <시아버지 길들인 며느리>, <박씨전>, <아들 도운 혼신>, <친딸보다 효성이 지극한 양아들 내외> 등과 같이 상당히 많이 존재한다.

도시화가 진행된 구미에는 전설이 사라진 반면, 농촌문화를 간직한 선산에는 전설이 구비되고 있다. 공동체 문화의 급격한 변화는 인물전설과 증거물을 내포한 지명유래전설에 타격을 주었던 것으로 보인다. 전설이 사라진 자리에는 <신유복 이야기>, <권익중 이야기>, <박부

인과 임경업 장군>, <계모의 간계를 막은 색시>, <박문수 일화>, <콩남이와 팥남이>, <영감 진가 소동> 등과 같이 고전소설을 읽고 재구연한 민담이 대신하고 있다.[58] 이러한 민담들은 조선후기 향촌사회에서 강조된 유교윤리를 반영한 것이라 하겠다.

이상에서 구미·선산지역의 설화는 고전소설을 읽고 구비설화로 재구연한 측면에서 주목된다. 구비 전승되던 설화가 기록물로 정착되는 일반적인 현상과 역행하고 있기 때문이다. 지역민들은 가정소설과 영웅·군담소설을 향유하면서 구비설화로 재구연하고 있다. 군담소설을 재구연한 설화는 내용의 변모가 미약한 반면에 가정소설을 재구연한 설화는 다양한 변모를 보여준다.[59] 이러한 고전소설을 읽은 뒤에 재구연하는 경우는 구비설화의 전승이 어느 정도 중단된 것을 보여준다.

3. 구미·선산지역 설화의 양상과 의미

1) 인물전설에 나타난 충절의식

구미·선산지역에는 역사인물이 다수 배출되었다. 후삼국 말기와 고려

---

58) <신유복전>, <권익중전>, <박씨전>, <정을선전>, <유최현전>, <박문수전>, <콩쥐팥쥐전>, <옹고집전> 등과 같은 고전소설을 재구연한 것으로 짐작된다.

59) 김재웅, 「<유최현전>의 구조적 특징과 가정소설의 지평 확장」, 『정신문화연구』 102호(한국학중앙연구원, 2006. 3.), 87~100쪽. 가정소설은 <정을선전>, <유최현전>과 유사한 점이 많다. 결혼 대목, 의복과 방을 바꿔 자는 대목, 비상을 넣은 술을 만들어서 죽이려는 대목은 비슷하지만, 아기 포대기에 바늘을 넣거나 물상치, 민나물을 캐러 보내는 대목은 다르다. 특히 계모를 처벌하는 대목에서 가장 큰 차이점이 나타난다.

초기에 활약한 김선궁과 김훤술이 있고, 고려 말기와 조선 초기에 절개를 지킨 길재, 조선 초기 단종에 대한 절개를 지킨 사육신 하위지와 생육신 이맹전 등이 대표적인 인물이다. 이러한 역사적 인물전설은 지역성을 내포하고 있기 때문에 지역주민의 의식을 이해하는 데 도움이 된다.

김선궁과 김훤술은 고려시대 태조 왕건을 도와 후백제를 진압하고 통일을 이룩하는 데 이바지한 인물이다. 이들은 탁월한 용맹과 뛰어난 지략으로 숭신산성과 어견평야에서 후백제 군대를 섬멸하는 눈부신 활약을 하였다. 그 덕분에 고려는 삼국 통일의 위업을 달성할 수 있었다. 어릴 때 김선궁은 부친의 원수를 갚고 스스로 죄를 청하였는데 조정에서는 아버지의 원수를 갚은 것은 장한 일이라 하여 죄를 사면해주었다. 이런 점에서 그의 효성과 용맹은 어릴 때부터 탁월한 것으로 보인다.

해평의 수호신인 김훤술을 모시고 있는 시중사

후삼국의 통일에 이바지한 김훤술은 해평현의 수호신으로 추앙을 받았는데, 후세 사람들이 그의 공적을 기리기 위해서 석상을 사당에 모셨다. 김훤술을 모신 사당의 이름은 시중사 또는 영응사라고 한다. 이러한 해평 김씨의 시조인 김훤술이 해평현의 수호신으로 섬김을 받는 이야기는 주목된다.

> 이 석상은 본래 오상동 국도변에 세워져 있었는데 아무리 벼슬이 높더라도 말이나 가마를 타고 지나갈 수 없었다. 하루는 벼슬이 높은 사람이 석상을 그냥 지나가다 말의 발이 땅에 붙어버렸다. 화가 나서 칼로 석상의 목을 쳤는데 떨어진 석상에서 붉은 피가 흘러내렸다. 그런데 석상을 낙동강에 버리게 하고 길을 떠난 그 사람은 얼마 못 가서 피를 토하고 죽었다. 그때부터 해평 지역에는 고약한 병이 돌았을 뿐만 아니라 석상을 옮기던 인부들도 해평동 뒷산에 쓰러지고 말았다. 이후 길거리에 방치된 석상의 주위에는 무서워서 아무도 접근하지 못했다. 하루는 이곳을 지나던 스님의 말에 따라 주민들이 뒷산 언덕에 성황당을 지어 석상을 모시고 정성껏 제사를 지낸 뒤로 평안해졌다. 이 때부터 석상은 주민의 수호신이 되었을 뿐만 아니라 개인의 복을 비는 곳으로 인식되었다.[60]

위의 이야기는 해평 김씨의 시조가 지역의 수호신으로 좌정하는 마을신화이다. 특정한 가문의 시조가 탁월한 공적을 쌓아 지역의 신으로 받들어지는 경우는 주목된다. 다만, 남이 장군이나 임경업 장군처럼 비극적 역사 인물이 특정 지역의 수호신으로 좌정하는 경우는 종종 볼 수 있다. 해평 김씨의 시조가 마을신으로 섬김을 받은 것은 국가 창업이

60) 『선산의 맥락』(선산군, 1983), 36~37쪽.

동반되지 않은 상태에서 재앙이나 병의 유포를 막았기 때문이다. 따라서 국가 창업을 하지 못한 해평 김씨의 시조는 특정한 지역의 마을신화적 성격을 보여준다. 역사적 공적을 쌓은 인물이 해평지역의 수호신으로 섬김을 받는 것은 그들의 영향력이 막강했음을 보여준다.

고려 말기의 길재 선생은 공민왕 2년(1353)에 고아면 봉개리에서 출생하였다. 그는 어릴 때 냇가에서 가재를 잡아서 엄마와 함께 살지 못하는 안타까운 심정을 표현했다. 부친이 송도에서 노영의 딸과 결혼하여 모친과 소원하게 되었을 때, 길재는 어머니에게 처신을 바르게 하도록 간청하고 아버지를 효성으로 섬겼다. 노씨가 길재를 미워하고 원망했으나, 그는 더욱 노씨를 공경하였다. 나중에 길재는 벼슬을 사직하고 선산에 돌아와 모친을 손수 봉양하며, 금오산에서 절개를 지키며 은둔한다.[61] 이러한 길재의 절의를 존중한 조선 태종은 그 아들 사순을 조정에 불렀다. 길재는 아들에게 자신이 고려를 섬겼듯이 조선 임금을 섬기라고 당부한다. 이렇게 길재는 금오산인이라 할 만큼 절개를 지킨 인물로 존경받고 있다.

세조의 왕위찬탈에 저항하며 절개와 충절을 지킨 생육신과 사육신으로 유명한 경은 이맹전과 단계 하위지도 이곳 출신이다. 생육신 이맹전은 야은 길재 선생의 문하에서 학문과 도덕을 배우고 강직한 성품으로 의리를 중시하였다. 사육신의 한 사람인 하위지 선생은 조선 태종 12년 선산읍 이문동 연봉리에서 출생하였다. 그는 세조의 왕위찬탈에 항거하여 죽음으로써 단종에 대한 절개를 지켰다. 이 때문에 하위지의 형제와 그의 아들까지 죽임을 당하였다.

---

61) 『내고장 전통 가꾸기』 (구미시, 1981), 35~38쪽. 『선산의 맥락』, 42~45쪽.

길재의 절개가 스며있는 채미정

하위지의 일편단심과 절개는 그의 호에서도 잘 나타난다. 그가 태어났을 때 집 앞의 시냇물이 사흘 동안 붉게 물들어서 호를 '단계'로 정했다고 한다. 세조의 왕위찬탈을 반대한 하위지의 아들 호와 박은 서당에서 공부하다가 형장에 끌려갔다. 그들은 이미 죽음을 각오한 뒤에 어머니를 뵙고 죽겠다고 군수에게 요청하였다. 어머니께 자신들의 처지를 말하고 여동생이 불량한 무리의 종이 되지 않도록 당부한 뒤에 형장에 들어가 죽었다.[62] 이러한 모습을 본 사람들은 그 아버지의 그 아들이라고 했으며, 하위지 부자의 억울한 죽음을 애석하게 생각하고 있다.

경은 이맹전도 단종에 대한 끝없는 절개와 충절을 지켰다. 사육신과

62) 『선산의 맥락』, 51~52쪽.

같이 목숨을 나누지는 못했으나, 살아남은 자의 슬픔을 가슴에 품고 은둔했다. 이러한 이맹전의 절개는 세상을 떠날 때까지 계속되었다.

> 세조가 단종을 폐하고 왕위에 올랐다. 충신은 불사이군이라는 춘추의리를 굳게 지켜 관직을 사임하고 고향인 선산군 고아면 망장(오노동)으로 돌아와 27년간을 봉사와 귀머거리로 살았다. 매월 초하룻날 아침이면 태양을 향하여 기도하며 영월에 유배된 단종을 추모하였고 세조가 있는 서울 쪽으로는 앉은 적이 한 번도 없었다.63)

이밖에도 길재의 도학을 계승한 율정 박서생은 청백리로 유명하고 조선 명종 때 명신 장현광도 학자로 유명하다. 박서생은 수차와 물레방아 및 외국과의 무역을 장려하여 산업진흥에 기여하였으나, 만년에는 율리로 돌아와 북창가에 밤나무를 심어 그 숲을 즐겼다. 이러한 까닭으로 박서생은 '율정(栗亭)'이라는 호를 가지게 되었다. 현재 첨단산업의 중심지로 부각되고 있는 구미시의 입장에서는 박서생을 새롭게 조명할 필요가 있다. 이렇게 구미 · 선산지역 출신 인물들은 영남 인재의 절반을 차지한다고 할 만큼 그 명성이 높다. 인물전설에는 이러한 역사인물의 충절의식을 강조하고 있다.

2) 지명 · 사찰유래담에 대한 관심

지명유래담은 구미 · 선산지역의 대표적인 명산인 금오산, 임진왜란과 관련된 천생산성과 미덕암, 후삼국 시대 태조 왕건이 머물었던 어성

---

63) 선산군, 『선산의 맥락』, 50쪽.

정, 불교 발상지 도리사와 아도화상이 머물었던 모례장자의 집 등이 있다. 그 중에서도 지역의 금오산과 연관된 지명유래가 주목된다. 금오산의 명칭은 큰 산이나 큰 바위라는 뜻의 '검뫼', '검은 바위' 등으로 불려졌다. 다른 설에 의하면 금오산에 '금까마귀'가 날아가는 것을 보고 이름을 지었다고 한다. 금오산에 대한 다양한 이름은 금오산의 아름다움과 신성함에서 비롯된 것이다. 특히 금오산은 보는 위치에 따라서 다르게 불려질 뿐만 아니라 그 의미도 다양하다.

보는 각도에 따라 다양한 모습을 보여주는 금오산

선산에서는 끝이 뾰족해서 필봉으로 불리는데 문인, 명필이 많이 나왔다고 한다. 개령에서는 도적이 무엇을 노리고 피신하는 모양 같아 적봉이라 하여 큰 도적이 많이 나왔다고 한다. 금산에서는 부잣집의 노적봉을 쌓아놓

> 은 모양이라 하여 부자가 많이 나왔다고 한다. 인동에서는 높은 사람이 관을 쓴 것 같아 귀봉이라 하여 귀한 사람, 큰 벼슬한 사람이 많이 나왔다고 한다. 성주에서는 음탕한 여인의 모습 같아 음봉이라 하였다.[64]

위와 같이 금오산은 보는 각도에 따라서 다양한 모습과 지역민들의 의식을 반영하고 있어서 주목된다. 이렇게 지역주민들이 보는 위치에 따라 금오산을 다르게 인식한 것은 지역의 문화적 성격을 담아낸 것으로 보인다. 금오산에는 의상대사의 수도처로 유명한 약사암이 있다. 의상대사는 금오산 동쪽 바위 밑에서 수도하였는데 성불할 때까지 선녀가 매일 한 끼의 밥을 주었다. 선녀 덕분에 성불한 의상대사는 그곳에 약사여래의 이름을 따서 약사암을 지었다.

후삼국이 쟁탈을 벌일 때 태조 왕건이 머문 '어성정'은 지역의 역사를 반영하고 있다. 어성정은 태조산에서 이어진 작은 산으로 선산읍 생곡동 낙동강 주변에 있다. 이곳에 주둔한 왕건이 견훤을 물리치고 삼국통일의 위업을 달성했다. 어성정에는 왕을 상징하는 봉황을 머물게 하기 위해서 대나무를 심었다. 왜냐하면 봉황은 대나무 열매만 먹을 수 있기 때문이다. 그 주변의 '화조동'은 봉황을 즐겁게 하려고 만화백조가 있다는 뜻이고, '영봉리, 무래동'은 봉황을 맞이한다는 뜻이다. 봉황은 다섯 개의 알을 낳기 때문에 앞들의 동산을 제외하고 새로 네 개의 동산을 만들었다. 이것은 봉황이 5개의 알을 품고 영원히 깃들게 하기 위함이다. 그런데 1966년 경지 정리로 자취를 감추고 현재는 한 개의 동산만 남아 있다.

---

64) 구미시, 『내 고장 전통 가꾸기』, 240~241쪽.

임진왜란 때 의병장 곽재우 장군과 연관된 <천생산성과 미덕암의 전설>, <미득바위와 곽재우 장군>, <천생산성과 곽재우 장군> 등의 지명유래가 있다.[65] 천생산성은 임란 때 곽재우 장군이 의병을 모아 왜적과 싸웠던 곳이다. 천생산성을 함락하지 못한 왜군은 성을 포위한 뒤에 물이 떨어지도록 산기슭에 큰 못을 팠다. 위기에 처한 곽재우 장군은 산성 안의 식수가 많다는 것을 증명하기 위해 백마의 등에 쌀을 부으면서 말을 씻었다. 이것을 본 왜군들은 천생산성에 물이 많음을 인식하고 물러갔다. 따라서 곽재우 장군의 지략으로 왜군을 격퇴한 증거물이 바로 '천생산성'과 '미덕암'이다.

<도리사와 직지사>, <도리사 전설>은 사찰창건에 관한 유래이다.[66] 아도화상이 도리사를 짓고 김천 땅을 보고 황학산 중턱에 좋은 절터가 있어 손으로 가리켰다고 하여 직지사가 되었다. 직지사는 신라 눌지왕 2년(418)에 아도화상에 의해 창건되었다. 그 후 936년에 능여대사가 중건하였는데 완공을 보지 못하고 입적할 때 제자들에게 큰 절터가 있음을 턱으로 가리켜 주었다는 설과 능여대사가 절을 중건할 때 자를 쓰지 않고 손으로 측량했다는 설이 있다. 아무튼 도리사는 우리나라 최조의 가람이고, 아도화상이 수도한 곳의 정면에 직지사가 있는 것을 보면 도리사와 직지사는 불가분의 인연을 맺고 있다.

도리사를 창건한 아도화상이 머물렀던 선산 모례장자의 집은 신라 불교의 발상지이다. 『삼국유사』에는 아도화상이 신라에 들어와서 불교가 공인받기 전에 포교를 했다는 기록이 남아있다. 지역의 전설은 도리사와 모례장자 및 지명유래를 다음과 같이 연결하고 있다.

---

65) 앞의 책, 7-16권.
66) 앞의 책, 7-16권, 426~427쪽.

고구려의 아도화상이 모례장자의 집에서 머슴살이를 하면서 양과 소를 길렀다. 그는 낮에는 일하고 밤에는 마을 사람들을 포교했다. 한 겨울에 칡넝쿨이 대문에 들어와 따라갔더니 냉산 중턱에 절이 있고 눈 속에 복숭아와 살구꽃이 만발했다. 아도화상은 눈 속에서도 참선을 하고 있었다. 그래서 절의 이름을 도리사로 짓고 도리사가 있는 도개의 지명도 신라 불교가 발생하여 도가 열렸다는 뜻이다. 모례장자가 살았던 집에는 우물이 있는데 큰 독 모양으로 돌을 쌓아서 만든 옛 모습을 간직하고 있다.[67]

아도화상이 머문 모례장자 우물(위)과 도리사(아래)

67) 『선산의 맥락』, 139~140쪽.

위와 같이 신라 불교의 발상지인 선산 도리사를 창건한 까닭을 밝히고 있다. 아도화상이 눈이 내린 한겨울에 냉산 중턱에서 참선하였는데 복숭아꽃과 살구꽃이 피었다는 것은 도리사 창건의 신비함을 보여준 대목이다. 이 때문에 선산지역의 일부 지명도 불교적인 의미로 정착되었다.

<연못의 신비>에도 불교적인 신비체험이 담겨있다.[68] 낙동강 서쪽 해평면 소재지 인근에 있는 연못은 수원도 없이 큰 가뭄에도 마르지 않아 지역을 풍요롭게 했다. 아도화상은 "연못의 연꽃이 피면 내 사상이 살아있다."고 말했다. 사람들이 연꽃을 꺾고 연근을 캤음에도 연꽃은 무성하게 자랐다. 그런데 일제강점기가 되자 연꽃은 점차 줄어들고 꽃도 드물게 피었다. 겨우 명맥만 유지하던 연꽃은 해방을 맞이하면서 포기가 늘어나 연못을 가득 채웠다. 이것은 연꽃의 무성함 여부로 국가의 흥망성쇠를 반영하는 호국불교의 성격을 보여준다. <연못의 신비>는 도리사에서 석가모니의 진신사리가 발견되면서 연꽃이 무성해졌다는 것으로 보아 불교적인 색채를 뚜렷이 보여준다.

3) 음택풍수에 나타난 조상숭배의식

풍수담은 조상의 산소를 명당에 잡은 공으로 후손이 급제하여 높은 벼슬을 얻거나 부자가 되는 이야기이다. 이러한 설화는 열심히 공부해서 급제하거나 노력해서 부자가 되는 것과는 상당한 거리가 있어서 주목된다. 특히 구미·선산지역은 영남 인재의 절반이 배출된 곳임에도 불구하고 풍수의 영향이 짙게 나타난다. 유교의 조상숭배와 연관되었기 때문에 음택풍수만 나타난 것으로 짐작된다. 따라서 풍수담에는 유교의

68) 『선산의 맥락』, 253쪽.

조상숭배와 조상의 은덕을 얻기 위해서 명당에 산소를 마련하는 음택풍수 사상이 뚜렷이 반영되어 있다.

구미・선산지역에 구비되는 풍수담은 명당에 무덤을 잡아 목적을 달성하는 이야기와 명당보다 사람의 행실이 먼저라는 두 가지 유형이 존재한다. 전자에는 <부친이 유언한 물명당>, <임란 피란지를 마련한 이인 사위>, <명당 쓰고 탄생한 심왕비>, <성지도사 덕에 부자 된 선산 김씨>, <친정 아버지 묘 터까지 도둑해간 딸> 등이 있다. 후자에는 <묘 터보다 사람이 먼저 난다>, <지략으로 서낭당에 묘 써 부자 된 사람>, <남사고의 복인이 봉길지>, <살인하여 발복하지 못한 명당>, <가난한 양반의 가짜 풍수질> 등이 있다.

음택풍수 사상을 반영하고 있는 설화들은 대부분 자신의 목적을 달성하게 된다. <부친이 유언한 물명당>은 형들의 반대를 극복하고 부친의 유언대로 물명당에 묘를 잡았다. <스물여덟 형제 얻은 명당 터>는 자손이 많은 곳에 묘를 정하여 자손 번창을 이룩하였다.[69] <성지도사 덕에 부자 된 선산 김씨>는 선산에서 대문중이 된 원인을 성지도사가 잡아준 명당의 음덕임을 보여준다.[70] 무흘면에서 성지도사를 만난 김씨 조상은 명당을 잡아달라고 부탁했으나, 성지도사가 묘를 잡아주지 않아서 쟁기를 빼앗아 때렸다. 그때 성지도사가 잡아준 명당에 무덤을 만들었기 때문에 선산의 대문중이 되었다.

<명당 쓰고 탄생한 심왕비>는 두 가지 내용이 동시에 등장한다. 먼저 청송 심씨 심호장은 풍수인데 삼형제가 부인의 무덤을 도선에게 물어 정하였다. 도선은 만인 적덕을 강조한 뒤에 청송 진보의 대감집 상기

69) 앞의 책, 7-16권.
70) 앞의 책, 7-16권.

둥 밑에 묘를 써야 한다고 말했다. 그래서 그 집을 뜯어내고 묘를 썼는데 조선 초기 심왕비가 출생하였다. 다른 이야기는 고을의 이방 심씨가 도둑 3명을 도망치게 도와주었다. 도둑들은 열심히 모은 재물로 이방의 무덤을 서원 마루 밑에 묻었기 때문에 심왕비가 출생하였다. 이러한 두 가지 이야기는 명당에 산소를 쓰면 신분에 관계없이 왕비를 배출할 수 있다는 의식을 반영하고 있다.

<친정 아버지 묘 터까지 도둑해 간 딸>은 친정 부친의 무덤을 빼앗은 이야기이다.[71] 아버지가 묘소를 둘러보다가 병을 앓았는데 아들이 어느 곳에 묘를 조성할지 물었다. 아버지는 아내와 딸을 내보낸 뒤에 딸이 듣는 줄도 모르고 부자 터와 선비 터가 좋다고 말했다. 아들 형제는 상의하여 부친의 무덤을 선비 터로 결정했으나, 여동생이 물을 넣어 포기할 수밖에 없었다. 한편 시집간 딸은 시아버지가 죽었을 때 자신이 물을 부은 명당에 묻었다. 결국 시가에는 선비가 나오고 친정에는 부자가 나와서 잘 살았다. 이 설화는 시집간 딸이 친정 아버지 대신에 시아버지를 명당에 묻는 불효를 저지른다. 시집간 딸은 자신의 부귀보다 남편이나 아들을 위해서 시아버지를 명당에 묻었던 것이다. 이처럼 명당은 시집간 딸에게도 중요한 관심사로 부각되고 있다.

한편 명당의 유무보다 사람의 행실이 더 중요함을 보여준 풍수담도 있다. <살인하여 발복하지 못한 명당>은 현실의 삶에서 선행의 중요성을 강조하고 있다.[72] 가난한 사람에게 명당을 잡아준 풍수는 나중에 무덤을 확인한 결과 패망했다는 소식을 들었다. 풍수가 무덤에 패철을 놓아본 결과 무덤 주인이 살인을 많이 했기 때문에 패망한 것이

71) 앞의 책, 7-16권, 85~87쪽.
72) 앞의 책, 7-16권, 305~306쪽.

다. <묘 터보다 사람이 먼저 난다>에서는 중국에 지리를 공부하러 갔던 선비가 10년을 채우지 않고 조선에 돌아왔다.[73] 선비는 땅을 파지도 않고 정승의 무덤에 물이 난다고 말했지만, 후손이 확인해보니 물이 없어서 선비는 낭패를 보았다. 그래서 중국에 되돌아가서 10년을 채운 선비는 그 묘에 물이 들었다고 하였으나, 다행히 정승은 복이 많아 물에 잠기지 않았다. 이것은 명당에 묻히는 것도 중요하지만 생전의 인물됨과 복이 많아야 함을 제시하고 있다. 특히 마지막 대목에서 "인물이 나면 물도 없고 좋다."라는 제보자의 말을 통해서 생전 행실이 중요함을 보여준다.

<지략으로 서낭당에 묘 써 부자 된 사람>[74]은 가난한 형제가 서낭당에 작대기를 꼽아 물이 올라왔음에도 명당이기 때문에 부친을 매장한다. 그래서 서낭당 돌무더기를 헤치며 아버지의 묘를 쓰고 다시 쌓았다. 그 지방의 부자인 아전은 사위를 삼을 때 묘 터보다 사람이 좋아야 한다고 말한다. <남사고의 복인이 봉길지>[75]는 남사고가 풍수로 유명하지만, 동생은 가난하여 풍수질에 나선다. 어느 마을에 부자의 무덤자리를 엉겁결에 잡아주며 좋은 터라고 말했다. 이 소식을 들은 남사고는 동생이 무덤을 잡아준 곳을 확인했는데 명당자리였다. 남사고는 "복인(福人)이 봉길지(封吉地)라" 하여 복 있는 사람에게 명당이 돌아온다는 점을 부각하고 있다. 따라서 명당에 묻혀야 조상의 음덕을 받는 것보다 복이 있는 사람은 아무 곳에 묻혀도 명당인 것이다.

이상에서 구미·선산지역의 음택풍수 설화는 신분의 귀천에 관계없

73) 앞의 책, 7-16권.
74) 앞의 책, 7-16권, 93~95쪽.
75) 앞의 책, 7-16권, 270~275쪽.

이 명당에 무덤을 만들어 부귀영화를 기원하고 있다. 지역주민들은 명당의 중요성과 함께 생전에 선행을 실천해야 복을 받을 수 있다는 점을 강조한다. 이러한 음택풍수는 조선후기 강화된 지역의 성리학 영향과 무관하지 않을 것이다. 따라서 지역의 음택풍수 설화에는 조상숭배의식과 같은 유교 윤리를 강조하고 있다.

4) 여성의 정절과 동물의 충의 강조

구미 · 선산지역은 성리학이 일찍부터 뿌리를 내릴 수 있는 경제적 기반을 갖추고 있었다. 성리학은 신라 말기에 도입이 되었지만, 고려시대를 거쳐 조선시대 본격적인 통치 이념으로 정착하였다. 조선시대 유교 윤리는 성현의 도리를 깨우쳐 생활 속에서 그 이념을 실천하는 것이라고 할 때, 지역주민들의 실생활에 가장 많은 영향을 끼친 것은 정절이다. 남편에 대한 절개를 지키는 정절은 가문을 중시하는 가부장적 가족제도와 맞물리면서 강조되었다. 여성에게 강조된 정절은 남성의 충성과 동일한 의미로 사용되었고, 효성은 인간이 갖추어야 할 기본 덕목으로 인식되었다.

이러한 충 · 효 · 열의 유교 윤리는 엄격히 구분되는 것처럼 보이지만, 실제 생활에서는 서로 긴밀하게 연결되어 하나의 이념으로 확장되었다. 심지어 주인을 위해서 의로운 행동을 했던 짐승의 행위를 찬양하기도 한다. 당시의 지배층은 인간이 아닌 짐승의 충성과 희생정신을 강조하여 지역민의 윤리의식을 높이려고 하였다.[76] 이러한 유교

76) 한양명, 「지배이데올로기의 실천을 위한 가축의 도구화와 의우 · 의구전설」, 『구비문학연구』 8집(한국구비문학회, 1999. 6.), 99~117쪽.

윤리는 조선후기로 이행하면서 지역의 절대적 규범으로 자리를 잡게 되었다. 그 중에서도 정절을 지키는 전설이 풍부하게 전승되고 있어서 주목된다.

구미 · 선산지역에 전승되는 열녀담은 <열녀 박향랑의 수절>, <절부 배씨의 자진한 고사>, <열녀 약가>, <선산 조색시 전설> 등이 있다. 이들 전설은 정절을 지키기 위해서 자결하거나 죽임을 당하는 경우가 대부분이다. 그리고 주인에게 충의를 실천한 <의우총>, <의구총>은 짐승의 희생정신을 내포하고 있다. 효성담은 <칠성다리>, <종가제사와 귀신의 운감> 등이 존재한다. 이렇게 보면 효성담은 열녀담에 비하여 상대적으로 빈약한 실정이다.

조선후기 열녀의 상징이 되어버린 향랑의 무덤

<열녀 박향랑의 수절>은 남편의 학대로 고된 시집살이를 참으며 절개를 지킨 이야기이다. 향랑은 남편의 온갖 폭력을 견디지 못하여 친정과 숙부의 집으로 피신했으나, 계모의 학대와 숙부의 재가 권유를 받게 된다. 그래서 향랑은 다시 시가로 돌아갔는데 남편의 가혹한 박해와 시아버지의 재가 권유로 인하여 자결한다. 이러한 향랑의 기구한 삶은 일부종사 하려는 정절의식에서 비롯된 것이다.

박향랑은 조선시대 숙종 때 일선부 상형곡동에서 박자신의 딸로 출생하였다. 일찍이 어머니를 여의고 계모 밑에서 학대를 받으며 살았다. 그럼에도 계모에게 효성을 다하고 순종했다. 17살에 같은 마을에 사는 임천수의 아들 칠봉에게 시집갔으나, 남편은 성질이 고약하여 향랑을 원수처럼 생각했다. 남편 칠봉의 학대는 나이가 들어도 줄어들지 않았다. 참다 못한 향랑은 친정으로 돌아갔는데 계모의 박해가 심하여, 아버지가 향랑을 숙부의 집으로 보냈다. 처음으로 향랑은 평안한 생활을 하게 된다. 그런데 숙부가 향랑에게 재가하도록 권유하면서 박대하자, 향랑은 거절한 뒤에 다시 시집으로 들어간다. 남편 칠봉은 더욱더 향랑을 구박했다. 이번에는 시아버지가 재가하라고 당부했으나 향랑은 거절한다. 결국 향랑은 자결하기로 결심하고 오태에서 나무하던 소녀에게 자신의 죽음을 친정 아버지에게 전하게 한다. 자신의 죽음이 명백해야만 친정과 시부모가 의심을 하지 않을 것이기 때문이다. 향랑은 그 소녀에게 계모와 시집살이 3년 동안의 학대와 설움을 말해준다. 그리고 길재 선생의 비석이 있는 못에 도착해 가발과 치마, 신을 벗어놓고 통곡한다. 향랑은 산유화 한 곡조를 부르고 소녀에게 산유화 노래를 가르쳐준 뒤에 투신한다. 향랑의 죽음을 목격한 소녀는 그녀의 아버지에게 죽음을

알린다. 아버지는 못으로 달려가 시체를 찾았으나, 보름째 되는 날 향랑의 시신이 물 위로 떠올랐다.77)

위의 이야기는 향랑의 기구한 일생을 요약한 것이다. 향랑의 이야기는 조선중기 유교 윤리가 향촌사회에 파급되는 모습을 보여준다. 조선초기 사대부를 중심으로 파급된 유교윤리가 조선중기로 이행하면서 점차 지방과 향촌사회에까지 영향력을 발휘하고 있는 것이다. 이러한 상황에서 향랑 이야기가 발생한 것은 우연이 아니다. 따라서 향랑의 죽음은 출구가 막혀버린 사회에서 어느 곳에도 정착하지 못한 여성의 슬픔을 반영하고 있다.

지금까지 향랑에 대한 기록은 여러 가지가 존재한다. 그 중에서도 가장 실제의 사건에 충실한 내용은 당시 일선부사로 부임했던 조구상이 기록한 <향랑전>이다. 그는 주민들의 구전을 토대로 숙종 29년(1703) 5월에 <향랑전>을 짓고, 그림을 그려 조정에 상소문을 올려 정려를 요구하였다. 이러한 향낭고사는 소설과 같이 다양한 갈래로 수용되어 재창작되었다.

향랑의 묘소는 고향 뒷산에 있었으나 봉분은 찾을 길이 없었다. 다만 두 동강난 묘비만 남아 있었는데, 묘비가 동강난 것은 일제 강점기에 마을 못을 만들면서 석수장이가 그 묘비를 축대로 쌓으려고 깨뜨렸기 때문이다. 마을 사람들이 크게 노하여 향랑의 효열을 후세에 기리기 위해서 비석을 다시 세우고 해마다 삼월 삼짇날에 제사를 지내고 있다. 특히 지역민들이 향랑의 효열을 기리기 위해 비용을 마련하여 제사를 지내고 있는 것은 주목된다.

77) 『내 고장 전통 가꾸기』(구미시, 1981), 66~68쪽.

한편 향랑이 죽음에 앞서 소녀에게 불러준 <산유화>는 자신의 처량한 신세를 잘 반영하고 있다. 당시에 향랑이 부른 <산유화>는 "하늘은 어이하여 높고도 길며 땅은 어이하여 넓고도 먼가, 천지가 비록 크다 하나 이 한 몸 의탁할 곳 없구나. 차라리 이 못에 투신하여 고깃배 속에 장사 지내리"와 같이 슬픔이 묻어난다. 그리고 향랑의 고사를 듣고 기록한 조구상이 부른 <산유화>는 "삼월이라 봄바람에 풀은 푸른데 저 아가씨 오태강에 신을 벗던가 메나리 한 곡조 목이 메는데 가냘픈 가지 끝에 산꽃만 피네"와 같이 향랑의 절개를 추모하고 있다. 이러한 향랑의 <산유화>는 자신이 부른 신세한탄의 노래이다. 여기에 향랑을 추모하는 노래와 결합되면서 여인의 기구한 운명이나 처량한 신세를 담아내는 노래로 변모되었다.

야은 길재 선생에게 감동을 받은 열녀 약가와 남편을 위해서 정절을 지킨 배씨의 이야기도 있다. 약가는 어릴 때 봉계 마을에서 길재의 교화를 받아 두 남편을 섬기지 않을 것을 명심하였다. 이에 비해서 배씨는 인동 고을 원과 사이가 나쁜 남편의 억울한 죽음으로 고난을 겪고 있다. 이러한 열녀 약가와 절부 배씨의 이야기를 요약하면 다음과 같다.

> 가) 열녀 약가는 길재 선생과 같은 마을에서 자란 여인이다. 그녀는 어릴 때 길재에게 책속에 무엇이 있는가 물었다고 한다. 길재가 "충신불사이군 열녀불경이부"라고 대답하여 감동을 받았다. 약가는 성장해서 조을생에게 시집가서 화목한 가정을 꾸린다. 그러나 왜구가 낙동강을 따라 이곳까지 와서 만행을 저질렀는데 맞서 싸우던 남편은 왜구에게 생포되었다. 약가는 오직 남편을 기다리며 부모가 다른 곳으로 시집을 가라고 했으나 거절한다. 어느 날 밤에 남편이 찾아와도 문을 열어주지

않고 해가 밝은 아침에서야 남편을 만났다. 이러한 약가의 행동에 대해서 태종 4년에 열녀로 표창하고 『삼강행실도』에 기록하였다. 그후 정조 19년에 부사 이채가 집을 지어 삼강 정려각이라 한다.[78]

나) 절부 배씨는 17살에 장시호에게 출가하여 집안을 화목하게 했다. 어느 날 경신년 인동 고을 원과 남편의 사이가 좋지 못해서 무고로 법에 얽혀 옥사를 당하였다. 남편은 옥사하고 배씨는 전라도 강진으로 귀향을 가서 자녀를 양육했다. 배씨는 고생을 하면서도 상복을 벗지 않고 9년 동안 자녀를 충신과 효자로 키웠다. 그런데 관속 김덕순, 신한림의 무리가 밤중에 침입할 기미가 보이자 미리 도망하여 투신한다. 마을 사람들은 사흘만에 떠오른 모녀의 시체를 보고 슬퍼하며 장사했다. 이 때부터 폭풍우가 발생하여 흉년이 거듭되자, 주민들은 처자 바람이라고 한다. 다산 정약용도 강진에서 귀향살이할 때 그 지방의 이야기를 듣고 ‹처자풍설›을 지었다고 한다.[79]

위의 가)와 나)는 남편을 위해서 정절을 지킨 여인을 문제 삼고 있지만, 그 결과는 사뭇 다르게 나타난다. 가)의 약가는 왜구에게 생포된 남편을 기다리며 수절하여 다시 만나는 행복 결말을 보여준다면, 나)의 배씨는 남편의 옥사로 귀향을 갔는데 그곳 관속의 행패 때문에 자결하는 불행 결말을 보여준다. 약가의 수절은 고려를 위해서 절개를 지킨 길재 선생의 영향이 크게 작용하였다. 그리고 배씨는 남편의 억울한 죽음에도 귀향지에서 자녀를 올바르게 교육했으나, 그곳의 관속이 밤중에 정절을 훼손할 기미가 보이자 모녀는 자결하였다. 이러한 정절을 지킨

78) 『선산의 맥락』, 71~73쪽.
79) 『내 고장 전통 가꾸기』, 79~80쪽.

여인들의 이야기는 지역의 유교 윤리를 반영하고 있다.

<선산 조 색시 전설>은 선산지역에 구비되는 '아랑형 전설'이다.[80] '아랑형 전설'은 정절을 지키려다 사망한 여인의 원한을 관장이 해결해 주는 대표적인 이야기이다. <선산 조 색시 전설>도 이와 같은 맥락으로 볼 수 있다. 선산에 부임한 조 군수가 출타한 틈을 타서 예방이 그 딸을 겁탈하려다 살해한 뒤에 대밭에 매장한다. 군수는 자기 딸의 죽음도 모른 채 다른 곳으로 전근을 갔으나, 죽은 딸은 원혼이 되어 신임 군수에게 나타났다. 신임 군수는 부임하자마자 원혼에 놀라서 죽는다. 아무도 선산 군수로 가지 않으려고 할 때 한 사람이 자원하였다. 한밤중이 되자 원혼이 찾아와 자신의 억울함을 풀어달라고 했다. 원혼은 자신의 신체가 대밭에 썩지 않고 있다고 말해준다. 다음날 군수는 예방을 포박하고 색시를 안장해준다. 이러한 전설은 여인의 원혼을 풀어주고 편안히 매장해주는 대목에 초점을 맞추고 있다.

한편 구미 · 선산지역에는 동물들의 의로운 죽음을 내포한 이야기가 많이 전승되고 있다. 주인을 위해서 목숨을 바친 의로운 소와 개의 이야기는 사람들에게도 감동을 주기에 충분하다. 그래서 주인을 위한 의로운 죽음을 표상하기 위해서 무덤과 비석을 만들어주었다. <의우총>은 의로운 행동을 한 소의 무덤으로 두 가지 이야기가 전해진다. 주인을 공격하던 호랑이와 맞서 싸웠던 소와 송아지를 정성껏 길러준 주인의 장례식에 참석한 소의 이야기가 그것이다. 이러한 의로운 소의 이야기는 당시의 사회에 모범이 되기에 충분했다.

---

80) 앞의 책, 7-15권, 455~457쪽.

가) 의우총이 있는 문주점은 삼면이 산으로 싸인 산촌이다. 이 마을에 사는 김기년이 암소 한 마리를 길렀는데 주인이 밭을 갈다가 숲 속에서 호랑이가 소에게 달려들었다. 주인이 고함을 치니 호랑이는 사람에게 달려들었다. 이를 본 소가 호랑이를 대적하여 주인을 구한다. 주인은 20일 뒤에 호랑이에게 당한 상처가 심하여 죽으면서 가족에게 소를 팔지 말고 죽으면 내 무덤 옆에 묻어달라고 유언한다. 주인이 죽던 날 그 소도 미친 듯이 날뛰더니 사흘 밤낮을 슬피 울다가 죽는다. 그래서 인조8년(1630)에 충의로운 소의 죽음을 무덤으로 남겨 후세에 기리고자 하였다.[81)]

나) 조선시대 진수발의 부인 박씨는 가난하게 살고 있었다. 집에서 암소 한 마리를 길렀는데 새끼를 낳은 지 사흘만에 어미 소가 죽었다. 그래서 박씨는 나물죽을 끓여 자기 손에 발라 송아지를 먹여 생명을 구하게 되었다. 그런데 박씨는 그 송아지를 개령으로 팔았는데 몇 해만에 병이 들어 세상을 떠났다. 박씨의 장례에 상여가 출발할 때 누런 암소 한 마리가 달려와서 상여 앞에서 눈물을 흘리더니 미친 듯이 부르짖고 날뛰었다. 그러다가 암소는 죽었다. 동네 사람들은 이러한 소의 행동을 인간의 충의에 버금가는 것이라 했다. 사람과 짐승의 의는 같다고 하여 정묘(1927, 1867)년에 죽은 소를 박씨의 무덤 아래에 장사했다.[82)]

위의 가)와 나)처럼 소의 의로운 죽음은 인간의 윤리를 되돌아보게 한다. 가)는 소가 주인을 구하기 위해서 호랑이와 싸운다면, 나)는 갓 태어난 송아지를 살려준 주인에 대한 보답을 한 것이다. 특히 다른 곳으로 팔려간 소가 자기를 살려준 주인의 장례식에 참석하여 눈물을 흘리

---

81) 『선산의 맥락』, 222~223쪽.
82) 『내 고장 전통 가꾸기』, 197쪽.

며 죽었다는 점은 주목된다. 이것은 어린 송아지를 살려준 주인에 대한 은혜를 장례를 통해서 보답하고 있다. 지배층은 이러한 짐승의 희생정신을 부각하여 지역주민의 유교 윤리의식을 높이는 계기로 활용하였다.

이러한 짐승의 의로운 죽음은 <의구총>에서도 잘 나타난다.[83] <의구총>은 주인을 위해서 의롭게 죽은 개의 무덤이다. 주인이 키운 개가 어떻게 의로운 죽음을 맞았는지에 대한 이야기를 요약하면 다음과 같다.

> 옛날에 노성원이 집에 누런 개를 키웠다. 하루는 주인이 이웃마을에 갔다가 술이 만취되어 돌아오는 길에 말에서 떨어져 월파정의 북쪽 길가에 누워 정신없이 잠을 잤다. 마침 들불이 일어나 주인의 몸에 옮겨 붙으려 하는데 개가 급히 꼬리에 강물을 적셔 불을 껐다. 개는 힘을 다하여 불을 꺼다가 기진맥진하여 죽었다. 주인은 술이 깬 뒤에 개가 자기 곁에 죽었는데 불을 끈 흔적이 보였다. 그제야 개가 자기를 구하고 죽었음을 알고 감동하여 묻어주었다. 후세 사람들이 개의 의를 아껴 개 무덤이라 했다. 현종6년(1665) 을사년 선산부사 안홍창이 의구총에 비석을 세워 모범으로 삼았다.[84]

83) 앞의 책, 7-1권, 7-3권. 경주지역의 <개무덤>, <개무덤 다른 이야기>에도 등장한다. 전처의 아들을 죽이려던 계모의 흉계를 알아차린 개가 아들을 살려주었기 때문에 개무덤을 만들어주었다. 앞의 책, 7-17권. 예천군, 『내 고장 전통 가꾸기』, 217~218쪽. <주인 묘터 잡은 충견>, <의구총의 사연>은 명당을 찾아준 의로운 개에 관한 이야기이다. 지금부터 200년 전 호명면 오천동에 살았던 박 선비는 정성을 다해 개를 기르다가 병으로 죽었다. 주인의 죽음을 슬퍼한 개는 명당을 정해준 뒤에 굶어죽는다. 상주들은 부친의 산소 밑에 의구총을 만들어서 제사를 지내주었다. 이것은 의로운 개가 주인의 은혜에 보답하기 위해서 명당을 잡아줄 뿐만 아니라 절개를 지킨다는 충절의식을 보여준다.

84) 『선산의 맥락』, 224~225쪽.

의롭게 죽은 소를 묻어준 선산의 의우총

주인을 위해서 의롭게 죽은 개를 묻어준 선산의 의구총

의로운 개의 이야기는 짐승도 인간처럼 유교 윤리를 실천하고 있음을 강조한다. 이러한 충직한 개의 행동을 통해서 지배층은 당대의 혼란한 질서를 바로잡으려고 노력했을 것으로 짐작된다. 당시 지배층은 <의우총>과 <의구총>의 이야기를 유교사상의 논리로 교묘하게 활용하였다. 의로운 짐승의 죽음은 유교 윤리를 교육하는 데 좋은 전범이 되기 때문이다. 더욱이 구미·선산지역은 성리학이 일찍 발달한 곳이기에 <의우총>, <의구총>과 같은 이야기가 전승된 것으로 보인다. 따라서 의로운 짐승의 행동은 지역주민들에게 유교 윤리를 실천하는 모범으로 구비 전승되고 있다.

5) 가부장적 가족제도와 남아선호 사상

결혼으로 인한 가족간의 문제를 다룬 설화와 효성을 다해서 제사를 지내는 이야기는 주목된다. 조선시대 결혼제도의 변화로 여성이 시가에 머물게 되면서 고부갈등은 빈번하게 발생하였다. 낯선 환경에 적응하지 못한 며느리와 기득권을 가진 시어머니의 갈등은 시어머니의 승리로 귀결될 수밖에 없다. 그런데 며느리가 시부모의 버릇을 고친 이야기는 <거센 시어머니 길들인 며느리>, <시어머니 버릇 고친 며느리>, <시아버지 길들인 며느리> 등에 잘 나타난다. 며느리가 시부모의 버릇을 고친다는 것은 사실상 불가능하다. 다만, 며느리의 심정을 이해한 구비전승자들이 자신들의 희망사항을 제시한 것으로 보인다.

<계모와 전처 딸2>는 어머니를 대신해 들어온 계모가 전처 딸을 학대하는 계모형 설화이다.[85] 계모가 동지섣달에 미나리, 정구지를 구해오라고 하였으나, 전처의 딸은 어머니 묘에서 울다 잠이 들었는데 꿈에 나타난 어머니의 도움을 받았다. 계속되는 계모의 학대를 극복한 전처

85) 앞의 책, 7-16권, 153~155쪽.

딸은 자신을 도와준 총각과 도망쳐 잘 살았다. 이렇게 전처의 딸과 계모의 갈등은 당대 사회에서 불가피한 것으로 보인다. 이러한 계모형 설화는 전실 자녀와 계모의 선악 갈등을 내포하고 있다.

<종가 제사와 귀신의 운감>, <아들 도운 혼신>은 가난한 종가에서도 차남보다 장남이 제사를 모셔야 한다는 의식을 보여준다.[86] 전자는 가난한 형이 부자인 동생에게 종가제사를 모시게 한 뒤에 장남은 서숙죽을 끓여놓고 부친의 제사를 지냈다. 그때 귀신이 "오늘 저녁에 죽을 먹어도 마음이 편하다"고 말한 것은 장남이 종가제사를 모셔야 한다는 당위성을 반영하고 있다. 비록 장남이 가난하더라도 제사를 차남에게 맡기지 말고 정성을 다해서 모셔주기를 요구한 것이다. 후자는 부모가 세상을 떠났는데 형은 가난하고 동생은 부자였다. 소나기가 와서 동생이 제사에 오지 못해 가난한 형이 정성으로 제사를 모신다. 아들의 정성에 감동한 혼신이 친구에게 땅을 주라고 부탁하여 부자가 된 형은 부모제사를 잘 지낸다. 이러한 설화는 종손이나 장자가 제사를 지내야 한다는 유교윤리의 당위성을 보여준다.

<친딸보다 양아들이 더 낫다>와 <친딸보다 효성이 지극한 양아들 내외>는 딸보다 양자로 얻은 아들의 중요성을 보여준다.[87] 전자는 부자가 딸 3명을 낳아서 출가시키고 아들을 양자로 삼았다. 그런데 시집간 딸에게는 재산을 분배하고 아들에게는 아무것도 주지 않았다. 딸집에서 생활하던 부모는 딸의 박대로 설움을 이기지 못하여 집을 떠났으나, 뜻밖에도 양자로 삼았던 아들 내외를 만나 행복하게 살았다. 이러한 이야기는 시집간 딸보다 집안을 이끌어갈 양자가 더 중요하다는 점을 부각하고 있다.

---

86) 앞의 책, 7-15권, 487~488쪽. 7-16권, 355~358쪽.

87) 앞의 책, 7-16권, 551~556쪽

딸이 필요없다. 지금은 딸을 낳으면 비행기를, 아들을 낳으면 차를 탄다. 요런 시월을 좀 바까 돌라카는 걸 내 애기요.[88]

위와 같이 <친딸보다 양아들이 더 낫다>의 제보자는 딸보다 양자를 선호하고 있다. 사회변화와 더불어 남녀평등이 강조되었음에도 불구하고 제보자는 여전히 남아선호 사상을 고수하고 있다. 이러한 지역주민의 남아선호 사상은 여성을 존중하는 사회적 분위기를 거부할 뿐만 아니라 예전의 사회로 회귀하고 싶은 심정을 담아내고 있다. 따라서 지역주민들은 사회의 변화에 능동적으로 대처하는 것이 아니라, 기존의 관념을 유지하려는 의식을 뚜렷이 보여준다.

<아들 낳기 겨룬 처첩>은 쟁총형 설화와 유사하다.[89] 두 명의 아내가 절에 불공을 드리고 청년과 연분을 맺어 아들을 낳은 이야기이다. 이것은 여인들이 어떤 방법을 동원해서라도 아들을 낳아 집안의 대를 이어야 한다는 남아선호 사상을 보여준다. <시아버지 장가 들여 혈손 얻은 며느리>도 같은 맥락으로 이해할 수 있다.[90] 장동 김씨의 시조는 아들 3형제를 낳고 상처했는데 3형제가 결혼하여 재행을 가서 죽었다. 그래서 며느리는 시아버지를 장가보내어 낳은 아들 3명을 양자로 삼아 대를 이었다. 이러한 설화들은 가부장적 가족제도와 남아선호 사상을 강조했던 지역의 성격을 반영하고 있다.

88) 앞의 책, 7-16권, 431쪽.
89) 앞의 책, 7-16권, 126~132쪽.
90) 앞의 책, 7-16권, 289~292쪽.

6) 박문수 설화에 나타난 과거급제와 관료지향의식

암행어사 박문수는 억울한 일을 해결해주는 민중의 영웅으로 등장한다. 이러한 유형의 설화는 전국적인 분포를 보이고 있다. 구미·선산지역은 과거를 통하여 관리로 진출하는 인재가 많았기 때문에 박문수 이야기가 풍부하게 구비 전승되는 것으로 보인다. 구미·선산지역에 전승되는 박문수 설화는 두 가지 유형으로 구별된다. 예컨대 박문수가 암행어사의 직분을 올바르게 수행하는 유형과 민정을 사찰하면서 백성의 재능에 놀라는 유형이 그것이다.

먼저 박문수가 암행어사의 직분을 수행하는 작품은 <귀신의 글귀로 급제한 박문수>, <신작의 글귀로 급제한 박문수>, <살인한 중 잡은 박어사>, <박문수 이야기>, <박문수 일화> 등이 있다. 이 설화들은 박문수가 초월자의 도움으로 급제한 뒤에 암행어사로 파견되어 간통이나 살인한 사람을 처벌하여 백성들의 억울한 누명을 씻어준다. <귀신의 글귀로 급제한 박문수>는 안동에서 과거를 보러가던 박문수가 급제한 뒤에 간통한 여인과 최철문의 죄상을 밝혀낸다.

같은 맥락에서 <신작의 글귀로 급제한 박문수>도 여인을 사모하여, 그 남편을 죽인 사람을 처벌한다.[91] 이것은 대갓집의 과부가 박문수에게 장원급제 답안을 알려주었으나, 마지막 글귀는 알려주지 않았다. 박문수는 마지막 글귀를 맞춰 급제한 뒤에, 여인의 남편을 죽인 최철문의 죄상을 밝혀낸다. 이러한 암행어사 박문수의 모습은 억울한 백성의 심정을 풀어주는 인물로 나타난다. 그리고 <살인한 중 잡은 박어사>는 합천 해인사의 중과 함께 생활하던 박문수가 죄상을 밝혀 홍판서의 억

91) 앞의 책, 7-15권, 125~130쪽.

울한 누명을 씻어준다.92) 따라서 암행어사 박문수의 행동은 부정을 바로잡는 올바른 관리자의 모습을 보여준다.

친구의 억울한 죽음을 밝혀낸 <박문수 이야기>는 우정의 중요성을 보여준다.93) 박문수와 오씨는 거창에서 동문수학했는데 오씨가 박문수보다 재주가 뛰어났다. 오씨는 형편상 과거를 보지 못하고 박문수 혼자 급제하여 암행어사가 되었다. 박문수는 오씨의 아내와 중이 공모하여 친구를 죽인 사실을 밝혀낸다. <박문수 일화>는 무주 구천동을 순행하던 박문수가 천씨에게 구박 당하던 유씨의 며느리를 오방신장으로 꾸며 구해준다.94) 이것은 제보자가 책에서 읽었다고 진술한 것으로 보아 기록물의 구비화를 보여준다. 이렇게 박문수는 과거에 급제해서 백성들의 억울한 일을 해결해주는 암행어사의 임무를 충실히 실행하고 있다.

한편 박문수가 백성의 재능에 놀라는 설화는 <박문수와 두지게>, <석가에게 진 박문수>, <미륵과 박문수>, <박문수 이야기> 등이 있다. 이러한 설화들은 박문수가 잡으려고 했던 인물이 백성들에게 꼭 필요한 존재임을 깨닫는 것이다. <박문수와 두지게>는 박문수가 부잣집 돈을 빼앗는 두지게를 잡으려다가 오히려 그의 선행을 확인하고 놓아준다. 두지게는 서방질한 여인을 구해주어 남편의 의심을 풀어주거나 죽음의 위기에 처한 주모 구해주기, 장례 치르던 사람에게 좋은 묘 터 구해주기, 5대 독자의 병을 낫게 해주기 등과 같은 사건을 해결한다. 따라서 박문수는 두지게의 행동을 통해서 민중의 발랄함을 인식하고 있다. 두지게는 어사 박문수에게 다음과 같은 말을 남기고 사라진다.

92) 앞의 책, 7-15권, 130~134쪽.
93) 앞의 책, 7-16권, 299~303쪽.
94) 앞의 책, 7-16권, 73~75쪽.

> 죽는 사람 살리고 망할 사람 도와주니, 나를 그만 따라다니고 딴 볼 일보러 가라. 나는 갈랍니다.[95]

위의 인용문처럼 두지게는 죽을 사람과 망할 사람을 도와주는 은인으로 등장한다. 이런 점에서 두지게는 당대의 사회에서 일어난 사건을 해결해주는 의로운 인물이다. 박문수는 부잣집 돈을 빼앗는다고 알려진 두지게를 잡으려다가 오히려 그에게 감동을 받는다. 따라서 두지게는 제거해야 할 인물이 아니라 당대 사회에 꼭 필요한 인물이다. 이러한 내용은 <석가에게 진 박문수>와 <미륵과 박문수>, <박문수 이야기> 등에서도 정도의 차이는 있지만 공통적으로 나타난다. 박문수 설화는 암행어사가 잡으려는 인물이 백성들에게 해를 끼치기는커녕 오히려 유익한 존재임을 뚜렷이 보여준다.

이상에서 박문수 이야기는 암행어사로서 올바른 직무를 수행하는 것으로 나타난다. 구미·선산지역에 구비 전승되는 박문수 설화는 백성들의 억울함을 풀어주는 관리자의 모습을 뚜렷이 보여준다. 나쁜 짓을 하는 것으로 알려진 인물을 잡으려던 박문수는 그들의 발랄한 행동에 감동하게 된다. 그들이 백성들의 어려움이나 위기를 극복하게 도와준다는 점에서 어사 박문수보다 훌륭함을 보여준다. 따라서 박문수는 그들을 잡아야 할 대상이 아니라 백성들에 꼭 필요한 존재임을 재인식하였다.

구미·선산지역의 유학자들은 과거급제를 통한 관직진출을 생애 최고의 목표로 설정하고 있다. 지역의 성리학은 비교적 일찍부터 발달하여, 조선 전기에 227명이 과거에 급제하였다. 이렇게 지역 출신 과거급

95) 앞의 책, 7-15권, 50~64쪽.

제자가 많이 배출된 것은 당시 서산도호부의 경제력이 풍부했기 때문이다. 『세종실록』 <지리지>를 통해서 살펴보면 경상도 9개 도호부 중에서 가장 부유했다. 논의 비율이 높고 1인당 농지 면적도 제일 많았다. 이처럼 높은 경제력과 토지 소유량을 토대로 지주로 성장하기 시작했다. 이곳에 터를 둔 사족은 일선 김씨, 해평 김씨 등의 토성이 유명하다. 이들은 선산의 경제를 바탕으로 중소지주로 성장하고 이를 토대로 자연히 성리학이 발달하게 되었던 것이다.

신분제 사회에서 관직에 진출하려면 과거에 급제하는 것이 무엇보다 중요하다. 글공부를 한 선비들은 과거에 급제하기 위해서 피나는 노력을 할 수밖에 없었다. 과거급제를 통한 관직 진출은 양반 신분을 유지하는 기반일 뿐만 아니라 신분 상승의 지름길이기도 했다. 이러한 내용은 <진사 급제한 의붓아들>에 잘 나타난다.[96] 계모의 아들과 4형제가 서당에서 함께 공부를 하였다. 과거를 보러 4형제는 좋은 옷을 입고 말을 타고 갔으나, 계모의 아들은 거지처럼 걸어서 갔다. 그런데 과거를 잘 보았던 4형제는 모두 떨어지고 의붓아들이 급제하여 집으로 내려왔다. 과거에 급제한 의붓아들은 잘 살았던 반면에 4형제는 거지가 되어 가난하게 살았다. 이처럼 과거급제는 부귀와 빈곤을 가름하는 중요한 잣대이기도 하다.

구미·선산지역의 설화는 과거급제를 통한 관직 진출의식이 뚜렷이 드러난다. 과거급제가 내포된 설화는 <신작의 글귀로 급제한 어사>, <해몽 덕에 급제한 선비>, <해몽 덕에 급제한 성주 이씨>, <신작으로 급제하고 철상을 말려준 선비> 등이 있다. 지역에 전승된 대부분의 설화는 과거에 급제하거나 고위 관료가 되는 내용이 첨가되어 있다.

96) 앞의 책, 7-16권, 132~134쪽.

선비들이 과거에 급제하면 관직에 진출하는 일은 비교적 쉬웠던 것으로 보인다. 그러나 과거에 급제하는 일이 쉽지만은 않았을 것이다. 이 때문에 <신작의 글귀로 급제한 어사>와 같이 초월적인 인물의 도움이 있어야 급제할 수 있음을 보여준다. 앞에서 살펴본 박문수 설화는 이러한 내용을 뚜렷이 보여준 대표적인 사례이다. 그리고 아내의 해몽 덕분에 과거에 급제한 설화는 <해몽 덕에 급제한 선비>, <해몽 덕에 급제한 성주 이씨> 등이 있다.[97] 이들 설화는 남편이 과거를 보러 가면서 흉한 꿈을 꾸었으나, 아내가 해몽을 잘해주어 급제하였다. 이것은 과거를 보러가는 사람들의 고통을 아내들이 슬기롭게 해결해준다는 점에서 주목된다.

<신작으로 급제하고 철상을 말려준 선비>는 하빈의 묘골 박씨의 이야기이다.[98] 과거를 보러 갔던 선비는 귀신으로부터 과거가 이미 끝났으며 이번에 급제한 답안을 듣게 된다. 실망한 선비는 그래도 과거장에 들어가 보기로 했는데 마침 과거가 진행되어 그 답안을 적어 급제했다. 귀신이 급제자에게 대구 묘골에 함께 가자고 하여 따라간다. 그런데 대구 금호강에 도착했을 때, 닭이 울어 귀신이 사라진다. 귀신은 과거길에 사망해 원혼으로 떠돌다가 해마다 금호강에 도착하면 닭이 울어 제사에 참여하지 못했다고 한다. 그래서 귀신은 묘골의 자식에게 이런 사정을 전해달라고 하였다. 이것은 박문수 설화와 마찬가지로 과거급제를 위해서 귀신이 도와주고, 그 덕분에 급제자는 귀신의 요청을 들어주었다. 그것은 귀신이 자신의 제사에 참여할 수 있도록 자식들에게 닭이 울어도 철상하지 말라는 것이다.

<계모의 오해로 쫓겨난 아들의 입신담>[99]은 대갓집에서 아들을 낳

97) 앞의 책, 7-15권, 210~211쪽. 274~277쪽.
98) 앞의 책, 7-16권, 306~310쪽.

은 부인이 사망하자, 남편은 재혼하여 다시 자녀를 낳았다. 계모가 자기 자식을 낳으니 갑자기 전처 아들을 모해한다. 자기 자녀에게 더 많은 재산을 물려받게 하려고 전처의 아들을 구박한 것이다. 계모는 전처 아들의 간을 먹으면 병이 완치될 수 있다고 계략을 부린다. 아버지는 고민 끝에 하인을 시켜 아들을 죽이도록 허락했으나, 하인의 도움으로 전처 아들은 멀리 도망친다. 어느 대갓집의 머슴처럼 일을 하게 된 아들은 그 집의 막내딸과 결혼하여 과거를 보러 갔다. 그런데 아들은 과거에 낙방하여 자살하려고 했는데 과거 낙방자의 자살을 막기 위해 감시하는 사람의 충고로 다시 공부해 급제한다. 과거에 급제한 총각은 처녀와 결혼하여 고향의 부친을 모시고 행복하게 살았다.

이상과 같이 구미·선산지역의 설화에는 과거에 급제하는 대목이 상당히 많이 등장한다. 이러한 과거급제담은 지역민의 추로지향(鄒魯之鄕) 의식을 뚜렷이 반영하는 것으로 보인다. 다른 지역보다 과거급제를 통한 관직 진출이 활발했기 때문에 이와 같은 설화가 많이 구비 전승된 것으로 짐작된다. 따라서 대부분의 지역 설화에 과거급제 대목이 등장하는 점으로 보아, 과거급제와 관직 진출담은 지역의 특징이라 할 수 있다.

4. 맺음말

구미·선산지역의 설화에는 조선후기 향촌사회에 파급된 유교 윤리의 영향을 반영하고 있다. 예컨대, 인물전설의 충절의식, 음택풍수와 조상숭배의식, 여성의 정절의식, 동물의 충의, 가부장적 가족제도와 남아

99) 앞의 책, 7-16권, 511~529쪽.

선호 사상, 과거급제와 관직진출 등에서 유교 이념을 뚜렷이 담아내고 있다. 이런 점에서 지역의 설화는 유교문화를 충실하게 구비전승하고 있는 특징을 보여준다.

구미와 선산지역에 분포하는 설화는 산업화와 도시화의 결과로 나타난 변화를 보여준다. 산업화가 진행된 구미에는 전설이 거의 사라진 반면, 농촌문화를 간직한 선산에는 전설이 구비되고 있다. 이러한 차이점은 도시화와 산업화로 인하여 전설이 사라진 자리에 민담이 채워졌던 것으로 보인다. 왜냐하면 새로운 곳에서 유입된 사람들은 구미의 지역성에 관심을 가질 필요가 없었기 때문이다. 그래서 구미의 전설이 사라지고 떠돌이 민담이 대신하였으나, 이마저도 단편적인 실정이다.

인물전설은 후삼국 시대에 역사인물인 해평 김씨 시조가 해평현의 수호신으로 좌정한다. 이것은 역사인물이 탁월한 공적을 세워서 지역의 수호신으로 섬김을 받는 지역신화의 모습을 보여준다. 고려 말기 금오산에 은거하며 절개를 지킨 야은 길재는 지역주민의 존경을 받고 있는 충절의식의 표상이다. 이러한 충절의식은 조선 초기 단종에 대한 절개를 지킨 사육신 하위지와 생육신 이맹전 등에게도 계승되고 있다. 지명유래담은 지역의 명산인 금오산의 다양한 모습을 통해서 지역민의 소망을 담아내고 있다. 특히 불교 발상지 도리사와 아도화상이 머물렀던 모례장자의 집, 연못의 신비 등에는 불교의 신비체험을 통해서 호국불교의 정신을 강조하고 있다.

지역민들은 음택풍수를 통해서 자신의 꿈을 실현하려고 한다. 특히 명당에 무덤을 잡아서 후손의 부귀영화를 기원하는 조상숭배사상을 담아내고 있다. 음택풍수에는 지역의 유교윤리의 강화와 맞물려 후손의 번창이나 부귀공명을 희망한다. 이러한 음택풍수에 걸고 있는 주민들의 부귀영화는 추로지향을 강조했던 선산지역의 역사적 사실을 보여준다.

암행어사 박문수담에 나타난 과거급제를 통한 관직진출담도 지역주민의 추로지향의식을 반영하고 있다. 지역주민들은 박문수 설화를 통해서 사건을 해결하는 올바른 관리자의 모습을 담아내고 있다. 이러한 관료지향의식이 강한 곳에는 가문의식이나 문벌의식이 강조될 수밖에 없다. 유교문화가 발달한 구미·선산지역에서는 여성의 정절은 물론 동물의 의로운 죽음까지도 강조하고 있다. 가부장적 가족관계에서 갈등과 대립이 발생하기는 하지만, 유교윤리에 순응하는 결말을 보여준다. 특히 동물들에게 부여한 충의적 성격은 지역주민들을 유교윤리로 교화하는 수단으로 활용하였다.

이밖에도 고전소설을 읽었거나 들은 이야기를 구비설화로 재구연한 내용은 주목된다. 다른 지역에 비하여 구미·선산지역에는 고전소설의 유통이 활발했던 것으로 보인다. 이러한 고전소설의 내용을 구비설화로 재구연한 작품은 <권익중 이야기>, <신유복 이야기>, <장한림과 용골대>, <계모의 간계를 막은 색시>, <박씨전>, <콩남이와 팥남이>, <박문수 일화> 등이 존재한다. 이 설화들은 가정소설과 군담소설이 주종을 이루고 있다. 지역에는 계모형 갈등을 내포한 가정소설과 천상적 인물의 영웅적 군담을 보여준 군담소설이 많이 유포된 것으로 보인다. 따라서 고전소설을 재구연한 설화에 나타난 단락의 첨삭과 변모를 통해서 지역주민의 의식을 파악할 수 있다.

Ⅲ. 상주지역 설화의 양상과 의미

1. 머리말

상주지역에는 역사인물의 영웅화, 지명유래담, 풍수담, 효열담, 신분제의 동요와 신분상승 등과 같이 다양한 설화가 구비 전승되고 있다. 그중에서도 역사인물의 영웅화를 보여준 전설이 주목된다. 지명유래담은 대부분 용수공급이나 가뭄 해소와 같이 논농사와 관련되어 있고, 풍수담은 명당에 무덤을 조성하여 후손의 발복을 기원하는 음택풍수가 대부분을 차지한다. 효열담 중에서는 효성담의 비중이 열녀담의 비중보다 높게 나타나고, 과거급제담은 상대적으로 빈약한 실정이다. 따라서 지역의 설화는 다양한 종류에 비하여 지역성이 나타나는 전설은 빈약한 실정이다.

상주지역은 근대화가 늦은 편임에도 불구하고 구비문학이나 민속의 전승지로서 적당하지 못하다. 민속행사는 애초부터 존속되지 않았거나 거의 유실된 상태이다.[100] 전설의 대표적인 유형은 정기룡 장군과 결부된 아기장수 전설, 달래마을의 지명유래 전설, 견훤산성과 결부된 이물교혼 및 오뉘 힘내기 전설 등이 있으며, 여기에 풍수설화, 효열담, 신분제의 동요와 신분상승 의지 등을 첨가해야 한다. 이렇게 상주지역의 설화는 전설에 비하여 민담의 비중이 상당히 높은 편이다.

---

100) 최정여・천혜숙, 『한국구비문학대계』 7-8권(한국정신문화연구원, 1983), 9쪽.

상주지역은 일찍부터 영남대로와 낙동강을 이용한 수로가 발달하여 사람들의 왕래가 빈번하였다. 이러한 교통이 발달한 곳일수록 지역성을 내포한 전설이 떠돌이 민담으로 변모하게 마련이다. 그래서 상주지역은 전설보다 민담의 비율이 높게 나타나고 있다. 상주지역은 경상북도 중서부 문화권을 대표하는 유서 깊은 고장이다. 이러한 문화적 특징을 밝히기 위해서는 지역민의 사고방식과 의식이 녹아있는 설화에 주목해야 한다.

지금까지 상주지역의 설화에 대한 연구는 거의 진행된 바 없다. 다시 말해 지역의 설화를 분석하여 지역성을 해명하는 작업은 아직까지 진행되지 않았다. 여기서는 상주지역에 구비 전승되었던 설화의 양상과 특징을 밝히고자 한다. 상주지역에 존재하는 설화 중에서도 지역성이 나타나는 전설을 대상으로 분석할 것이다. 왜냐하면 전설은 지역의 증거물을 내포하고 있어서 지역적 성격을 밝히기에 유리하기 때문이다. 그리고 설화를 주제별로 분류하여 다수의 비중을 차지하는 민담에 대해서도 관심을 갖고 분석할 것이다. 이러한 상주지역의 설화에 대한 연구는 지역주민들의 의식을 밝혀주는 계기가 될 것이다.

2. 상주지역의 개관과 설화의 현황

1) 상주지역의 개관

예로부터 상주는 삼백(三白)의 고장으로 널리 알려졌다. 상주에서 생산되는 세 가지 흰색 농산물은 바로 쌀, 곶감, 누에고치이다. 그 중에서 쌀과 곶감은 아직까지도 상주를 대표하는 농산물로서 전국적으로 유명하다. 품질 좋은 농산물을 생산하기 위해서는 자연환경과 토양, 기후가 맞아야 한다. 이런 측면에서 상주지역은 농업에 필요한 자연 조건을 갖춘 것으로 보인다. 그럼에도 불구하고 상주의 북서부 지대에서 생산되었던 누에고치는 70년대 후반을 기점으로 채산성이 악화되어 급격히 감소하여, 지금은 그 명맥을 찾아보기 어려운 실정이다.

은척면 두곡리에 있는 수령 350년 뽕나무

다만, 상주 은척면 두곡리에 수령 300년이 넘는 뽕나무 한 그루가 과거의 영화를 대변해주고 있다.[101] 이 뽕나무의 높이는 12미터, 나무의 가슴둘레는 3미터이다. 우리나라 뽕나무 중에서 최고로 손꼽을 만큼 우람할 뿐만 아니라 지금까지도 왕성한 성장을 계속하고 있다. 뽕나무 주변에

101) 『상주의 얼』 (상주군, 1982), 370~371쪽.

일제강점기 때 세운 명삼 기념비를 통해서도, 이곳이 누에고치의 주생산지임을 증명해준다. 뽕나무의 재배 시기는 조선창업과 더불어 기록이 보이지만, 조선 인조와 영조 때 구체적인 내용이 등장한다.

상주지역은 낙동강의 영향을 지대하게 받고 있다. 상주의 동쪽은 낙동강 상류지역으로 분지 및 저지가 발달했고, 서쪽은 소백산맥이 남으로 뻗어 서고동저형의 지형을 나타낸다. 동쪽과 남쪽은 산간지대를 이루며 서쪽에서 동쪽으로 흐르는 이안천, 북천, 병성천 등이 낙동강으로 합류한다. 이러한 지역의 자연환경 덕분에 삼백의 고장으로 유명하게 되었다.

낙동강 유역에 발달한 넓은 평야에 농사를 짓기 위해서 지역민들은 일찍부터 크고 작은 저수지와 보를 조성하였다. 이러한 수리시설들은 농업용수를 안정적으로 공급하여 풍년을 기원한 지역주민들의 의지를 반영하고 있다. 그래도 가뭄이 들면 주민들은 상주 갑장산에 올라가서 기우제를 지냈다. 그곳에서 기우제를 지내면 아무리 가물어도 비가 내리기 때문에 주민들은 갑장산을 신성한 곳으로 믿고 있다. 따라서 상주지역의 설화에는 논농사에 유리한 자연환경을 반영한 전설이 상당수 구비 전승되고 있다.

경북 중서부에 위치한 주요 거점 문화권에 속하는 상주지역은 삼한시대 진한 땅에 속했다. 상주 함창지역에는 1500년 동안 고령가야왕릉이라 구전되는 무덤이 있다. 1592년에 관찰사 김쉬와 함창현감 이국필에 의해서 무덤 밑에 묻혀있던 묘비를 찾아서 고령가야왕릉임이 확인되었다. 이런 점에서 초기 가야의 세력이 상주 함창까지 그 영향을 미치고 있었던 것으로 보인다. 사벌국으로 독립해 오다가 신라 첨혜왕 때 정벌되어 상주(上州)가 되었다가, 신라 경덕왕 때 9주의 하나로 상주(尙州)가

되었는데 지금까지 그 명칭이 사용되고 있다. 고려 성종 때에 상주목이 되었고 조선 초기까지 목사를 두었으며 1895년에 상주군으로 개편되었다. 1914년 함창군 일원이 상주군에 편입되고 1986년 상주읍이 상주시로 승격되었다. 현재 상주지역은 1995년 상주시로 통합되어 1읍 17개면 7개 동으로 구성되어있다.

2) 설화의 전반적 현황

상주지역의 설화는 한국정신문화연구원에서 조사한 『한국구비문학대계』가 주요한 자료이다.[102] 그때 조사한 곳은 상주읍 신봉리, 흥각리, 낙동면 용포리, 공검면 부곡리, 병암리, 사벌면 화달리, 청리면 원장리, 화서면 신봉리, 은척면 우기리 등이다. 이 자료는 제보자의 인적사항과 특징 및 설화의 구연과정을 체계적으로 조사한 것으로 평가할 수 있다. 이에 반해서 상주군에서 편찬한 『상주의 얼』 속에 일부 설화가 수록되어 있지만 현장에 대한 조사가 부족한 실정이다.[103]

상주지역에 구비 전승되는 설화의 양상은 역사인물의 영웅화, 농업과 관련된 지명유래담, 풍수담, 효열담, 신분제의 동요와 신분상승 의식 등으로 구분할 수 있다. 인물전설은 상주에서 출생한 견훤과 임란 때 유격전으로 왜적을 물리친 정기룡 장군에 대한 이야기가 많이 존재한다. 지명유래담은 삼한 시대에 만들어진 공갈못과 기우제를 지내는 신령한 갑장산에 대한 설화가 주종을 이룬다. 그리고 풍수담은 무덤을 잘 잡아서 부자가 되거나 과거급제를 통한 고위 관직을 얻는 음택풍수만 구비

102) 앞의 책, 7-8권(상주군).
103) 『상주의 얼』.

전승되고 있다. 효열담은 풍부하게 존재하고 있으나, 효성담에 비하여 열녀담은 상대적으로 빈약한 실정이다. 상주지역에도 박문수의 과거급제담이 존재하지만 인근 구미지역보다는 그 숫자가 적다.

지리적으로 인접하고 있는 안동과 문경, 구미의 인물설화가 상주에 전승되고 있다. 안동지역의 설화는 <하회 유씨가 잘된 유래>, <굶어 죽은 유성룡 대감>, <이인 겸암선생> 등이고, 문경과 구미지역 설화는 <조령재 여신령과 최명길>, <신립 장군 따라다닌 원혼>과 <야은 선생 부인> 등이 있다. 이러한 인접 지역의 설화는 교통의 발달과 더불어 유입된 것으로 보인다.

한편 상주지역에는 설화 구연에 탁월한 재능을 보인 제보자가 다수 존재한다. 청리면의 이기환(남, 62)과 화서면 최승락(남, 76)은 탁월한 이야기꾼이다.[104] 전자는 어린 시절 서당에서 책을 많이 읽었던 덕분에 유성룡, 이여송, 오성과 한음, 강감찬, 조양래, 양사언 등과 같은 역사 인물전설과 일반담, 동물담 등과 같이 다양하고 폭넓은 설화를 구연하였다. 후자는 마을에서 '최박사'로 알려진 이야기꾼으로 고전소설이나 기담류에 관심을 가졌기 때문에 후세에 귀감이 되는 소설이나 사실에 근거한 이야기에 집착을 보였다. 이 때문에 황희, 유성룡, 강감찬 등의 인물전설과 동물담, 어희담, 소화 등에 이르기까지 다양한 설화를 보유하고 창의력을 발휘해 구연했다. 이들이 인물전설을 구연할 때는 인물과 관련된 사건에 대해 역사적인 맥락 속에서 나름대로 비평을 첨가하기도 했다.

104) 앞의 책, 7-8권, 641~642쪽, 915~916쪽.

3. 상주지역 설화의 양상과 의미

1) 역사적 인물전설의 영웅화

상주지역의 설화에서는 역사적 인물전설에 대한 관심을 뚜렷이 보여주고 있다. 지역에서 출생하고 성장한 후백제왕 견훤[105]과 임란 때 유격전의 명장으로 활약한 정기룡 장군에 대한 이야기가 가장 많이 전승되고 있다. 그리고 조선시대 <설공찬전>을 지었던 채수, 경천대에 무우정을 짓고 살았던 처사 채득기, 예학에 밝았던 우복 정경세 등에 대한 인물전설도 존재한다.

상주지역은 후백제의 왕이었던 견훤과 연관된 이야기가 다수 존재하고 있다. 『삼국사기』열전 <견훤>조에 보면 견훤에 대한 자세한 기록이 나타난다.[106] 견훤은 본래 상주 가은현 사람으로 본성이 이씨였으나 뒤에 견씨로 바꿨다. 견훤이 출생하여 강보에 싸였을 때 호랑이가 젖을 먹였다고 하는 기록으로 보아 비범한 인물임을 짐작할 수 있다. 그의 아버지 아자개는 농사꾼이었으나 가세를 일으켜 장군이 되었고, 상주 병서리 뒷산인 병풍산성에 웅거했다. 이렇게 견훤은 상주를 무대로 성장하면서 세력을 키운 것으로 보인다.

그런데 상주지역 출신인 견훤을 폄하하는 <지렁이의 아들 견훤>은 주목된다.[107] 어떤 처녀가 바느질을 하는데 저녁마다 초립동이 총각이 들어와 관계를 하여 명주실을 총각의 허리에 꽂아두었다. 다음 날 명주실을 찾아가니 지렁이가 죽어 있어서 견훤을 지렁이 아들이라 한다. 이것은 견훤을 낮추는 일반적인 이야기로 널리 알려져 있다. 후백제왕 견훤을

---

105) 권태을, 「견훤설화 소고」, 『상주문화』 11호(상주문화원, 2001), 52~72쪽.

106) 김부식, 이병도 역주, 『삼국사기』(을유문화사, 1997), 493쪽.

107) 앞의 책, 7-8권, 926~927쪽.

부정적으로 평가하는 까닭은 무엇일까? 비록 태조 왕건에 의해 패망했다손 치더라도 견훤을 지렁이 자손으로 폄하하는 내용에 수긍하기는 어렵다.

상주에서 성장한 견훤의 행적을 보여준 설화는 <견훤산성>, <견훤성 주변의 형상>에 잘 나타난다.[108] 상주시 화북면 용유리 산봉우리에 산성을 축성하여 주둔한 견훤은 대궐을 지어놓고 북으로 올라가는 국가의 곡물을 탈취하였다. 이러한 지명유래담은 견훤이 상주지역에서 산성을 쌓고 주둔하며 세력을 키우며 활동했음을 보여준다. 지역주민들은 견훤산성에 주둔한 견훤이 공물을 탈취했다는 점을 부각하고 있다. 국가의 세금을 탈취한 견훤에 대해서 주민들은 다소 부정적인 인식을 나타내고 있다.

<견훤전설>은 견훤의 지렁이 전설과 장수, 용마 전설과 오뉘 힘내기 전설 등이 결합되어 있다.[109] 지렁이 정기를 받은 견훤이 여인과 동침해 쌍둥이 남매를 낳았는데 서로 경쟁이 심했다. 누나는 동생의 기를 누르려고 성 쌓기와 서울에서 소 팔아오기 시합을 제의한다. 남매의 경쟁은 어머니의 개입으로 딸이 패배하여 죽음을 당하는 것으로 결말된다. 이것은 지렁이의 정기를 타고난 견훤이 쌍둥이 남매를 낳았으나, 화살보다 느린 말을 죽이는 동생을 제압하려고 누나가 시합을 제안하였다. 이러한 오뉘 힘내기 전설을 차용하여 견훤의 아들이 승리하는 것으로 변모되었다.

유격전의 명장 정기룡(1562년-1622년)은 어려서부터 기골이 장대하고 도량이 넓었다. 이런 아들의 기질을 알았던 정기룡의 부친은 공부 대신에 무술을 연마하게 했다. 정기룡의 본명은 '무수'였는데 선조가 '기룡'이란 이름을 내렸다고 한다. 어느 날 선조는 용이 종루를 휘감고 하늘로

108) 『상주의 얼』, 225~227쪽. 앞의 책, 7-8권, 924~926쪽.
109) 앞의 책, 7-8권, 984~990쪽.

유격전의 명장 정기룡 장군의 무덤

승천하는 꿈을 꾸었는데 확인한 결과 누가 종루에 기대어 잠을 자고 있었다. 그 사람을 대궐로 불러서 본 뒤에, 늠름하고 씩씩한 기상에 감탄하여 '기룡'이란 이름을 내린다.[110] 임진왜란 때 상주는 왜적의 주둔지였기에 피해가 심했다. 정기룡은 갑장산 영수암에서 자원한 백성들을 규합하여 유격전술로 상주성과 인근 지역의 왜적까지 물리치는 활약을 보여준다.

<죽은 아기장수와 용마 얻은 정기룡 장군>은 아기장수가 출생하여 죽은 뒤에 나타난 용마를 정기룡 장군이 차지하여 훈련하는 이야기이다.[111] 김씨 선조가 임란 전에 달이 입에 들어가는 꿈을 꾸고 아내를 불러 동침하려 했으나 실패한다. 그래서 여종과 동침해 양 겨드랑이에

110) 『상주의 얼』, 91쪽.
111) 앞의 책 7-8권, 528~531쪽.

비늘이 달린 대인을 낳았다. 이렇게 탁월한 능력을 가진 아기장수가 서자로 출생했다는 점은 주목된다. 서자로 출생한 아기장수는 자신의 비늘 옆에 침을 놓으면 죽는다고 스스로 말한다. 그때 경천대 강변에 주인 잃은 용마가 나타났는데 정기룡 장군이 그 말을 차지한다.

이러한 정기룡 장군이 용마를 차지하는 대목은 <경천대와 용마>에도 나타난다. 임란 때 상주지역에서 활약한 의병장 정기룡 장군이 아기장수의 비극적 죽음과 동시에 출현한 용마를 차지한다. 이런 점에서 정기룡 장군은 아기장수와 대등한 능력을 가진 영웅으로 나타난다. 용마는 아기장수의 비범함이 정기룡 장군에게 계승되어 영웅출현을 기원한 민중의식을 반영하고 있다. 아기장수의 비극적 죽음을 치유할 수 있는 구국영웅이 의병장 정기룡 장군으로 구체화되었다. 따라서 지역주민은 정기룡 장군이 아기장수의 용마를 타고 왜란을 극복해달라는 소망을 투영하고 있다.

정기룡 장군이 아기장수의 용마를 얻은 낙동강의 경천대

한편 용마를 얻은 정기룡 장군은 용마의 능력을 시험하기 위해서 화살과 빠르기 시합을 실시한다. 정기룡 장군은 활을 쏜 뒤에 용마를 타고 달렸으나, 화살보다 느린 용마를 성급하게 죽인다. 그때 화살이 날아와 나무에 꽂혀 자신의 경솔함을 뉘우친다. 주민들은 정기룡 장군의 경솔한 행동을 비판적으로 바라보고 있다. 결국 정기룡 장군은 아기장수의 용마를 힘들게 얻었으나, 자신의 경솔함 때문에 용마를 죽이는 어리석음을 보여준다.

<정기룡 장군의 임란 전투 일화>는 아직까지 알려지지 않은 정기룡 장군의 일화에 대해서 전해준다.[112] 정기룡 장군은 남해에서 태어나 골목대장이 되어 말타기와 활쏘기를 하다가 아이를 죽이게 된다. 그래서 다른 곳으로 이사하여 동굴에 숨었는데 호랑이가 와서 자신의 옷을 품어 죽음을 예감했으나, 오히려 호랑이 덕분에 살아난다. 어머니와 함께 상주로 피신한 정기룡은 외서면 정우복 선생에게 글을 배우고, 관군이 패한 은척 아차골과 추풍령에서 왜적을 물리친다.

여기에는 정기룡 장군의 출생과 어린 시절의 모습 및 상주로 오게 되는 과정을 뚜렷이 보여준다. 특히 정기룡 장군이 당시 예학의 대가였던 우복 정경세 선생의 문하에서 글을 배웠다는 점은 주목된다. 상주지역민들은 정기룡 장군이 문무를 겸비한 영웅적 인물임을 강조하고 있다. 이러한 정기룡 장군의 활약을 내조한 아내에 대한 전설은 <정기룡 장군과 권씨 부인>에 잘 나타난다.[113] 정기룡 장군의 장인이 무관인데 처가에 심부름 가서 사나운 말을 다스려 훈련시키는 이야기이다. 이것은 정기룡 장군이 구국영웅으로 활약하도록 내조를 아끼지 않았던 부인

112) 앞의 책, 7-8권, 531~534쪽.
113) 앞의 책, 7-8권, 534~535쪽.

에 대한 관심을 보여준다.

조선시대 대문장가 채수(1449-1515)는 1468년(세조 14)에 생원시에 합격하고 이듬해 갑과와 회시에 모두 장원으로 급제하였다. 그는 홍문관 응교로 재직할 때 권세를 휘두르는 간신을 규탄하는 강직한 충성을 보여 왕의 총애를 받아 대사헌에 특진되었다. 말년에는 벼슬을 사임하고 향리인 상주 이안면 중촌리에 낙향하여 쾌재정을 짓고 독서와 후진양성에 힘썼다. 다만, 채수가 지은 <설공찬전>은 윤회화복하는 내용으로 민심을 소란시킨다는 탄핵을 받아 소각되었다. 최근에 이문건의 『묵재일기』 제3권 이면에 적혀있는 국문 필사본 <설공찬전>이 발견되어 학계의 관심을 끌었다. 그 내용을 간단히 요약하면 다음과 같다.

> 순창에 살던 설충란은 슬하에 자녀를 두었는데 딸은 결혼하여 죽고, 아들 공찬이는 재주가 뛰어났으나 장가들기 전에 죽는다. 설충란은 아들이 죽은 후 신주를 모시고 3년 동안 제사지내다가 3년이 지나자 무덤 곁에 그 신주를 묻어준다. 설충란의 동생 설충수가 아들 공침의 병을 퇴치하기 위해서 주술사를 부르자, 설공찬의 혼령이 사촌동생 공침에게 들어가 수시로 왕래하기 시작한다. 원래 오른손잡이였던 공침에게 공찬의 혼이 들어가면 왼손으로 밥을 먹는다. 설충수는 아들의 병을 낫게 하려고 주술사로 하여 공찬의 영혼을 퇴치하려 했으나, 공찬이는 공침을 더욱 괴롭힌다. 설공찬은 설충수가 잘못을 빌어서 공침의 모습을 회복시켜준다. 그리고 설공찬은 사촌동생 설원과 윤자신을 불러 저승의 소식을 전해준다. 저승은 순창에서 40리 떨어진 바닷가에 있는 단월국이고 비사문천왕이 다스린다. 그곳은 명이 다하지 않은 영혼은 그대로 두고, 명이 다해서 온 영혼은 연좌로 보낸다. 설공찬은 심판을 받게 되

었으나, 먼저 온 증조부 설위의 도움으로 풀려난다. 이승에서 선한 사람은 저승에서도 잘 지내지만, 악한 사람은 고생하거나 지옥으로 떨어진다. 성화 황제는 염라왕에게 총애하는 신하의 저승행을 1년만 연기해 달라고 요청했다. 그런데 염라왕은 고유 권한의 침해라고 화를 내며 허락하지 않는다. 당황한 황제가 염라국을 방문했으나, 염라왕은 그 신하를 잡아와 손을 삶아라 한다.[114)]

이와 같이 <설공찬전>은 1508~1511년 사이에 창작된 전기소설에 속하며, 환혼 모티프를 활용해 당대 정치와 사회 현실에 대한 비판의식을 담아낸 작품이다. 주인공 설공찬의 혼령이 저승에서 잠시 돌아와 사촌 동생인 설공침의 몸에 들어가 그 입을 빌어 저승의 소식을 전하는 내용으로 구성되어 있다. 이러한 내용 설정은 환혼의 주인공이 혼령인 상태로 남의 몸을 빌려서 저승의 상황을 묘사한다는 점에서 주목된다.

<설공찬전>의 작자의식은 연산군을 몰아내고 집권한 중종 정권에 대한 비판의식이 드러난다. 특히 현세의 왕이라 할지라도 반역하여 집권한 사람은 지옥에 떨어진다는 점을 부각하고 있다. 그리고 현세에서 천시되었던 여성도 능력만 있으면 인정받을 수 있다는 점을 뚜렷이 보여준다. <설공찬전>의 내용이 왕권모독과 사회질서에 대한 비판적인 의식을 담고 있어서 당대 사회에서는 묵과할 수 없었을 것이다. 따라서 조정에서는 <설공찬전>을 수거하여 불태우고 작가를 처형하려고 했으나, 채수를 아끼는 왕의 배려로 파직되었다.[115)] 이러한 역사적 사건 때문에 <설공찬전>은 금서로 규정되어 우리의 관심에서 사라진 것이다.

---

114) 이복규, 『초기 국문 · 국문본소설』(도서출판 박이정, 1998), 6~8쪽.
115) 이복규, 앞의 책, 9~10쪽.

설공찬전을 지은 채수가 낙향해 지은 쾌재정

충절의 처사 채득기는(1604-1647)는 상주 경천대에 무우정을 짓고 살았다. 바위에 '대명천지 숭정일월'이란 글자를 새겨 충절의 뜻을 나타내었는데 이것은 임진왜란 때 명나라가 조선을 도운 의리를 지켜야 한다는 뜻이다. 1637년 조선의 왕자가 청나라에 볼모로 잡혀갔을 때, 인조는 상주에 살고 있는 평민 채득기의 인품을 짐작하여 왕자를 수행하게 한다. 그는 청나라에서 봉림대군을 도와 북벌의지를 계획하고 8년만인 1645년 세자 일행을 모시고 귀국하여 상주에서 학문과 병서를 벗삼아 북벌을 준비했다. 경천대는 '하늘을 떠받든다'는 뜻으로 장차 봉림대군이 임금이 되면 그를 도와 북벌을 하겠다는 의미이다.

이상에서 상주지역의 인물전설은 역사적 인물의 영웅화를 보여준다. 후백제를 건국한 견훤과 임진왜란 때 의병장으로 활약한 정기룡 장군은 영웅적 활동을 보여주었다. 채수는 <설공찬전>을 지어 당시의 중종 정권을 비판하였고, 채득기는 봉림대군의 북벌을 도왔다. 이렇게 상주지역의 역사적 인물전설은 영웅적 활약에 초점을 맞추고 있다.

이밖에 예학자 우복 정경세(1563-1642)는 상주 청리면 율리에서 출생했다. 그는 고금에 보기 드문 예학의 대가이다. 대문장가 이만부(1664~1732)는 상주읍 외답리 논실 식산 아래에 살았으므로 '식산'을 호로 삼았다. 그는 추로지향의 선비 고장인 영남을 부러워했고 도남서원과 풍속이 좋은 상주에 살기를 원했다. 상주 노곡에 천운재를 짓고 작은 연못을 파고 소나무와 대나무를 심어 정취를 돋우며 책을 읽고 이치를 연구하였다. 이만부는 상주지역의 역사 인물이 아님에도 불구하고 상주에 살기를 원했던 인물이다.

2) 농사와 관련된 지명유래담

상주지역의 지명유래는 '견훤산성'을 제외하면 대부분 농업과 연관되어 있다.[116] 예컨대 함창지역에 용수를 공급하던 '공갈못', 가뭄이 들면 기우제를 지내던 '갑장산'과 '북장사 괘불' 등과 같이 농사와 연관되어 있다. 논농사를 짓기 위해서는 농업용수의 안정적 공급이 매우 중요하다. 저수지와 연못을 만들어 농업용수를 공급해도 극심한 가뭄이 들면 절박한 심정으로 하늘에 기우제를 지낼 수밖에 없었다.

<아이 바친 공갈못>은 둑을 쌓을 때 '공갈'이라는 아이를 함께 묻었기 때문에 생긴 지명유래를 보여준다.[117] '공갈못'은 의림지, 벽골제와 더불어 삼한시대에 수축되었다. 고려 명종 때 최정분이 못을 고쳐 쌓았

116) 1980년대 상주 인구의 76%가 농사를 지었다는 것은 농업의 중요성을 보여준다.
117) 앞의 책, 7-8권, 385쪽.

다는 기록으로 보아 아주 오래된 저수지이다. 공갈못은 비가 많이 내리면 둑이 무너져 마을의 논밭이 물바다가 되었다. 피해 주민들은 사람을 둑에 묻으려고 했으나, 아무도 나서는 사람이 없어서 낭패를 보았다. 다행히 아기 또는 스님의 희생 덕분으로 공갈못에 둑을 쌓았고, 주민들은 스님의 극락왕생을 빌었다. 따라서 주민들은 장마에도 무너지지 않는 공갈못의 영험함에 감탄하여 신앙의 대상으로 삼고 있다.

공갈못은 함창지역에 용수를 공급하는 생명의 못으로 주민들의 논농사에 직접적인 영향을 미치는 주요한 수자원이다. 이 때문에 주민들은 겨울에 공갈못의 얼음을 보고 풍년과 흉년을 예측하기도 하였다. 공갈못의 얼음이 동서로 갈라지면 풍년이 들고 남북으로 갈라지면 흉년이 든다고 한다. 그리고 상주 함창 공갈못에서 연밥 따는 <상주 모심기 노래>는 전국적으로 유명한 민요이다.[118] 이 노래는 공갈못을 배경으로 발생한 모내기 노동요인데 지역적 토속성이 짙게 배어 있다. 또한 '상주서보'는 상주 앞들의 젖줄이요 풍요의 근원이라 인식되고 있다.[119] 이러한 농업관계시설이 발달해야만 논농사의 풍년을 기대할 수 있다.

<애달픈 전설의 공갈못>은 경주 용담에 살고 있던 암룡이 공갈못의 수룡에게 시집온 이야기이다.[120] 상주에 사는 김씨가 경주에 다녀오다 아름다운 여인과 동행하게 되었다. 밤에 변신한 여인은 경주 용담의 용

118) <상주 모심기 노래>는 기본형, 복합형, 생략형, 후렴첨가형 등으로 구분되고, 노래의 성격은 연정, 사친, 완월관어, 호련 등으로 구성되어 있다.

119) 상주는 예로부터 관계시설이 발달한 곡창지대이다. 서보와 같은 관계시설이 있어야만 논농사가 발달할 수 있다. 서보 낙양수문비에는 1701년(숙종 27)에 당시 고을 원이었던 이시필이 처음으로 서보를 수축하였고 1783년(정조 7)에 서필수가 개축하고 박래설, 이기도 등이 개수했다고 한다.

120) 『상주의 얼』, 315~319쪽.

녀인데 상주 공갈못의 수룡에게 시집가는 중이라고 말한다. 그런데 다른 수룡이 출가를 방해하여 김씨에게 백룡을 죽여달라고 했으나, 당황한 김씨는 청룡의 허리를 잘랐다. 이 전설은 경주의 용담과 상주의 공갈못이 서로 통하고 있음이 주목된다.

농업용수를 공급하던 공갈못의 노래비

이밖에도 '공갈못'에 대한 이야기는 다양하다. <함창 공갈못 전설>은 공갈못에 용 부부가 살았는데 젊은 첩이 들어오면서 서로 다투고, <하동 장정승과 공갈못>은 '공갈못' 덕분에 목숨을 건진 하동 장정승이 '공갈못'을 생명의 은인으로 생각한다. <지킴이 건드려 메워진 공갈못>은 공갈못에 사는 지킴이를 건드려서 지금은 논으로 변했다고 한다. 이렇게 '공갈못'에 얽힌 이야기가 풍부한 것은 지역주민들에게 필요한 생명의 원천이기 때문이다.

<갑장산 상사바위 전설>은 총각을 사모하던 여인이 구렁이가 되어 총각을 감고 떨어져 죽었던 이야기이다. 예전에 풍수가 '갑장산'[121]은 용의 머리이고 석함의 폭포수에 물이 흐르는 곳을 용의 꼬리라 했다. '용포'는 아무리 가물어도 물이 마르지 않는 청룡의 꼬리이다. 용의 입과 귀에 묘를 써야 자손이 잘되지만 용의 꼬리도 명당이다. 왜냐하면 용이 승천할 때 꼬리를 쳐야 구름과 비를 내리기 때문이다. '비래'의 지명유래는 갑장산 용두가 마을로 날아오는 형상 때문에 부쳐진 이름이다.

<북장사 괘불>은 상주 내서면 천주산 북장사의 행사나 가뭄이 들어 기우제를 지낼 때 사용하였다. 1688년(숙종 14)에 조성된 북장사 괘불은 금기사항을 지키지 못해 오른쪽 손이 미완성인 채로 남아있다. 여기에 얽힌 이야기는 다음과 같다.

> 당나라 스님이 3일 동안 법당 안에서 그림을 그리기로 하여 잡인의 접근을 막았다. 그런데 법당 안이 궁금한 부목승은 금기를 깨고 법당을 엿보았는데 파랑새가 부리에 붓을 물고 그림을 그리다가 사라졌다. 그래서 괘불의 오른쪽 한 손은 미완성으로 남게 되었다는 것이다.[122]

위의 이야기는 오래 참지 못하는 인간의 경솔함을 비판하고 있다. 그럼에도 불구하고 파랑새가 그린 괘불을 세우고 기우제를 지내면 신비하게도 비가 내린다고 한다. 이것은 괘불의 신비함이 기우제로 연결되고

121) 앞의 책, 7-8권, 5쪽. 갑장산은 해발 805미터로 상주읍과 청리면의 경계에 있는 명산으로 주민들은 이 산에 대한 집착이 대단한 편이다. 예전에 해마다 기우제를 지내서 효험을 보았으며, 한 가문의 영광을 위해서 그 산에 묘를 쓰면 주민들이 흉년을 당한다는 풍수사상이 엄존해 있다.

122) 『상주의 얼』, 302~304쪽.

있는 것이다. 지역주민들이 가뭄을 해소하려고 북장사 괘불에서 기우제를 지냈다는 점은 불교의 영향이 막강했음을 보여준다.

이상에서 상주지역의 지명유래는 대부분 논농사와 연관되어 있다. 논농사를 안정적으로 짓기 위해서는 농업용수의 공급이 무엇보다 중요하다. 공갈못과 상주 서보는 농토에 용수를 공급하는 생명의 원천이고, 갑장산과 북장사 괘불은 가뭄 때 하늘에 올리는 기우제와 연관되어 있다. 이러한 농업과 연관된 지명유래담이 광범위하게 분포하는 것은 상주에 논농사가 발달했음을 반영하고 있다.

3) 풍수담의 지역적 특성

풍수는 행복을 실현해주는 한국인의 욕망을 내포하고 있다. 풍수는 신분과 귀천을 초월하여 한국인의 생활에 구체적으로 나타난다. 그 중에서도 조상의 무덤을 명당에 잡았기 때문에 후손이 부귀해지는 음택풍수가 대부분이다. 예컨대 가난한 사람은 부자가 되고 선비는 과거에 급제하며 장가들지 못한 사람은 결혼하게 된다. 이러한 음택풍수는 지역주민들의 희망사항과 일치하고 있다.

<조공제>는 상주읍 복룡동에 있는 속칭 '밤 숲개' 혹은 '율수'라는 곳이다.[123] 신라 말, 고려 초기 도선에 의해서 발전되기 시작한 비보풍수에 의해서 만들어졌다. 이곳에 밤나무 숲이 조성된 원인은 노악산 지붕인 흥암서원 뒷산이 오공입지형으로, 상주의 소년이 많이 죽는다는 풍수설의 액을 막기 위해서 지네의 금기인 밤나무를 심었기 때문이다.

임진왜란 때 정기룡 장군이 상주성을 탈환하기 위해서 횃불 작전을

123) 『상주의 얼』, 287~288쪽.

사용할 때, 이 밤나무 숲에 매복된 군사로 적의 퇴로를 막았다고 한다. 1873년(고종10)에 세워진 조공제 비문에 의하면 1871년 상주목사로 부임한 조병노가 밤나무 숲에 둑을 다시 쌓고 나무를 심어 보호했다. 그때 밤나무 숲의 책임을 복룡리 동쪽에 있는 부락에 맡기고 마을의 이름을 율수리라 하였다. 세월이 흘러 밤나무는 사라지고 방천만 남았는데 주민들이 율수계를 조직하여 밤나무를 심어 보호하고 있다.

밤나무를 심어 액을 막았던 조공제

<수명당 우물>, <덕산샘 속의 장수>는 부친이 우물 속에서 재생하려다가 실패한 이야기이다. <수명당 우물>은 상주 청리면 덕산마을에 있는 공동우물이다. 예전에 이씨 성을 가진 사람이 병에 걸려 죽게 되었

는데 부친은 아들에게 머리는 우물에 넣고 몸은 다른 곳에 장사하라고 유언하였다. 아무것도 모르는 아들의 입장에서는 부친의 유언을 듣고 고민할 수밖에 없었다.

부친이 재생 공간으로 사용한 청리면 덕산마을의 수명당 우물

> 저희가 어찌 아버지의 목을 벨 수가 있습니까? 너희 어머니가 알면 절대로 안 된다. 너의 어머니는 어디까지나 외인이니까, 이것을 아는 날에는 다 허사가 된다. 아버지 그게 무슨 말씀이십니까? …… 저에게 불효 자식이 되라는 말씀이시옵니까? 우둔한 놈 …… 내 말대로 해야 우리 가문에 삼대 안에 정승이 난단 말이야.[124)]

부친의 간곡한 부탁으로 아들은 목을 우물에 넣었으나, 부친에 대한 불효를 고민하던 아들이 모친에게 사실대로 말한다. 모친의 폭로 때문에 선풍옥골의 모습으로 말을 타려고 하던 부친은 실패하게 되었다. 이 전설

---

124) 『상주의 얼』, 304쪽.

은 부친의 목을 우물에 넣어 새로운 인물로 재생하려 했으나, 아들이 약속을 어겨서 실패하였다. 실패의 원인은 모친을 배제한 아버지의 가부장적 사고와 부친의 유언을 지키지 못한 아들의 경솔함 때문이다.

<덕산샘 속의 장수>는 우물 명당에서 장수가 출현하는 이야기이다.[125] 부친은 남의 묘와 집터만 잡아주다가 죽게 되었는데, 아들은 명풍수인 부친에게 묘 터를 정해달라고 하였다. 부친은 아내를 내보낸 뒤에 자신이 죽으면 머리를 우물에 넣고 3년간 모자간에 다투지 말라고 당부했다. 아들은 부친의 유언을 실천했으나, 3년이 못되어 모자가 서로 다투었다. 그때 경솔한 여자가 "아버지 목 끊어 동네 식수에 넣었다"고 하여 사람들이 우물의 물을 퍼내었다. 이 때문에 부친은 장수가 되어 말을 타려던 순간에 실패한다. 이것은 우물 명당과 장수 이야기가 통합되어 있어서 지역민의 영웅출현에 대한 의식을 보여준다.

이렇게 <수명당 우물>은 정승처럼 훌륭한 인물의 탄생을 기원한다면, <덕산샘 속의 장수>는 민중을 구제할 영웅의 출현을 기원하고 있다. 두 설화는 동일하게 부친의 목을 어머니 몰래 우물에 넣었지만, 부친의 유언을 지키지 못하여 실패하였다. 여기서 어머니는 집안에서조차 소외된 인물로 등장한다. 부부간임에도 불구하고 남편은 아내에 대한 믿음이 부족하여 아들에게만 비밀을 알려준다. 이런 전설의 밑바탕에는 어머니가 남의 식구라는 인식이 깔려있다. 따라서 부친이 기원한 정승이나 장수는 출현하지도 못하고 실패하였다.

<연화부수열과 갈마음수>[126]에는 상주 대갓집 명산이 모두 공검에 있음을 보여준다. 진주 정씨 정우복 선생의 묘가 연화부수혈(蓮花浮水

---

125) 앞의 책, 7-8권, 685~688쪽.
126) 앞의 책, 7-8권, 385~386쪽.

穴)에 있고, 상주 조씨의 시조 가교선생의 묘가 갈마음수(渴馬飮水)에 있다. <허기재 전설>은 동래 정씨가 중을 구해준 덕분에 갑장산의 명당에 무덤자리를 잡았다. <진양 정씨와 묘 터>는 진양 정씨가 곤경에 처한 여인을 구해준 보답으로 명당에 조상의 무덤을 만들어 훌륭한 인물이 출현한 것이다.[127]

<갑장산과 묘 터>는 명당자리에 개인의 묘를 쓰면 가뭄이 들고 그 묘를 파내면 비가 내리는 기우제와 연관되어 있다.[128] 갑장산 용지는 용이 하늘에서 구름을 타고 비를 뿌리고 쉬는 곳이다. 이곳에 개인의 이익을 위해서 남몰래 묘를 쓰면 가뭄이 들어서 주민들이 용지터의 묘를 파냈다. 빈 널로 위장된 묘를 파서 갑장산 말뚝바위 아래로 던지면 비가 내린다. 이처럼 가뭄은 천재지변이 아니라 개인의 이익을 위해서 몹쓸 행동을 한 인재라는 인식이 투영되어 있다. 심지어 가뭄으로 농사를 짓지 못하면 명당에 묘를 쓴 사람을 처벌해야 한다는 의식도 존재한다.

<국사봉과 이여송>은 이여송이 국사봉의 거석을 파괴하고 공갈못의 지킴이를 잡아먹는 이야기이다.[129] 임진왜란 때 조선에서는 명나라에 청병하러 갔는데 이여송이 조선의 산천을 둘러보다가 말발굽이 붙어 국사봉 할매의 거석을 파괴했다. 그리고 형제가 알성급제한 사실을 듣고 위기의식을 느낀 이여송이 공갈못의 혈을 자르고 지킴이를 잡아먹었다. 그런데 <산천 혈 지른 이여송>에서는 이여송이 백두산 조부모 산소의 혈을 자르는 어리석음을 보여준다.[130] 이러한 단혈설화는 이여송

127) 앞의 책, 7-8권, 36~39쪽.
128) 앞의 책, 7-8권, 136~139쪽.
129) 앞의 책, 7-8권, 279~280쪽.
130) 앞의 책, 7-8권, 382쪽.

에 대한 지역민의 부정적 의식을 보여준다.

<판서가 난 명당>은 시집간 딸이 친정 부친의 무덤을 차지하는 이야기이다.[131] 친정 부친이 죽어 정승, 판서가 나오는 곳에 묘를 조성한다는 말을 엿들은 딸은 그곳에 밤새 물을 부었다. 물이 나는 곳에 부친을 묻을 수 없어서 다른 곳에 매장했다. 그런데 시부모가 세상을 떠나자 자신이 차지한 명당에 묘를 써서 낳은 아들 3형제는 정승과 판서가 되었다. 이 설화는 시집간 딸은 친정보다 시가의 번창을 위해서 노력하는 모습을 뚜렷이 보여준다.

이밖에도 무덤을 잘 잡은 덕분에 소원을 성취하는 <묘자리 잘 써 부자된 권씨>, <묘 터 잘 봐 부자된 머슴>, <묘 잘 써 부자된 숯구이 총각>, <묘 자리 잘 써 장가든 총각> 등이 있다. 이러한 풍수설화는 가난한 사람이 명당에 무덤을 만들어 부자가 되거나 장가를 드는 내용이다. 상대적으로 신분이 낮은 머슴이나 숯구이 총각들도 부자가 되고 싶은 희망을 풍수를 통해서 담아내고 있다.

상주지역의 풍수담은 갑장산, 조공제, 허기재, 물명당 등과 같이 지역성이 반영되어 있다. 그 중에서도 물명당의 우물에서 훌륭한 인물이나 영웅으로 재생하려던 부친의 실패담은 주목된다. 왜냐하면 아내를 남으로 생각하는 남편의 가부장적 세계관에서 비롯하기 때문이다. 물명당은 타 지역에서는 찾아보기 어려운 민중영웅의 출현을 기대하고 있다. 이밖에도 이여송의 단혈에 대한 부정, 친정 부친의 묘 터를 빼앗은 딸, 상주지역의 유명한 명문가의 무덤이 모두 명당에 있는 것과 같이 다양한 유형이 분포하고 있다. 다만 <친구 아들 명 이어준 조양래>, <상주

131) 앞의 책, 7-8권, 387~388쪽.

점장이 조양래> 등에는 인간의 미래에 대한 궁금증을 해소하기 위해서 점쟁이를 찾아가고 있다.[132] 여기에 등장하는 조양래는 상주지역 출신이라는 지역성을 내포하고 있는 것이다.

4) 효열담과 유교윤리의 강조

구비설화 중에서 효열담이 가장 풍부하게 전승되면서도 다양한 변이를 보여준다. 가족관계에서 발생하는 효성담은 조선시대 정표 정책과 맞물려 재창조되면서 압도적인 비중을 차지하고 있다. 여성의 정절을 강조하는 열녀담은 며느리의 의무로 강조하고 있다. 이러한 효열담은 상주지역의 유교윤리를 강조하는 데 공헌한 것으로 보인다. 부모에게 효성을 다하는 이야기는 <김일과 그 딸의 효녀각>과 <강원의 효자각>이 대표적인 사례이다.

<김일과 그 딸의 효녀각>에서는 부친의 충성과 그 딸의 효성을 보여준다.[133] 김일과 장씨 부인 사이에 무남독녀로 출생한 김씨 처녀는 부모님을 지성으로 봉양했다. 부친 김일은 임진왜란이 발생하여 상주성이 함락되자, 향리의 병졸을 모아 북계에서 싸우다 전사하였다. 이때 처녀 김씨는 부친의 전사소식을 듣고 시신을 수습하러 갔다. 3일 만에 부친의 시신을 찾았으나 안타깝게도 왜적에게 어머니마저 죽음을 당한다. 그럼에도 불구하고 처녀는 부모의 시신을 수습하여 몸종인 영환과 함께 30여 리를 걸어서 고향인 장천 옥산에 안장하였다. 이러한 전쟁 속에서도 처녀 김씨는 부모의 시신을 수습하여 안장하는 효성을 보여주었다.

132) 앞의 책, 7-8권, 671~672쪽.
133) 『상주의 얼』, 238~239쪽.

<강원의 효자각>은 상주읍 양촌2리 마을 입구에 있는데, 6형제 중 막내로 출생한 강원은 일찍 부친을 여의고 어머니를 지극히 모셨다. 강원은 병든 어머니를 위해서 자기 손가락을 잘라 피를 입에 흘려주었고, 낙동강에서 얼음을 깨어 잉어를 잡아 봉양했다. 어머니가 세상을 떠나자, 산소에서 3년간 시묘를 했는데 큰 호랑이가 밤마다 찾아와 그를 보호해주었다. 강원의 효성이 알려져 조선후기 정조는 그를 효자로 포상하고 통훈랑 공조좌랑의 벼슬을 내린다. 이렇게 효자들을 포상하고 벼슬을 내리는 제도는 조선후기 유교윤리의 강화와 맞물려 있다.

<청상리 유효자>는 부친이 여름철에 땀흘려 일하기 때문에 아들도 열심히 일을 하였다. <유발의 효자각>은 유발이 계모의 학대에도 불구하고 효도를 다하고 아버지의 상을 당하여 3년간 시묘하였다. 두 설화는 병석에 누워있는 부친과 계모를 위해서 낙동강에 가서 잉어를 잡아온다. 그런데 독수리와 소리개가 잉어를 채어가서 효자들은 슬퍼했으나, 집에 와서보니 잉어가 있어서 부친과 계모의 병을 구했다. 특히 유발은 계모의 학대를 참으며 효성으로 봉양했다는 점이 주목된다.

<무양동의 충효각>은 한 집안에 충신과 3명의 효자가 나왔음을 보여준다.[134] 이삼억은 학문과 덕행이 높았으며 이인좌의 난을 진압하는데 큰 공을 세워 충신으로 봉해졌다. 그의 증손 정하는 효성이 지극하여 호랑이에게 받은 해송자로 어머니의 병을 고치고, 어머니가 세상을 떠났을 때는 신선이 무덤을 잡아주었다. 그의 현손 복운의 부인 연안 차씨는 남편을 여의고 40년간 수절하며 시부모를 효성으로 봉양했다. 그의 종질 경대는 순조 때 효성이 뛰어나 사람들을 감동시켰다. 따라서 충신

134) 『상주의 얼』, 242쪽.

의 집안에서 효자가 나온다는 사실로 보아 충효는 구분할 수 없는 유교적 덕목임을 뚜렷이 보여준다.

이밖에도 <김회복의 효자각>은 귀중한 약을 구하여 어머니의 병을 낫게 했고, <류 효자각>은 추운 겨울에 대추를 구하여 아버지의 병을 구완했다. <박선각의 효자문>은 아버지의 약을 구하러 간 사이에 집에 불이 났다. 아들은 아버지를 구하려고 불길에 뛰어들었다가 부자가 모두 희생되었다. <주현원의 효자각>의 주현원은 10년간 아버지의 병구완을 하고 세상을 떠났을 때는 3년간 시묘했으며, <홍씨 구해 봉양한 효자>는 홍시를 구해서 부모의 병을 낫게 하였다. 이와 같이 상주지역에는 효자에 대한 이야기가 많이 전승되고 있다.

한편 열녀에 대한 이야기는 상대적으로 빈약한 형편이다. <광주 김씨의 열녀각>은 상주 청리면에 있는데, 남편이 죽은 지 18일 만에 남편의 뒤를 따라갔다고 한다. 세상 사람들이 그녀를 열부라고 부르고 열녀각을 세웠다. 그리고 <최길주의 부인 남원 양씨를 기리는 절부시>의 남원 양씨는 친정 부모의 개가권장을 거절하고 시부모를 봉양하였다. 양씨는 결혼하여 남편의 불치병을 고치기 위해서 온갖 노력을 다했으나 남편은 세상을 떠났다. 과부가 된 양씨는 시부모와 딸을 돌봐야 하기 때문에 자결하지는 못했지만, 두 남편을 섬기지 않는다는 부도를 지킨 열녀이다.

이상에서 상주지역은 열녀담보다 효성담이 풍부하게 전승되고 있다. 효성담에 등장하지 않지만 <효부 만든 시아버지>는 불효부를 시아버지가 효부로 탈바꿈시키고 있다. 이러한 불효부를 효부로 만든 시부모의 유형은 경북지역에 압도적으로 존재한다.[135] 며느리의 불효를 시부모가 깨우쳐주는 것은 효성을 강조했던 지역의 분위기를 반영한 것으로 보인다. 따라서 지역의 효열담은 유교윤리를 강조했던 조선후기 사회적 상황과 일맥상통한다고 하겠다.

5) 신분제의 동요와 신분상승 의식

<박문수와 짚신 파는 총각>은 어사 박문수가 백성들을 잘 살도록 만들어준다. <박문수의 백정 동생>은 신분이 천한 백정 형제가 살았는데 형이 "박문수가 우리 형님이다"라고 하여 사람을 속였다. 박문수가 그를 잡아서 까닭을 물어보니, 양반이 되는 게 소원이라고 하였다. 그래서 어사 박문수는 돈을 주어 벼슬을 시켜 부자가 되게 해주었다. 그런데 백정 동생이 "박문수는 우리 형님이다" 했을 때는 동생을 꾸짖었다. 이것은 신분제 사회에서 고통을 당한 백정이 얼마나 양반을 동경했는지를 보여준다. 백정은 암행어사 박문수를 통해서 자신의 신분적 한계를 극복하려고 하였다.

<살인 방치한 박문수>는 올바른 어사의 역할을 하지 못하는 모습을 보여준다.[136] 박문수가 쫓기는 아이를 숨겨주었으나, 칼로 위협하는 장사에게 아이가 숨은 곳을 알려준다. 그 장사는 양반 집의 혈손인 아이를 죽이고 양반 행세를 하면서 살았다. 이 설화는 신분이 낮은 장사가 양반의 자손을 죽여서 신분을 상승하는 내용이다. 장사의 신분을 알고 있는 양반만 제거한다면 양반으로 행세할 수 있기 때문이다.

이상의 설화들은 박문수 이야기와 과거급제담을 구분해서 논의할 필

135) 손문숙, 「<불효부 효부 만들기> 설화의 유형별 구조와 의미」, 『동남어문논집』 15집(동남어문학회, 2002), 149쪽. 『한국구비문학대계』에 등장하는 구비설화를 분석한 결과 총 7편 중에서 5편이 경북지역에 전승되고 있다.

136) 앞의 책, 7-8권, 731~733쪽.

요가 있다. <박문수와 백정 동생>, <살인 방치한 박문수>는 박문수를 통해서 신분상승 의지를 보여준다. 전자는 백정이 양반으로 신분을 상승하기를 원하고, 후자는 장사꾼이 양반이 되기를 원한다. 이러한 신분상승 의식은 암행어사 박문수를 통해서 실현되고 있다는 점이 주목된다. 박문수는 신분차별을 허물고 평등한 신분을 가질 수 있도록 도와주지는 않는다. 다만 신분제도의 문제점을 인식한 인물로 나타날 뿐 그것을 적극적으로 개혁하는 인물은 아니다.

한편 <가산 잃고 종 찾아간 양반>, <가산 잃고 종 찾아간 양반(2)>는 가난한 양반이 예전에 자신의 노비가 부자라고 하여 찾아가는 이야기이다.137) 몰락한 양반이 노비를 찾아가면 자신의 신분이 드러나기 때문에 노비는 양반과 대립하게 된다. 전자의 상전이 종의 집에 찾아갔는데 노비는 자신의 근본이 드러날 것을 염려하여 상전을 죽이려 하였다. 그런데 총각이 호랑이를 잡은 상전을 알아보아 노비는 상전을 대접하였다. 후자는 양반이 종을 찾아가 잘 대접받았으나 지하실에 감금되었다. 이렇게 노비는 찾아온 상전을 살해하거나 감금하려는 대결의식을 보인다.

조선후기 사회변화에 능동적으로 대처한 노비와 기존의 신분제도를 고수한 양반의 대결은 첨예하였다. 양반의 경제적 원천은 노비들의 희생으로 이룩된 것임을 보여준다. 주인 양반이 도망친 노비를 찾는 것은 신분제의 붕괴가 진행되고 있는 사회상을 반영한다. 그런데 주인 양반은 자신의 몰락을 당대의 사회상에서 찾기보다는 도망친 노비에게 돌리고 있다는 점이 주목된다. 도망친 노비를 찾으러 가는 양반의 이야기를

137) 앞의 책, 7-8권, 976~979쪽. 980~981쪽.

정리하면 다음과 같다.[138]

(가) 주인이 몰락하자 노비들이 도망하다

(나) 주인이 도망노비를 추쇄하러 가다

(다) 반노들이 주인 살해음모를 꾸미다

(라) 주인이 어떤 방법으로든 위기를 모면하다

(마) 주인이 추노에 성공하거나 실패하다

이러한 기존의 신분제도를 강요하는 양반과 새로운 신분질서를 구축하려는 노비들의 대립은 치열할 수밖에 없다. 특히 『한국구비문학대계』에 등장하는 추노계 설화의 전반적 분포를 검토하면 지역적 성격을 이해하는 데 도움이 된다. 전국에 분포하는 24개의 추노계 설화 중에서 절반 정도인 12개가 영남지역에 분포하고 있다. 그 중에서도 경북지역에만 무려 9편의 추노설화가 분포하고 있다.[139] 이런 점에서 대구・경북의 지역민들은 주인양반의 추노과정에 상당한 관심을 보이고 있다. 다른 지역에 비하여 양반과 노비의 신분관계를 유지하려는 의식이 뚜렷이 남아있다. 따라서 대구・경북지역 주민들은 새로운 신분변화에 대한 부정을 통한 기존의 신분질서를 고수하려는 모습을 뚜렷이 보여준다.

138) 정준식, 『추노계 소설의 형성과 전개』 (세종출판사, 2004), 68쪽.

139) 대구, 경북에 분포하는 『한국구비문학대계』자료는 7-8권 <가산잃고 종 찾아간 양반>, <가산잃고 종 찾아간 양반2>, 7-1권 <종을 찾아간 망한 집의 아들>, 7-10권 <상전을 죽인 종과 상전의 아들>, <원수가 된 종의 아들>, 7-18권 <처남 죽이려다 여동생 죽인 하인>, 7-11권 <종놈의 배신을 수단으로 모면한 주인>, 7-9권 <종의 딸과 결혼한 곽진사 아들>, 7-13권 <현풍 곽진사 이야기> 등 총 9편이 존재한다.

4. 맺음말

상주지역은 일찍부터 교통이 발달했기 때문에 전설보다 민담의 비중이 높은 편이다. 민담은 자아와 세계의 대결에서 자아가 승리한다. 자아가 세계보다 우위에 있기 때문에 행복결말로 귀결되게 마련이다. 민담에는 삶의 무게를 슬기롭게 극복했던 지역주민들의 낭만적인 생활방식이 담겨있다. 지역주민들은 민담을 통해서 자신들의 욕구를 마음껏 풀어낸 것으로 보인다. 그럼에도 불구하고 지역적 성격이 뚜렷한 전설을 중요한 자료로 활용해야 한다. 이렇게 지역의 전설은 증거물과 연관되면서 지역주민들의 욕망과 의식을 내포하고 있다.

상주지역의 설화는 역사인물의 영웅화를 강조하고 있다. 인물전설의 영웅화는 자신의 고통을 해결할 영웅의 출현을 기원한 민중의식에서 비롯되었다. 이러한 민중영웅의 대표적인 인물이 후백제왕 견훤과 임란 때 활약한 정기룡 장군이다. 견훤은 상주에서 출생하여 후백제를 건국한 영웅이고, 정기룡은 의병장으로 활약한 구국영웅이다. 특히 비범한 능력을 가지고 출생한 견훤은 후삼국의 쟁탈전에서 왕건에게 패배하여 역사의 뒤안길로 사라졌다. 지역주민들은 견훤을 지렁이 자손으로 폄하하기보다는 영웅으로 인식하였다. 역사인물의 영웅화에는 아기장수 전설의 용마 모티프를 결합하여 민중영웅의 활약을 기원하였다.

상주지역은 농업과 관련된 지명유래가 풍부하게 남아있다. 이것은 상주의 지리적 위치와 자연환경을 반영한 것으로 보인다. 논농사를 짓기 위해서는 풍부한 농업용수를 확보하는 것이 무엇보다 중요하다. 그래서 낙동강 유역에 넓은 평야와 크고 작은 저수지와 보가 발달하였다. 가뭄이 들면 아무리 농업용수를 확보해도 농사에 지장을 주기 마련이다. 인간의 능력으로 해결할 수 없는 가뭄이 찾아오면 갑장산이나 북장사 괘불에서 기우제를 지냈다. 이렇게 상주지역에 전승되는 지명유래는 대부분 농사와 연관된 지역적 특성을 내포하고 있다.

풍수담은 척박한 생활을 윤택하게 해주는 이상향을 보여준다. 상주지역의 풍수담은 신분을 초월하여 누구나 명당에 무덤을 만들어 부자가 되는 소망을 반영하고 있다. 명당에 무덤을 잡으면 부귀공명을 성취할 수 있지만, 아내를 배제한 물명당에서 재생을 기원했던 부친은 실패하게 된다. 개인이나 가문의 욕망을 성취하는 풍수담은 훌륭한 인물의 출생과 부귀공명을 추구하였다. 이러한 상주지역의 풍수담에는 지역민의 욕망이 뚜렷이 반영되어 있다.

효열담은 상주지역에 비교적 풍부하게 전승되고 있지만, 효성담에 비하여 열녀담은 상대적으로 빈약한 실정이다. 조선후기 유교윤리가 지방에 파급되면서 효열의식이 규범으로 정착된 것으로 보인다. 효성을 다한 사람은 효자로 표창을 받을 뿐만 아니라 벼슬까지도 얻게 되었다. 이러한 효성담은 유교윤리의 강화와 더불어 영원히 변치 않는 인간의 도리로 인식되었다.

상주지역에는 과거급제에 대한 관심이 타 지역보다 빈약한 형편이다. 대신 신분제의 동요를 막으려는 주민들의 보수적인 의식이 드러난다. 신분제 사회가 붕괴되면서 하층 노비가 부자가 되고, 상층 양반은 몰락의 길을 걷게 되었다. 몰락한 양반이 도망 노비를 찾으러 갔음에도 불구하고 노비는 주인 양반을 감금하거나 죽이려 하였다. 이것은 노비의 신분상승 욕구를 뚜렷이 보여준다. 그런데 주인 양반들은 도망 노비를 인정하지 않고 추노과정을 통해서 신분제 사회의 고수를 주장하고 있다.

이상에서 상주지역에 전설보다 민담의 비율이 높은 것은 교통이 발달한 지역의 특성을 반영한 것으로 보인다. 일찍부터 영남대로와 낙동강을 이용한 수로가 발달하여, 인근의 안동, 문경, 구미 등의 설화가 자연스럽게 유입되었다. 민담의 비중이 높은 것은 지역성을 내포한 전설을 대신하여 민담의 유포가 왕성했기 때문이다. 그럼에도 지역성을 반영한 전설과 민담의 주제별 양상을 분석한 결과 신분제의 동요와 신분상승 의식을 담고 있는 추노설화가 주목된다. 추노설화는 도망친 노비를 찾아가는 양반의 행적을 통해서 하층민의 신분상승을 부정한다. 결국 상주지역의 주민들은 신분제의 동요를 부정하고 추노과정을 긍정하는 보수적인 성향을 나타내고 있다.

Ⅳ. 경주지역 설화의 양상과 의미

1. 머리말

경주지역에는 신화, 전설, 민담 등과 같이 다양한 설화가 구비 전승되고 있다. 경주에 존재하는 신화는 박혁거세, 김알지, 석탈해 등이고, 전설은 역사 인물의 활약이나 지역의 증거물과 연관된 내용이 다수를 차지하고 있다. 경주지역의 민담은 건달형 인물의 재치와 해학이 드러나는 정만서 이야기가 주목된다. 다른 곳에서 민담으로 전승되는 정만서 이야기가 경주에서는 증거물을 갖춘 전설의 성격을 보여준다. 이렇게 지역에는 설화의 다양한 갈래가 공존하고 있을 뿐만 아니라 민담의 전설적 성격도 보여주고 있다.

이러한 경주지역의 설화에 대한 자료조사와 연구는 단편적으로 진행되었다. 지역의 신화는 일찍부터 연구되었음에도 불구하고 전설과 민담 연구는 상대적으로 소홀한 실정이다. 경주지역의 설화에 대한 자료조사가 제대로 진행되지 않았기 때문으로 보인다. 경주 설화를 연구하기 위해서는 자료조사가 체계적으로 진행되어야 한다. 지금까지 경주에 구비 전승되고 있는 설화에 대한 체계적인 조사는 한국정신문화연구원에서 실시하였다.[140] 경주의 자치단체에서 조사, 발간한 자료는 문헌자료의

140) 조동일, 『한국구비문학대계』 7-1권(한국정신문화연구원, 1980). 조동일 · 임재해, 『한국구비문학대계』 7-2권, 7-3권(한국정신문화연구원, 1980).

영향을 벗어나지 못하고 있는 실정이다.[141)]

경주지역에는 역사인물의 영웅적 구국활동을 강조하고 있는 인물전설이 상당수 존재하고 있다. 삼국통일의 위업을 달성했던 김유신 장군과 호국용으로 동해에 수장된 문무왕, 형산강을 꼬리로 친 김부대왕, 동학을 창도한 최제우 등이 주목된다. 지명 및 사찰유래담은 박제상 부인과 연관된 망부석과 영지, 성덕대왕 신종, 사천왕사, 분황사 등과 같이 신라의 역사와 연관된 내용이 다수를 차지하고 있다. 효성담은 『삼국유사』에 수록된 효자 손순을 비롯하여 후대로 내려오면서 다양한 양상을 보인다. 특히 경주 칠교는 효와 불효에 대한 논쟁이 발생하기도 한다. 풍수담은 하층민이 풍수를 활용하여 상층민에게 복수하는 내용이 주목된다. 그리고 박문수의 사건해결 능력을 강조하는 내용과 건달형 인물의 재치와 해학을 보여준 설화가 상당수 존재하고 있다.

여기서는 경주지역에 존재하는 설화의 양상과 의미를 분석하여 지역적 특성을 밝히고자 한다. 먼저 경주지역의 개관과 설화의 전반적 현황을 검토한 뒤에 설화의 주제별 양상과 의미를 살펴볼 것이다. 특히 경주에 존재하는 전설과 지역적 성격이 뚜렷이 드러나는 민담을 분석하는 과정에서 경주 설화의 지역적 변모와 특징이 드러날 것으로 기대한다.

2. 경주지역의 개관과 설화의 현황

1) 경주지역의 개관

경주지역은 태백산맥 남부의 침식분지 중심에 위치하여 중앙에 진산

141) 『신라의 얼』 (월성군, 1982).

인 낭산이 동서로 뻗어있고 동서남북 사방으로 토함산, 선도산, 남산, 명활산 등의 구릉성 산지가 둘러싸고 있다. 형산강의 상류인 인천이 대천, 남천을 합류하여 북쪽으로 흐르다가 명활산에서 흘러온 북천과 합류하여 형산강의 본류를 이룬다. 기후는 내륙분지의 특성상 기온차가 심한 편이다. 이러한 자연 지리적 환경은 경주지역민의 생활방식에 지대한 영향을 미치고 있다.

경주지역은 신라 천년의 도읍지로서 문화유산이 많은 역사도시이다. 신라는 사로 6촌장이 박혁거세를 왕으로 추대하면서 국가의 체계를 갖추어 나갔고 기림왕 10년(307)에 국호를 신라로 부르기 시작하다가 지증왕 4년(503)에 신라로 확정되었다. 이렇게 신라는 삼국 중에서 가장 늦게 고대국가의 기틀을 다졌으나, 낙동강과 한강 유역으로 영토를 확장하면서 삼국통일의 위업을 달성하였다. 그러나 신라 후기에는 귀족세력의 왕위쟁탈전으로 국력은 급격히 쇠퇴하여, 927년 후백제 견훤의 침략을 받아 사실상 패망하였다.

신라의 마지막 경순왕이 고려 왕건에 귀부함으로써 천년 왕국은 역사의 뒤안길로 사라졌다. 그 덕분에 고려의 문벌귀족에는 경주 출신이 많았고, 무신집권기에는 신라부흥을 위한 난이 일어나기도 했다. 고려 태조 18년(935)에 경주로 개칭하고 충렬왕 34년에는 계림부로 변경되었다. 조선시대 『세종실록』지리지에 따르면 경주의 호수는 1,552호, 인구는 5,894명으로 나타난다. 『호구총수』에 따르면 1789년(정조 13)의 경주부는 16개면에 269개의 마을을 포용한 대읍이었다.

2) 설화의 전반적 현황

경주지역의 설화는 신라와 연관된 내용이 가장 풍부하게 전승되고 있다. 신라 천년의 도읍지 경주에 신라와 관련된 설화가 많이 존재하는 것은 당연한 현상이라 생각된다. 지역에 존재하는 설화는 역사인물의 영웅적 구국활동, 지명 및 사찰유래담, 풍수담에 나타난 하층민의 복수담, 백성의 고통을 해결해준 박문수 이야기, 효성담에 나타난 효·불효의 논쟁, 건달형 인물의 재치와 해학 등이 있다. 이러한 경주지역의 설화는 신라 역사에 기록된 자료를 바탕으로 재구연한 특징을 보여준다.

역사인물의 영웅적 구국활동을 보여준 인물은 삼국통일의 명장 김유신, 호국용으로 동해를 지킨 문무왕, 물에 잠긴 경주를 구한 김부대왕, 동학을 창도한 최제우 등이다. 삼국통일의 위업을 달성한 김유신에 관한 전설은 <단석산의 상인암>, <단석산과 신선사>, <김유신과 단석사>, <김유신의 신검> 등이 있다. 호국용으로 동해를 지킨 문무왕 전설은 <이견대>, <대왕암과 감은사>, <문무왕의 수중릉과 득천> 등이 존재하고, 김부대왕 전설은 <형산강을 친 김부대왕>, <용이 된 김부대왕> 등에 잘 나타난다. 동학의 교조 최제우 전설은 <수운선생 내력>, <외와공의 도술>, <수운선생의 죽음>, <과거에 실패한 근암공> 등에 담겨있다.

지명 및 사찰유래담은 남편을 기다리던 박제상 아내의 죽음을 다룬 <망부석>, <치술령>, <박제상 부인과 망부석> 등과 불국사 석가탑 창건과 연관된 <영지>, <아사달 부인이 빠져죽은 영지> 등이 있다. 신라 시조 박혁거세 신화의 배경지인 <박혁거세의 탄생지 나정>과 성덕대왕의 명복을 기원하기 위해서 제조한 <성덕대왕 신종>, 사찰유래가 담긴 <월명사와 사천왕사>, <분황사> 등을 비롯한 수많은 사찰창건과 연관된 전설이 존재하고 있다. 그 중에서도 <호원사지>, <호랑이 처녀의 죽음>은『삼국유사』소재 <김현감호>와 유사하다. 이러한 지명 및 사찰유래담은 신라시대와 연관된 내용이 단연 압도적이다.

효성담은 부모를 위해 효성을 다한 손순에게 보상이 내려지는 <효자손순>과 모친을 위해서 아들이 다리를 놓아준 <효 불효교, 경주 칠교>가 주목된다. 경주지역의 효성담은 손순의 효성에서 비롯되어 후대로 갈수록 확대되고 경주 칠교에서는 효와 불효에 대한 논쟁이 발생하기도 한다. 이러한 효성담은 경주지역민의 관심을 뚜렷이 반영한 것으로 보인다.

경주지역에 존재하는 풍수담은 접빈객을 꺼리다가 패망한 경우와 하층민이 풍수를 활용하여 상층을 복수하는 경우가 주목된다. 접빈객을 꺼리다가 패망한 전설은 <깔침>, <손바위>, <큰골의 장흥사> 등이다. 하층민이 신분관계의 불만이나 억울한 사건을 풍수를 통해서 복수한 <상전에게 복수한 성지>, <월성 이씨가 망한 내력>, <용두지의 유래> 등이 주목된다. 이밖에도 명풍수 남사고의 패망을 보여준 <남사고의 실수>, <후손 없는 풍수 남사고>와 <칠삭만에 해산한 며느리와 서투른 풍수>, <이여송이 혈 자른 곳> 등도 존재한다.

박문수의 사건해결 능력을 강조한 설화는 <어사 박문수의 과거급제>, < 살인한 중과 박문수>, <박문수와 우복동의 반란> 등이 있다. 이러한 설화는 박문수의 과거급제를 강조하는 것이 아니라 문제해결을 강조한 관리자의 모습을 보여준다. 그리고 건달형 인물 정만서의 재치와 해학을 보여준 <정만서 이야기>, <정만서와 거문고>, <닭을 학이라고 산 정만서>, <정만서와 서만서>, <일본 순사를 골린 정만서> 등이 있다. 정만서는 월성군 서면에서 출생하여 일제강점기 말엽까지 살았다. 그는 말을 빨리 하거나 재치 있게 사용하여 다른 사람을 웃기는 재능을 가졌다. 정만서의 행동에는 근심과 걱정은 조금도 나타나지 않는다. 이러한 정만서의 모습은 당시의 가난한 백성들의 우상이 되기에 충분했을 것이다.

3. 경주지역 설화의 양상과 의미

1) 역사인물의 영웅적 구국활동

경주지역에는 삼국통일의 명장 김유신과 호국룡으로 동해를 지키는 문무왕, 물에 잠긴 경주를 구한 김부대왕, 동학을 창립한 최제우 등과 같은 역사적 인물전설이 존재한다.[142] 그 중에서 조선후기 백성을 구제하기 위해 민중종교를 창시한 최제우를 제외한다면 모두 신라의 역사와 연관된 인물이다. 삼국 중에서 가장 늦게 고대국가의 기틀을 다진 신라가 삼국을 통일할 수 있었던 까닭은 김유신과 같은 명장이 있었기 때문이다. 삼국통일의 주역인 김유신은 왕릉에 버금가는 무덤과 신하로서 받을 수 없는 흥무왕이란 칭호를 받는다. 이 때문에 지역주민들은 삼국통일에 기여한 김유신의 공적을 풍부하게 전승하고 있다.

김유신은 삼국통일의 위업을 달성하기 위해서 단석산에 들어가 화랑과 함께 무술연마를 하였다. <단석산의 상인암>, <단석산과 신선사>, <김유신과 단석산>, <김유신 장군의 신검> 등에는 삼국통일을 기원한 김유신의 포부와 수련이 나타난다.[143] 김유신은 어린 시절 노인에게 비법을 전수 받고 15세에 화랑이 되어 건천읍 단석산에 들어가 수도하였다. 단석

142) 조동일, 『인물전설의 의미와 기능』(영남대 민족문화연구소, 1979).
143) 『신라의 얼』, 앞의 책, 7-3권.

김유신이 수련한 단석산 신선사 마애불

산 신선사에서 삼국통일의 위업을 달성할 수 있도록 천지신명께 기원한 김유신은 하늘에서 받은 보검과 노인에게 배운 비법을 연마하여 큰 바위를 쪼개었다. 이것은 김유신이 삼국통일을 이룩하기 위한 발판을 어떻게 마련했는지 보여준다.

그런데 <김유신 장군의 신검>은 삼국통일 과정에서 신라 김유신의 위협을 느낀 백제의 모습이 등장하고 있다. 김유신이 단석산 주변의 작원에서 군사훈련을 실시했는데 대장기 위에 까치가 앉아 있었다. 그 까치는 백제왕의 딸이 변신하여 김유신의 훈련모습을 염탐한 것이다. 까치로 변신한 백제왕의 딸이 신라 김유신 장군의 군사훈련을 염탐하다가 죽임을 당한다.

> 변신해가 거 와 가주고, 직 아배가 하다 걱정을 해 놓이, 백제 왕이 인자, 백제 칠 때그덩, 칠 때라 놓이, 백제왕이.[144]

위와 같이 백제왕이 김유신의 침공을 걱정하여 그 딸이 까치로 변신해 염탐하였다. 신라 김유신 장군은 군사훈련을 염탐하던 까치를 죽임으로써 백제의 정보망을 무력화하였다. 부왕의 근심을 덜어주기 위해서 까치

144) 앞의 책, 7-3권, 492쪽.

로 변신해 김유신의 군사훈련을 염탐한 딸의 행위는 충효로 볼 수 있다. 이 때문에 김유신은 군사훈련을 염탐하던 백제왕의 딸을 죽였으나, 작원을 지어 그 여인의 원혼을 풀어준다. 이러한 김유신과 연관된 전설은 <천관사지와 김유신>, <재매정>에서도 잘 드러난다.[145] <재매정>은 경주 교동 남천의 북쪽 기슭에 있는 김유신 장군의 우물이다. 김유신은 전쟁터로 떠나면서 집에 들르지도 않고 재매정의 물만 마시고 떠났다. 이것은 전쟁터로 향하던 김유신 장군의 투철한 국가관을 보여준다.

<천관사지와 김유신>에는 김유신과 천관녀의 비극적인 사랑이야기가 등장한다. 화랑시절에 김유신은 천관녀의 집에 자주 드나들었으나, 어머니에게 꾸지람을 듣고 발걸음을 끊어버렸다. 삼국통일의 위업을 달성한 뒤에 김유신은 자신을 사랑했던 천관녀의 명복을 빌기 위해서 사찰을 창건하였다. 그리고 <김유신 이야기>에는 김유신의 수련, 기생과 만남, 보검과 용마 얻기, 선도산 성모의 꿈, 무열왕과 만남, 삼국통일 등과 연관된 김유신의 일대기가 등장한다.[146] 이렇게 김유신의 인물됨과 삼국통일의 영웅적 모습을 부각하고 있다.

문무왕과 관련된 이야기는 주로 동해안의 대왕암과 이견대, 감은사와 연관되어 있다. <이견대>는 문무왕이 호국룡으로 변하여 승천하는 장면을 신문왕이 지켜보았던 곳이다.[147] 문무왕은 죽어서도 왜적을 막으려고 수장을 하라고 당부했으며, 아들인 신문왕이 부왕을 위해서 감은사를 지었다. <대왕암 앞바다에 빠진 감은사의 종 (1), (2)>, <대왕암과 감은사>와 <문무왕의 수중릉과 득천> 등은 왜적이 감은사 대종을 훔쳐가다가

---

145) 『신라의 얼』.
146) 앞의 책, 7-3권.
147) 앞의 책, 7-2권.

문무왕릉 주변에 빠뜨린다.148) 왜냐하면 동해바다를 지키던 문무왕이 천둥과 벼락을 치거나 회오리바람을 일으켜 파선시켰기 때문이다. 대왕암에 빠진 종은 파도칠 때마다 종소리를 울린다고 한다.

> 우리가 쪼매는 때에 저 물 건내러 가며 나무를 가(가지고) 쾅쾅카며 인경 소리가 쪼매끔씩 울린데이.149)

위와 같이 주민들은 어릴 때 동해에서 감은사 대종의 소리를 실제로 들었다고 주장하고 있다. 지역주민들은 왜적이 감은사 대종을 훔쳐간 것이 아니라 문무왕이 수장된 대왕암 주변에 빠져 있다고 생각한다. <문무왕의 수중릉과 득천>에는 감은사의 종을 훔쳐가던 왜적에게 만파식적을 불어 파선하는 내용이 등장한다. 이렇게 문무왕은 왜적을 막기 위해 동해의 12섬을 쳐서 없애버리는 활동을 통해서 호국룡의 기능을 수행하고 있다.

호국룡이 되어 신라를 지킨 문무왕의 수중릉

---

148) 앞의 책, 7-2권.
149) 앞의 책, 7-2권, 647쪽.

김부대왕은 자신을 용이라고 부른 아기의 도움으로 승천한다. <형산강을 친 김부대왕>, <유기미들과 용의 득천>, <유금이들의 내력> 등에는 김부대왕이 자신의 승천을 도와준 아기를 위해서 꼬리로 형산강을 쳤는데 새로운 들판이 생겼다.[150] 이러한 내용은 <유기미들과 용의 득천>에 구체적으로 등장한다. 할머니 등에 업힌 꼬마가 승천하던 용을 보고 구렁이가 아니라 용이라고 하였다. 꼬마가 "할매 용봐래이. 용봐래이"라고 하여 김부대왕은 승천하게 되었다. 그 보답으로 김부대왕은 가뭄을 해갈시켜줄 비를 내려주거나 용의 꼬리를 쳐서 들판을 선물한다. 유금이들은 승천을 도와준 꼬마의 이름이 '유금'이기에 부쳐진 명칭이다.

그런데 <김부대황이 용이 된 이야기>, <용이 된 김부대왕>은 용의 승천과 더불어 경주에 보답하는 내용이 나타난다.[151] 형산강이 막혀 포항이 아닌 울산으로 물이 빠졌다. 죽어서 용이 된 김부대왕은 물길을 포항 쪽으로 내어 경주에 가득한 물이 빠진다. 또는 김부대왕이 안강의 양살매기를 끊었기 때문에 경주에 물이 빠져 천 년 도읍이 되었다. 이렇게 김부대왕은 형산강 유역의 경주와 안강지역을 연결하여, 신라 발전의 기반을 마련하였다.

동학교조 수운 최제우는 현곡면 가정리 용담정에서 출생하여 득도한 뒤에 결국 그곳에 묻혔다. <수운 선생 이야기, 용추, 용마>, <수운 선생 내력>에는 수운 선생의 변신술과 이인적 성격이 등장한다.[152] 전자는 수운 선생이 용담정 골짜기에서 용마를 타고 다녔는데 일제시대 왜놈이 어린 최복술을 잡으려 했음에도 변신술이 뛰어나서 실패한다. 후

150) 앞의 책, 7-2권, 7-3권.
151) 앞의 책, 7-3권.
152) 앞의 책, 7-1권.

자는 수운 선생이 파리나 모기로 변신해서 도망치는 내용이 등장한다. 이러한 수운 선생의 도술은 <외와공의 도술>, <최산림의 도술>에서도 나타난다.[153] 외와공 최산림은 수운 선생과 삼종간인데 독학하여 깨달음을 얻었다. 그래서 대구 감사에게 수운 선생을 신원시켜 달라고 소장을 올렸다.

<수운 선생의 내력>은 수운 선생이 서자로 출생한 내용을 담고 있다. 수운 선생의 부친 근암공이 용담정에서 건천의 과부와 동침하여 수운을 낳았다. 부친 근암공이 수운 선생을 서자라고 하였는데, 적서차별로 인해 동학란을 일으킨 수운은 처형되어 직계 후손이 아직도 숨어살고 있다고 했다. 근암공이 공부를 하다가 잠깐 졸았는데 이상한 꿈을 꾸었다.

> 하늘에 달이 둥둥 떠가주고, 땅이 내리오디 자기 앞에 들와요.[154]

위와 같이 신비한 꿈은 비범한 인물의 탄생을 알려준다. 마침 경주시 서면 금척에 살고 있던 청주 한씨도 근암공과 똑같은 꿈을 꾸었다. 한씨가 용담정에서 공부하던 근암공을 찾아가 동침해서 낳은 아들이 바로 수운이다. 수운은 서자로 출생하여 방황하다가 용담정에서 공부해 득도하고 용마를 타고 날아다녔다. <수운 선생의 행적>은 수운 선생의 출생, 적서차별, 득도, 죽음 등의 일대기를 요약하여 보여준다.[155] 수운 선생이 한씨 부인의 서자로 태어나서 부친 근암공은 양자를 들여서 제사

---

153) 앞의 책, 7-1권. 조동일은 『동학성립과 이야기』(홍성사, 1981)와 『민중영웅 이야기』(문예출판사. 1992), 110~264쪽에서 최제우의 득도와 민중의 이야기를 상세하게 논의하였다.

154) 앞의 책, 7-1권, 297쪽.

155) 앞의 책 7-1권.

를 받들었다. 수운은 혈손이라도 서자이기에 양자가 봉제사를 하는 데 참여하지도 못하였다. 이러한 적서차별의 신분적 한계를 타파하기 위해서 수운은 동학을 창시하였다.

수운 최제우 선생이 득도한 용담정

수운은 하늘의 천서로 용담정에서 득도했음에도 소인들의 참소로 죽임을 당하였다. <수운 선생의 도술과 기백>, <수운 선생의 죽음>에는 수운 선생이 역모로 죽임을 당하였으나, 아무리 목을 쳐도 죽지 않는 이변이 발생한다. 한울님께 기도를 올린 수운은 청수를 마신 뒤에 비로소 죽었다. 이렇게 <수운 선생의 죽음>에는 수운 선생의 이인적 모습이 구체적으로 나타난다. 수운 선생은 천도를 받아 풍운조화의 힘이 있었기 때문에 대구 감옥에서 수운의 목을 쳤으나 죽지 않았다.

청수 한 그륵 묘세가 오라고, 청성 들예가 청수 한 그륵 여 내 앞에 묘세놓고, 이래 칼을 치이까네.[156]

위와 같이 기존의 방법으로는 수운을 죽일 수가 없었다. 급기야 죽임을 당할 수운에게 죽는 방법을 물어보고 있다. 이러한 대목에서 수운 선생의 이인적 모습을 반영하고 있다. 수운은 반역을 일으킨 것이 아니라 백성들의 어려움을 해결하기 위해서 동학을 창도한 것이다. 민중구제를 위해서 동학을 창도했기 때문에 최제우는 역모 죄로 죽임을 당하지 않았다. 그래서 수운은 하늘에 기도를 올린 뒤에 스스로 죽음을 택하여 자신의 결백을 보여준다.

이상에서 경주지역의 전설은 역사 인물의 영웅적 활동을 보여주고 있다. 삼국통일의 위업을 달성한 김유신은 단석산에서 수련한 영웅적 인물이지만, 억울한 여인의 혼을 위로하기 위해서 사찰을 짓고 명복을 빌어주는 아량을 보여준다. 문무왕은 죽어서 호국룡이 되어 동해를 지키는 충절을 보여주고 김부대왕은 형산강을 꼬리로 쳐서 경주에 가득찬 물을 빼내어 천년의 도읍이 되도록 하였다. 이러한 신라시대 역사 인물과 달리 조선후기 최제우는 백성들의 고통을 덜어주기 위해서 동학을 창도하여 새로운 세상을 추구하였다. 따라서 경주지역에 존재하는 역사 인물전설은 영웅적 구국활동을 뚜렷이 보여준다.

2) 신라시대와 관련된 지명과 사찰유래담

박제상은 신라왕의 아우를 구하기 위해서 고구려와 왜에 들어간 충

156) 앞의 책, 7-1권, 303~304쪽.

신이다. <망부석>, <박제상의 충성과 그 부인의 망부석>에는 박제상이 고구려와 왜에 잡혀있는 신라 눌지왕의 아들을 본국으로 돌려보냈다.[157] 그런데 안타깝게도 박제상은 왜왕에게 잡혀 회유와 협박을 거절하고 죽음을 선택한다. 이러한 남편을 기다리던 부인이 돌로 굳어져 망부석이 되었고, 치술령에 사당을 세워 그녀의 넋을 위로하였다.

<치술령>, <박제상 부인과 치술령>은 박제상의 아내가 남편을 기다리다가 바위에서 떨어져 죽었는데 새가 되어 날아간다. 그래서 외동면 석계2리의 지명이 '비조'이다. <박제상 부인과 치술령>에는 박제상이 석계리에 살았는데, 결혼한 뒤에 아기도 없이 일본에 가서 돌아오지 않았다. 그의 부인은 치술령 꼭대기에서 일본 대마도로 떠난 남편을 그리워하였다. 박제상 부인은 비둘기를 잡아서 남편에게 소식을 전하려고 하다가 바위에서 떨어져 죽었다.

> 삐들키야 삐들키야, 이 삐둘키야 너는 저 대마도로 날아가면 우리 낭군 보건마는, 나는 언제 참 저 대마도를 가가주고 우리 군다를 만내볼꼬? ……자기 댁내가 거서 내 집 말라서 죽었는데, 어째 그치(그렇게까지) 사람이 무정키 댁내를 냉정하게 그래 해주노.[158]

위와 같이 박제상 부인은 하늘을 자유롭게 날아다니는 비둘기와 치술령에서 남편을 기다리는 자신의 심정을 비교하여 슬픈 심정을 담아낸다. 이렇게 남편에 대한 간절한 그리움은 비둘기를 통해서 전해지고 있다. 부인의 죽음을 전하는 비둘기는 아내에 대한 박제상의 무정함을 비판하였

157) 『신라의 얼』.
158) 앞의 책, 7-2권, 284~285쪽.

다. 이것은 남성이 일본 대마도로 간 정치적 사실은 생략한 반면에 부인의 그리움만 강조하고 있다. 여성 제보자 허수선(여, 68)은 남편에 대한 부인의 그리움을 강조하면서, 남편이 떠난 구체적인 사연에 대해서는 생략하였다.

<치술령과 박제상 부인>, <박제상 부인과 망부석>은 박제상 부인이 치술령에서 떨어져 새가 되었음을 보여준다.[159] <치술령과 박제상 부인>에는 무안 박씨인 박제상이 대마도에 검은 구름이 끼면 '자신의 죽음'이라고 알려주고 떠났다. 아내는 대마도에 검은 구름이 덮이는 모습을 보고 치술령에서 자결하였으나, 새가 되어 비조재의 은을암에 숨었다. 은을암은 박제상의 부인이 새가 되어 숨었다고 해서 붙여진 이름이다.

남성 제보자 임철순(남, 80)은 아내에게 남편의 생사를 알 수 있는 징조를 첨가하였다. 이것은 아내에 대한 남편의 무정함을 벗어나 최소한의 도리를 실천했음을 보여준다. 그러나 <박제상 부인과 망부석>에는 남성 제보자 임문혁(남, 68)이 확실하지 않은 전설에 대해서 언급하기를 꺼린다. 신라 때 박제상 부인이 치술령에서 떨어져 새가 되었다는 내용을 언급하면서 "그런 시시한 말 그뿐이고"라고 단정한다. 이런 점에서 남성 제보자는 남편을 기다리던 부인의 심정을 다소 가볍게 생각하고 있다.

<영지>와 <아사달 부인이 빠져 죽은 영지>, <오누이의 절 짓기와 못 막기 시합>에는 석가탑 조성과 관련한 아사달과 아사녀의 애달픈 사랑이 스며있다.[160] 전자는 부부간의 비극적 사랑을 보여준다면, 후자는 오누이의 경쟁담을 내포하고 있다. <아사달 부인이 빠져 죽은 영지>에는 오누이가 절 짓기와 영지 파기 시합을 하였다. 아사녀는 불국사를 건축하던 아사달을 찾아왔으나, 만나지 못하고 영지에서 기다린다. 그곳

159) 앞의 책, 7-2권.
160) 『신라의 얼』. 앞의 책, 7-2권.

아사달과 아사녀의 애달픈 사랑이 스며있는 영지

에 그림자가 비춰져 아사녀는 못에 들어가 죽어서 미륵이 되었다.

이러한 오누이의 경쟁담은 <오누이의 절 짓기와 못 막기 시합>에서도 드러난다. 불국사와 영지 창건에 얽힌 오누이의 시합에서 누이가 못을 막고 남동생이 절을 짓기로 하였다. 그런데 누이가 천천히 못을 막아 연못에 탑이 비춰지면서 미륵이 되었다. 이것은 석가탑과 영지에 얽힌 아사달과 아사녀 부부의 슬픈 이야기가 오누이 경쟁담으로 변모되었다.

<성덕대왕 신종>, <봉덕사 종>은 성덕왕의 명복을 빌기 위해서 경덕왕이 주조했으나 종이 쉽게 파손되었다.[161] 그래서 혜공왕 때 어린 아이를 넣어서 종을 만들었는데 아기의 울음소리가 들려서 에밀레종이라 부른다.

161) 『신라의 얼』, 앞의 책 7-2권.

이러한 내용은 <봉덕사 종>에 구체적으로 등장한다. 봉덕사에 종을 만들려고 중이 가난한 집에 시주를 갔는데, 어머니가 "쌀이 줄끼 있어야지, 우리 봉덕이는 주마나 줄까 아무것도 줄 꺼 없다."[162] 라고 하였다. 종소리가 나지 않아서 봉덕이를 넣어 종을 만들었으므로 '에밀레'라는 슬픈 종소리가 난다고 한다. 여성 제보자 허수선(68)은 종소리의 신비함보다는 어머니 때문에 아기가 죽었음을 비판하고 있다.

<호국룡과 원성왕>, <죽현릉>은 신라를 괴롭힌 당나라와 이서국에 대한 방어를 보여준다.[163] 전자는 원성왕 때 당나라 사신이 동지와 청지, 분황사 팔각정의 용을 잡아가서 가뭄과 서리가 내렸다. 그래서 왕이 사신을 뒤쫓아가 호국룡을 되찾아 우물에 넣었다. 연못과 분황사 팔각정에 살고 있는 용을 당나라 사신이 잡아갔으므로 신라에는 자연재해가 생긴 것이다. 이러한 용 숭배신앙은 신라의 화랑이나 승려 등과 같은 훌륭한 인물을 상징적으로 보여준다. 후자는 청도지역의 이서국이 신라를 침략하였을 때 투구 양 옆에 대나무 잎을 꽂은 군사들이 방어하였다. 유례왕은 적을 물리친 죽엽군을 찾았으나, 투구에 꽂은 댓잎은 미추왕릉 기슭에 있었다. 비로소 전대 미추왕의 영혼이 군사로 환생하여 위기를 막았기에 미추왕릉을 '죽현릉'이라 한다.

이밖에도 <선도산 신모>, <선도산 성모>는 중국 황제의 딸 사소가 신선의 술법을 배워 선도산 성모가 되었고, <사금갑 전설을 간직한 서출지>에는 소지왕과 사금갑 이야기에 등장하는 노인이 왕의 목숨을 구해주기 위해 봉투를 보낸 곳이며, <박혁거세의 탄생지 나정>은 신라 시조인 박혁거세가 탄생한 '나정'에 대한 유래를 담고 있다.[164] 이러한

162) 앞의 책, 7-2권, 299쪽.
163) 『신라의 얼』.

신라시대와 연관된 전설은 역사적 사실에 기초하고 있다.

경주지역에는 타 지역에 비하여 사찰창건에 관한 유래가 많이 전해지고 있다. 신라 불교문화권의 핵심에 놓여있기에 사찰의 창건은 국가의 흥망성쇠를 대변하고 있기도 하다. 신라의 왕실과 유명한 승려, 화랑들도 모두 사찰과 깊은 관련을 보여준다. <월명사와 사천왕사>, <사천왕사>는 불심으로 당나라 군사를 물리치기 위해 문무왕 19년(679) 낭산 기슭에 사천왕사를 창건하였다.[165] 삼국통일의 위업을 달성한 신라는 당나라 군사가 철수하지 않아서 다시 전쟁에 돌입하였다. 당나라의 공격에 대비하여 신라에서는 사천왕사를 창건하여 불심으로 퇴치하였다. 그 덕분에 당나라 군사는 신라에 상륙하기 전에 풍랑으로 자멸했다. 이러한 사천왕사에 주석했던 월명사는 도솔가와 제망매가를 지었던 작가로 유명하다.

당군을 막기 위해 창건한 사천왕사지에는 제망매가를 지었던 월명사가 주석하기도 했으나 지금은 폐사되어 을씨년스럽다.

164) 『신라의 얼』.
165) 『신라의 얼』.

김시습이 금오신화를 써서 감춰둔 용장사지

<황룡사>, <흥륜사지>, <분황사>, <용장사지> 등은 신라불교를 대표하는 사찰관련 이야기를 담고 있다.[166] <황룡사>는 진흥왕 때 대궐 터를 닦는데 황룡이 나와서 그곳에 절을 세웠고, <흥륜사지>는 경주시 사정리에 세워진 신라 최초의 사찰이다. 미추왕 때 아도가 왕녀의 병을 고쳐주었는데 그 은혜에 보답하기 위해서 천경림에 흥륜사를 창건하였다. <분황사>는 원효와 자장이 머물던 유서 깊은 고찰이다. 문무왕 때 원효스님의 독창적 불교를 해동종이라 부르는데 다른 말로 분황종이라 할 만큼 분황사와 원효대사의 인연은 깊다. 분황사는 희명과 그의 어린 아이가 천수관음 앞에서 향가를 외우던 곳일 뿐만 아니라 광덕과 엄장의 왕생극락 이야기가 전하고 있다. <용장사지>는 조선초기 매월당 김시습이 금오신화를 창작한 유서 깊은 곳이다.

<호원사지>, <호암사의 유래>, <호랑이 처녀의 죽음>은『삼국유사』에 수록된 <김현감호>의 내용과 유사하다.[167] <호랑이 처녀의 죽

166)『신라의 얼』.
167)『신라의 얼』, 앞의 책, 7-3권.

음>에는 월성 숲에서 경비하던 청년이 달빛이 훤한 날에 여인을 만나 그녀의 집으로 갔다. 오빠가 사람 냄새가 난다고 했으나 무사히 넘겼다. 호랑이 처녀는 경주에 호랑이가 나타나면 몽둥이로 자신을 잡아서 이득을 보라고 한다. 청년은 경주에 나타난 호랑이를 잡아서 화랑이 되었으나, 호랑이 처녀의 원혼을 달래기 위해서 '호원사'를 창건하였다. 그런데 <호랑이 처녀의 죽음>은 『삼국유사』 소재 <김현감호>에 등장하는 여성의 비극적 죽음이 생략되었다. 이것은 남성 제보자 오기생(남, 73)에 의해서 변모된 대목으로 보인다. 남성 제보자는 기록문헌을 보고 구연하는 과정에서 남성의 세계관을 은연중에 반영한 것으로 보인다.

이상에서 경주지역에 전승되고 있는 지명과 사찰유래담은 신라 불교문화의 진수를 보여준다. 지명과 사찰유래전설은 지역주민의 외세배격과 호국불교의 정신을 보여줄 뿐만 아니라 은혜에 대한 보답을 보여준다. 이러한 지명과 사찰유래담은 신라시대에 대한 지속적인 관심을 보여주고 있다. 따라서 기록문헌인 『삼국사기』와 『삼국유사』의 내용과 지명 및 사찰유래전설의 유사성을 보여준다. 경주에 구비 전승되고 있는 전설은 신라시대와 연관된 역사적 사실에 초점이 놓여있다.

3) 풍수담을 활용한 하층민의 복수

경주지역의 풍수담은 접빈객을 꺼리다가 패망한 경우와 풍수를 활용한 복수담, 풍수로 유명한 남사고와 성지에 대한 이야기, 임진왜란 때 명나라 장군 이여송의 단혈 등이 있다. 그 중에서도 신분적 주종관계에 있는 하층민이 풍수를 활용하여 상층에 복수하는 대목은 주목된다. 그런데 경주지역에는 타 지역에서 전승되고 있는 친정 부친의 무덤을 빼앗은 딸의 이야기는 등장하지 않는다.

지역민들은 풍수의 대가인 남사고를 인정하면서도 너무 좋은 명당을 찾다가 실패한 것으로 인식하고 있다. 부모의 산소를 명당에 잡으려고 자주 이장하다 실패한 <남사고의 실수>, <후손 없는 풍수 남사고>는 남사고를 부정적인 시각으로 바라보고 있다.[168] 전자는 남사고가 부모 산소를 비룡천형에 모셨는데 구천십장에 썼다고 공중에서 말한다. 후자는 남사고가 조상의 무덤을 자주 이장하여 명당에 잡았으나, 그곳은 후손이 없는 자리였다. 이렇게 남사고는 남의 무덤을 잡아주는 긍정적인 모습과 자기 조상의 무덤을 정하지 못하는 부정적인 모습을 동시에 보여준다.

이러한 남사고에 대한 긍정과 부정의 시각은 <남사고>에도 그대로 나타난다.[169] 여기에는 남사고가 조상의 무덤을 찾다가 실패하는 내용과 국가의 위기를 극복하는 성공담이 동시에 등장한다. 남사고는 부모의 무덤을 명당에 잡기 위한 지나친 욕심 때문에 실패하였다. 그런데 신하의 반역을 예견한 공으로 남사고는 국가적 영웅으로 인정을 받는다. 남성 제보자 최춘원(남, 75)은 국가에서 내린 남사고의 벼슬을 통해서, 역적을 진압하는 데 이바지한 남사고의 충성을 강조한다. 이렇게 풍수의 대가 남사고는 양면적 성격을 보여주지만, 남성 제보자는 국가적 충성을 강조하는 긍정적 시각을 보여준다.

<성지와 남사고 이야기>는 성지와 남사고가 풍수로 유명하여 풍수 대결을 펼치기도 한다.[170] <풍수 성지 이야기>는 성지가 무덤을 명당에 잡아준 뒤에 다시 방문해 보니 상주가 패망했다. 성지는 자신의 실수

---

168) 앞의 책, 7-1권, 7-2권.
169) 앞의 책, 7-3권.
170) 앞의 책, 7-3권.

인 줄 알고 패철을 부수려고 했다.

> 쇠 뿌우지 마라, 그 묻친 사람이 살인자다. 사람 직인(죽인) 사람이다. 뿌우지 마라(부수지 마라). 남우 지악을(죄악을) 하고는 미터가(묘터가) 좋은 데 안나온다.[171)]

위와 같이 풍수의 실수가 아니라 무덤의 주인이 죄를 지었기 때문에 패망한 것이다. 성지는 무덤을 명당에 잡아주었지만, 그곳에 묻힌 사람의 죄악 여부는 고려하지 않았기 때문이다. 이것은 아무리 좋은 명당에 묻혀도 생전에 죄를 지으면 효과가 없다는 점을 분명히 보여준다. 풍수가 잡아준 명당에 묻히는 것보다 생전에 선행을 쌓아야 복을 받을 수 있다는 의식이 드러난다.

접빈객은 조선시대 유교윤리의 강화와 맞물리면서 경주지역에 영향을 미쳤던 것으로 생각된다. 이러한 접빈객을 꺼리다가 패망한 전설은 <깔침>, <까막드미>, <손바위>, <큰골의 장흥사>, <산봉우리 끊어 망한 이야기> 등이 있다. 접빈객의 고통을 해소하기 위해서 집안의 여성이 자연을 훼손하여 패망한다.[172)] <깔침>은 서면 운대리 죽박골에 살았던 곽씨가 명당에 집터를 마련한 뒤부터, 곽씨 집에는 많은 손님이 찾아와서 부인의 불평이 높아졌다. 곽씨 아내는 손님을 막기 위해서 집 앞의 고개를 깎아버렸다. 이 때문에 곽씨의 집안은 패망한다. <까막드미>와 <손바위>는 양북면 용동리의 까막드미 바위와 강동면 오금리에 손님 바위를 자르거나 땅에 묻어서 패망한다. 접빈객에 싫증이 난

---

171) 앞의 책, 7-3권, 282쪽.
172) 『신라의 얼』, 492쪽. 앞의 책, 7-3권.

부인은 손님이 찾아오지 않는 방법을 물었다.

> 까막드미의 까마귀 머리를 자르십시오. 그러면 소원대로 손님의 그림자도 오지 않으리다.[173]

위와 같이 부인이 까마귀 머리를 잘랐을 때 그곳에서 불길이 솟아 논밭을 태우는 재앙이 발생한다. <손바위>는 가난한 사람이 풍수의 말에 따라 고인돌 앞에 조상의 묘를 썼다. 그 덕분에 부자가 되었으나, 손님 접대에 지친 아내가 남편에게 불평하였다. 부인이 고인돌을 땅에 묻자마자 재앙으로 패망하였다. <산봉우리 끊어 망한 이야기>는 앞산에 큰 봉우리를 낮춰서 패망한다. <깔침>은 집터를 명당에 잡는 양택풍수로 인하여 부귀영화를 누린다면, 나머지는 무덤과 연관된 음택풍수로 부자가 되었다. 결국 부귀영화를 누리던 집안이 접빈객의 고통으로 산봉우리의 혈을 자르거나 훼손하여 패망한다.

그런데 <큰골의 장흥사>는 접빈객의 어려움을 사찰의 흥망과 연결시키고 있다.[174] 장흥사를 감싸고 있는 산맥의 왼쪽은 청룡, 오른쪽은 백호라고 한다. 산맥의 삼각봉은 백호의 머리가 되고 나태고개는 목에 해당한다. 여기에 위치한 장흥사는 시주가 많이 들어왔음에도 불구하고 주지는 과객들이 쌀을 축내는 것을 싫어하여, 손님이 오지 못하게 하는 방법을 물었다. 도승의 말대로 백호에 해당하는 산맥을 끊고 나태고개를 팠더니, 그곳에서 붉은 피가 흘러 절은 패망한다. 이러한 풍수설화는 집안과 사찰의 흥망성쇠를 결정할 만큼 막강한 힘을 발휘한다. 부귀한

173) 『신라의 얼』, 492쪽.
174) 『신라의 얼』.

집이나 사찰에서도 접빈객의 괴로움을 슬기롭게 극복하기는커녕 풍수에 의지해 해결하려다가 실패한다.

신분관계의 불만이나 억울한 사건을 풍수를 통해서 복수하는 내용은 주목된다. <상전에게 복수한 성지>, <창마을이 생긴 유래>, <월성 이씨가 망한 내력> 등에는 풍수를 활용하여 신분관계의 불만을 해소하고 있다.[175] <상전에게 복수한 성지>는 풍수의 대가인 성지가 상전에게 복수하려고 지리를 공부하였고, <창마을이 생긴 유래>와 <월성 이씨가 망한 내력>은 노비가 신분관계의 불만을 해소하기 위해서 풍수를 활용하고 있다. <창마을이 생긴 유래>는 권세 있는 월성 이씨 집에서 출생한 노비가 도망친다면, <월성 이씨가 망한 내력>은 월성 이씨에게 죽임을 당한 계집종의 아들이 복수한다. 도망친 노비들은 풍수를 공부하여 부귀영화를 누릴 수 있는 명당에 이장할 것을 요청하였다. 월성 이씨는 용두못을 만들거나 다른 곳으로 이장하여 패망한다. 이러한 풍수담은 신분이 낮은 노비가 풍수를 활용하여 양반에게 복수하는 통쾌함을 보여준다.

<용두지 유래>, <젖 끊긴 여종과 아들의 복수>에도 풍수를 통한 신분관계의 복수가 등장한다.[176] <용두지 유래>는 동네 양반들이 하인을 홀대하여 그 자식이 풍수로 복수한다. 하인의 자식이 월성 이씨 집성촌에 못을 막으면 부자가 된다는 거짓말을 퍼뜨린다. 부자가 되려는 욕심 때문에 월성 이씨는 못을 막다가 패망한다. <젖 끊긴 여종과 아들의 복수>는 월성 이씨의 선조가 노비를 심하게 부려서 죽었는데, 노비의 아들이 풍수로 복수하였다. 풍수가 된 노비의 아들은 월성 이씨의 무덤을 용골에 이장하여 패망하게 하였다. 이러한 양반과 노비의 신분갈등에서

175) 앞의 책, 7-3권.
176) 앞의 책, 7-3권.

발생한 억울함을 자식이 풍수를 통해서 복수한다는 점은 주목된다.

이상에서 경주지역민들은 다양한 욕망을 풍수설화를 통해서 담아내고 있다. 풍수의 대가인 남사고는 조상의 산소를 명당에 잡으려다 실패하는 부정적 모습과 반역을 예견하는 긍정적 모습을 동시에 보여준다. 지역의 풍수담은 인간의 욕심을 충족시키기 위해서 풍수를 활용했음에도 불구하고 집안이 패망하는 모습을 보여준다. 접빈객의 고통을 벗어나기 위해서 혈을 훼손한 경우는 어김없이 집안의 패망으로 연결된다. 특히 신분적 주종관계에 있는 하층민들이 상층의 횡포와 불합리에 대항하여 풍수를 활용해 복수하였다. 지역민들은 신분제도에서 파생하는 모순과 하층민의 억울함을 해결하기 위해서 풍수를 적극적으로 활용하였다.

4) 암행어사 박문수의 사건해결 강조

박문수는 과거에 급제해 암행어사가 되어 백성들의 고통과 억울함을 풀어주는 역할을 수행한다. <어사 박문수의 과거급제>와 <살인한 중과 박문수> 등에는 과거에 급제한 박문수가 암행어사로 부임하여 살인사건을 해결하고 있다.[177] 전자는 살인사건을 목격한 박문수가 급제하여 암행어사가 되어 며느리와 간통한 남자의 사건을 해결한다면, 후자는 박문수가 처녀의 신랑을 죽인 범인을 검거하여 가족의 억울함을 해결해준다. 이렇게 암행어사 박문수는 살인이나 간통사건을 해결하여 백성들의 억울함을 풀어준다.

<박문수와 죽은 정승>에는 박문수가 정승의 후계에 대한 비밀을 밝힌다.[178] 박문수가 초상난 정승 집에 문상을 갔다. 그곳에서 음식을 대접

177) 앞의 책, 7-1권, 7-3권.

받는데 패랭이 쓴 사람이 자기 밥이라고 빼앗아 먹었다. 정승의 아들로 하여금 모친에게 사연을 알아보게 하였더니, 예전에 정승이 아기를 놓지 못하여 백정의 씨를 빌려 아들을 낳았다고 말한다. 이것은 자식을 얻지 못한 정승이 편법으로 아들을 얻었으나, 나중에 가문을 계승할 친아들을 낳았다는 것을 보여준다. 이 때문에 백정의 아들은 패랭이를 쓰고 숨어 살아야 하는 안타까운 사건이 발생하였다. 박문수는 이러한 남아선호와 가문계승의 중요성이 신분에 관계없이 발생하고 있음을 보여준다.

<박문수와 우복동의 반란>에서는 박문수가 양반과 노비들의 신분 관계를 지속시키려는 입장을 보여준다.[179] 우복동에 간 박문수는 노비들이 주인과 그 아들을 죽이려는 사실을 알고 꾸짖는다. 노비들은 자신들의 신분해방을 위하여 적극적으로 투쟁하였다. 노비문서를 가진 주인 양반과 아들을 죽이면 노비들은 자유롭게 활동할 수 있었다. 그런데 박문수는 노비들의 반란을 비판하면서 다시 주인집의 노비로 살도록 처결한다. 박문수는 이러한 노비의 신분제도를 인정하는 기존의 체제를 수호하려는 의식을 뚜렷이 보여준다.

이밖에도 <박문수의 무주 구천동 순행>, <박문수와 무주 구천동 초씨>는 박문수가 임금의 사위로 있다가 팔도 어사로 제수되어 전라도로 갔다.[180] 박문수는 구가와 천가가 살고 있는 구천동에서 사건을 해결해 준다. <박문수의 두 순행 이야기>에서 박문수는 자신을 도와준 여자와 의형제를 맺고, <박문수와 찾아온 아들>에는 박문수의 아들이 아버지를 찾아가는 이야기가 등장한다.

---

178) 앞의 책, 7-3권.
179) 앞의 책, 7-3권.
180) 앞의 책, 7-2권.

이상에서 경주지역에 전승되고 있는 박문수는 살인사건이나 억울한 일을 해결해주는 인물로 등장한다. 특히 암행어사 박문수는 자부를 간통하고 살해했다는 누명을 쓴 시아버지의 억울함을 풀어준다. 이렇게 박문수는 백성들의 억울한 사건을 해결하여 기존의 체제를 지속시키고 있다. <박문수와 우복동의 반란>에서는 노비들의 신분해방을 방지하는 박문수의 체제수호적 성격을 드러난다. 경주지역의 박문수 이야기에는 과거급제를 통한 관직 진출의식은 거의 나타나지 않는다. 다만 암행어사 박문수의 사건해결과 인물의 체제수호적 성격에 초점을 맞추고 있다.

5) 효성담에 나타난 효・불효의 논쟁

경주지역의 효성담은 문헌기록에 등장하는 효자 손순, 어머니를 위해서 놓아준 다리에 대한 효와 불효에 대한 논쟁, 효자가 출현한 마을의 명칭 변경 등과 같이 다양하다. 이렇게 보면 경주지역에 나타난 효성담은 삼국시대부터 조선시대를 거쳐 현재까지 계승되고 있는 것이다. 손순의 효성담은 경주지역에 집중적으로 분포하는 것으로 보아 지역적 성격을 담아내고 있다. 이러한 손순매아 설화의 현장성과 전승 상황에 대한 고찰은 검토된 바가 있다.[181)]

<하늘도 감동한 손순의 효성>, <효자 손순>에는 부모를 위해 효성을 다했던 손순에게 하늘의 보상이 내려진다.[182)] 현곡면 남사동에서 살았던 손순은 늙은 모친의 음식을 곁에서 빼앗아 먹는 아들을 땅에 매장하려다가 석종을 발견하였다. 부부가 종을 걸어놓고 두드렸더니 흥덕왕이 사정을

181) 임재해, 「손순매아설화의 현장성과 전승상황」, 『민족설화의 논리와 의식』 (지식산업사, 1992), 389~414쪽.

182) 『신라의 얼』, 앞의 책, 7-1권, 325~327쪽.

알고 손순의 효성을 칭찬하며 쌀과 집을 주었다. 그래서 손순의 효성은 나라의 본보기가 되었고 그곳에 홍효사를 창건하였다. <효자 손순>에는 손순이 양동 월성 손씨의 시조로 구체화되어 나타난다. 월성 손씨 문중에서는 손순의 효성을 기념하기 위해서 비석을 만들기도 하였다.

이러한 손순의 효성담은 『삼국유사』, 『명심보감』 등의 문헌에 등장하고 있어서 문헌기록과 구비전승에 대한 비교 연구가 필요하다. 경주에 전승되고 있는 손순의 효성담은 문헌의 기록과 거의 일치하기 때문에 문헌기록을 보고 구비 전승했을 가능성이 높다. 그런데 예천지역에는 도시복의 효성담이 다수 분포한다면, 경주와 인접한 지역에는 손순의 효성담이 다수 전승되고 있다. 이것은 효자의 출생과 활동 지역에 따라서 효성담의 분포와 영향관계가 성립되었음을 보여준다.

효자 손순의 유허비

아들이 모친을 위해서 놓아준 다리는 <효 불효교, 경주 칠교>, <효 불효교>에 나타난다.[183] 옛날에 홀어머니가 7형제를 키웠는데 만년에 강 건너 사는 남자와 사랑에 빠졌다. 어머니는 장성한 아들이 눈치를 채지 못하도록 저녁에 가서

183) 앞의 책, 7-2권, 7-3권.

새벽에 돌아왔다. 이런 사실을 알게 된 7형제는 어머니를 위해서 다리를 놓아주었다. 세상 사람들은 아들이 어머니의 고생을 덜어주었으니 효도라고 했으나, 부친의 입장에서는 아들이 모친의 간통을 도와주었다고 해서 불효라고 규정하였다. 이 때문에 다리 이름을 효 불효교 혹은 7형제가 만들었다고 해서 칠성교라 부른다. 지역주민들은 경주시 인왕동에 있는 칠성교의 증거물을 통해서 효와 불효에 대한 논쟁을 지속하고 있다.

이밖에도 <효자동 유래>, <효동 전설>, <경주 효문동> 등에는 효자의 출현으로 마을 이름이 변경되었다.[184] <효자동 유래>는 안강에 살던 아들은 오뉴월에 어머니가 홍시를 먹고 싶어하여, 호랑이의 도움으로 누나 집에서 구해 봉양하였다. <효동 전설>은 아들이 부친의 등창을 입으로 빨아서 부친을 살린다. <경주 효문동>에는 두개공 최진간이 임란 때 가족과 함께 피난을 떠났으나, 왜놈들을 만나서 싸우다가 자결하였으므로 효자각을 세워준다. 이렇게 마을에 효자가 출현하면 효성과 연관된 지명유래가 파생되었다.

<김호 장군의 충절과 아들의 효성과 아내의 열녀>는 한 집안에서 충효열이 함께 나타난 경우이다.[185] 선조 3년(1570)에 무과 급제한 김호 장군은 왜적이 경주성을 함락했다는 소식을 들었다. 그는 의병을 모아 적의 보급로를 차단하고 노곡전투에서 왜적을 무찌르다 부상을 당하여 죽었다. 남편의 전사소식을 들은 부인 정씨는 자결하고 아들은 부모의 죽음을 통곡하다가 죽고 그의 아내도 자결한다. 이렇게 김호 장군 부부가 보여준 충열로 인하여 아들부부도 효열을 실천하였다. 그런데 <낳은 불효자와 얻은 효자>는 자식이 효자라도 남편보다 못하고, 자식이 좋아도

---

184) 앞의 책, 7-3권, 7-2권, 7-3권.
185) 『신라의 얼』.

악처보다 못하다는 내용을 담고 있어서 주목된다.[186] 이렇게 남성 제보자 이돈규(남, 65)는 자식의 효성보다 아내의 중요성을 강조하고 있다.

이상에서 경주지역의 대표적인 효성담은 『삼국유사』에 등장하는 효자 손순이다. 순손의 효성담은 경주지역에서 인근 지역으로 퍼져나간 것으로 보인다. 아들이 모친을 위해서 놓아준 다리를 통해서 효·불효에 대한 상반된 논쟁의 대상이 되고 있어서 주목된다. 또한 마을에 효자가 출현하면 효성과 연관된 지명으로 변경되기도 한다. 이렇게 효성담은 경주의 지역민들에게 일찍부터 자리매김되었으나, 칠성교를 통해서는 효와 불효에 대한 논쟁이 끊이지 않고 있다.

4. 경주지역 설화의 특징

1) 신라 전설의 역사적 성격 강조

경주지역 설화는 전대 기록문헌을 수용한 구비 전승화가 뚜렷이 나타난다. 특히 인물전설과 지명 및 사찰유래담에서 신라시대에 대한 관심을 보여준 결과 기록문학과 구비문학의 경계가 좁아졌다. 구비문학은 기록문학과 달리 지역민의 의식을 담아내야 함에도 불구하고 『삼국사기』와 『삼국유사』의 영향을 크게 벗어나지 못하고 있다.

경주지역의 설화들은 전체적으로 신라시대와 연관된 내용을 담고 있다. 인물전설과 지명 및 사찰유래담에서도 신라시대와 관련된 내용을 쉽게 찾아볼 수 있다. 삼국통일의 위업을 달성한 김유신 장군, 호국룡이 되어 동해를 지킨 문무왕, 경주에 가득한 물을 뺀 김부대왕 등이 있다.

186) 앞의 책, 7-3권.

지명과 사찰유래담은 신라문화에 대한 절대적 관심을 보여준다. 예컨대 박제상 부인과 연관된 치술령과 망부석, 효자 손순, 산악숭배와 여성숭배의 원천을 보여준 선도산 성모, 석가탑 조성과 연관된 영지, 성덕대왕 신종, 박혁거세가 출생한 나정, 사천왕사, 분황사, 호원사 등과 같은 것들이 있다.

이러한 인물전설과 지명 및 사찰유래는 지역성을 토대로 하기 때문에 신라문화와 연결되는 것은 당연한지도 모른다. 신라시대의 역사와 문화를 담고 있는 경주 설화는 다양하다. 그 중에서 역사적 인물 김유신에 대한 전설은 기록문학이나 구비문학의 차이점을 발견하기 어렵다. 이것은 삼국통일의 위업을 달성한 명장 김유신에 대한 절대적 섬김을 보여준다. 구비설화와 문헌설화의 차이가 별반 나타나지 않는다는 점은 역사 기술의 태도를 구비설화가 그대로 수용하고 있음을 반증한다.

그런데 박제상의 부인에 대한 전설은 문헌설화와 구비설화의 차이점이 뚜렷이 나타난다. 박제상은 고구려와 왜에 들어가서 신라 눌지왕의 아우를 구출했으나, 자신은 죽음을 당하는 충성을 보여준다. 『삼국사기』와 『삼국유사』 같은 전대문헌에서는 박제상의 충성을 강조하고 있다면, 구비설화에서는 박제상 부인의 절개를 강조하고 있다. 문헌설화에서는 박제상의 이야기를 부각하고 있지만 구비설화에서는 박제상의 부인이야기로 변모되었다. 경주지역에 존재하는 전설은 일반적인 남편 이야기와 부인이야기, 부인이야기로 확장된 특징을 보여준다.[187] 경남 울산과 양산에 존재하는 구비설화는 박제상의 이야기가 강하게 남아있다. 따라서 경주지역의 구비설화에는 남편을 기다리는 박제상 부인의 애절함이 묻어나고 있다.

---

187) 권영호, 「박제상 전승의 양상과 의미」, 『어문학』 75집(한국어문학회, 2002. 2), 79~90쪽.

이렇게 지역의 설화는 신라시대에 대한 상당한 관심에도 불구하고 다양하게 재창조되지 못한 한계를 보여준다. 역사적 인물전설을 대표하는 김유신과 지명 및 사찰유래전설은 전대문헌의 영향권에서 벗어나지 못하고 있다. 다만 박제상 부인의 전설은 전대문헌의 영향을 벗어나 새롭게 첨삭된 점이 주목된다. 이러한 경주지역의 설화는 전설의 역사적 성격을 뚜렷이 반영한 것으로 보인다.

2) 남녀 제보자에 따른 설화의 변모

설화는 담당층의 성격에 따라 다양하게 변모하게 마련이다. 제보자는 설화를 구연하는 이야기꾼인 동시에 새로운 내용을 첨삭하여 청중들의 의식을 반영한다. 남성과 여성은 동일한 설화를 구비 전승하면서도 나름대로 세계관을 투영하고 있다. 이러한 세계관은 경주지역에 존재하는 아기장수 전설을 바라보는 시각에서도 차이가 나타난다. <아기장수의 죽음>, <세준님의 애기 시절>은 아기장수가 출생하여 실패하는 내용을 담고 있다.[188] 전자는 비범한 능력을 가지고 출생한 아기장수가 가족들에 의해 살해된다면, 후자는 아기장수의 비극적 죽음을 생략하고 있다.

> 아이고, 어머이 할 수 없어 안 될씨더, 속에 불이 나 화닥저이 나가, 나는 여기 못 있다꼬.[189]

위와 같이 세준님은 부모의 만류를 듣지 않고 자신의 포부를 실현시키기

188) 앞의 책, 7-1권, 289쪽.
189) 앞의 책, 7-2권, 549쪽.

위해서 노력한다. 여성 제보자 허수선(여, 68)은 구연과정에서 아기장수의 비극적 죽음을 생략하였다. 여성 제보자가 사찰에 기원하여 아기장수를 얻었기에 죽임 대목이 생략된 것으로 보인다. 이렇게 여성 제보자는 불교적 입장에서 구비설화를 첨삭 및 변모하여 구술하고 있다.

그런데 아기장수의 어머니 때문에 실패하는 내용은 <어미는 남이다>, <애기 장수>에 나타난다. <어미는 남이다>는 아버지가 아내를 내보낸 뒤에, 자기의 목을 잘라 우물에 넣어달라고 아들에게 당부하였다. 이 소식을 엿들은 어머니는 아들의 다툼을 싫어하여 동네 사람들에게 사실대로 알린다. 동네 사람들과 함께 우물의 물을 펐을 때, 남편은 용이 되어 날개를 펴고 승천하려다가 죽는다.

> (차분하게) 그래 여자라 크는 거는 참 아거는 참 사물이고. (청중 : 그캐 어마인 남이라 캤다.) 그칠(그렇게) 몬땐 게 여자라요. (청중 : 어마인 남이라 크이.) 그래. 남이라꼬. (청중 : 어마인 남이라.)[190]

위와 같이 비범한 능력을 가진 아기를 낳은 어머니가 아기장수의 재생 장소를 알려주어 실패한다. 아기장수의 죽임에 어머니가 관여했다는 혐의는 상당수 작품에 등장한다. 왜냐하면 아기장수의 죽음을 방치하거나 공모한 사람들의 책임을 어머니에게 전가하고 있기 때문이다. 이것은 가정이나 가문을 중시했던 조선후기 사회상을 반영한 것으로 보인다. 따라서 여성 제보자들이라고 해서 모두 아기장수의 비극적 죽음을 생략하는 것은 아니다. 다만 사찰에 기원하여 아기를 얻었을 때는 비극

190) 앞의 책, 7-3권, 464쪽.

적 죽음을 생략하고 있다.

남녀 제보자에 따라서 동일한 전설이 조금씩 다르게 변모하기도 한다. <애기봉 장수>, <애기봉>(허수선, 여, 68)은 애기봉에 얽힌 전설을 구연하고 있다.[191] 전자는 애기봉의 장수바위의 크기와 모양에 대해 관심을 갖고 있다면, 후자는 이런 대목이 등장하지 않는다. 전자의 남성 제보자는 애기봉에서 장군이 출생했다는 점을 부각한다면, 후자의 여성 제보자는 여자 아기를 낳아 왕비가 되었다는 점을 부각한다.

이렇게 애기봉에서 아기를 낳았다는 점은 공통되지만, 남녀 제보자에 의해 서로 다른 내용으로 변모되었다. 남성은 장군의 출생과 비극적 죽음, 용마가 출현하는 내용을 강조한다면, 여성은 출생한 아기가 성장하여 왕비가 되었다는 점을 강조한다. 이것은 남녀 제보자가 동일한 이야기를 어떻게 자신들의 관심과 흥미로 변모시키는지를 보여준 구체적인 사례이다.

이밖에도 <호랑이 처녀의 죽음>에는 『삼국유사』 소재 <김현감호>에 등장하는 여성의 비극적 죽음이 생략되었다. 남성 제보자 오기생은 여성의 비극적 죽음을 생략하는 방향으로 변모하였다. 여성 제보자는 <김유신 장군의 신검>에서 김유신과 여성의 관계를 첨가하고 있다. <봉덕사 종>에서는 여성 제보자가 종소리의 신비함보다 어머니 때문에 아기가 죽었음을 비판하였다. <명당잡은 불효자>는 불효자가 아무 곳에나 산소를 정했는데 천석꾼이 되었다는 부정적 시각을 보여준다. 죽은 사람이 복이 있어야 좋은 데 가고 상주도 복이 있어야 부모 산소를 좋은 곳에 안장할 수 있다. 이렇게 여성 제보자 허수선(여, 68)은 "상주는 풍수한테 속고 안 그러나"[192]와 같이 풍수가 잡아준 명당에 대한 비판적인 견해를 보여준다.

---

191) 앞의 책, 7-2권.
192) 앞의 책, 7-2권, 301쪽.

5. 맺음말

지금까지 경주지역 설화의 양상과 특징에 대하여 살펴보았다. 지역의 설화는 신라시대와 연관된 인물전설과 지명 및 사찰유래에 대한 상당한 관심을 보여주고 있다. 역사 인물의 영웅적 구국활동을 보여준 김유신, 문무왕, 김부대왕 등과 지명 및 사찰유래담은 전대문헌인 『삼국사기』와 『삼국유사』의 영향을 직접적으로 받고 있다. 이 때문에 경주지역의 전설은 역사기술의 태도를 그대로 수용하고 있다고 해도 지나친 말이 아니다. 특히 김유신 전설은 역사적 사실과 구비 설화의 차이점을 찾기가 어려운 실정이다. 다만 박제상 부인의 전설은 전대문헌의 영향을 벗어나 다양한 양상으로 변모되거나 재창조되었다. 이렇게 보면 삼국통일의 명장 김유신 전설은 역사적 사실에 초점이 맞춰져있다면, 박제상 부인의 전설은 역사의 굴레에서 벗어나 다양한 전설로 재창조되고 있다.

풍수담에는 신분적 주종관계에 있는 하층민이 풍수를 활용하여 상층에게 복수하는 내용이 주목된다. 신분제도의 난관을 극복하지 못한 노비는 상층의 횡포에 대한 직접적인 대결을 보여주지 못한다. 다만 상하층에서 신봉하고 있는 풍수를 활용하여 부모의 원수를 갚거나 자신의 억울한 심정을 해소하고 있다. 경주지역의 세도가에 대한 서러움을 극복하기 위해서 하층민이 풍수를 활용하여 상층에 대해 복수한 것이다. 이밖에도 접빈객을 꺼리다가 패망한 경우와 풍수의 대가 남사고에 대한 긍정과 부정의 양면성을 보여주고 있다.

박문수의 사건해결 능력을 강조하는 설화는 경주지역에 올바른 관리자의 모습을 보여준다. 암행어사 박문수는 과거에 급제하여 백성들의 살인이나 간통사건과 같은 억울한 일을 해결해준다. 그럼에도 불구하고 <박문수와 우복동의 반란>에서 박문수는 노비들의 신분해방을 반대하는 체제수호적 성격을 뚜렷이 보여준다.

효성담에 나타난 효와 불효의 논쟁은 홀어머니를 위해서 아들이 놓은 다리에서 비롯되었다. 홀어머니가 7형제를 키웠음에도 홀아비를 찾아갔다가 밤늦게 귀가하였다. 이 사실을 알아챈 형제는 모친을 위해서 다리를 놓아주었다. 모친의 마음을 이해한 아들의 행동을 효성으로 보는 경우와 부친에 대한 불효로 보는 경우가 대립하고 있다. 그런데 죽은 부친에 대한 불효라는 인식은 여성의 수절을 강조하고 있다는 점에서 받아들이기 어렵다. 심지어 모친이 홀아비의 도움으로 아들을 키워내는 각편이 존재하는 것으로 보아, 효성담에 유교의 정절의식이 적층된 것으로 보인다.

남녀 제보자에 따라 설화의 내용이 첨삭되거나 설화를 바라보는 세계관의 차이점이 나타난다. 여성 제보자는 김유신 전설을 구비할 때도 여성과 연관된 내용을 첨가하거나 풍수담을 부정적으로 인식하고 있다. 또한 아기장수 전설에 대해서도 불공을 드려 낳은 아기장수의 비극적 죽음을 생략하고 있다. 남녀 제보자는 동일한 설화 <애기봉 장수>, <애기봉>을 통해서 서로 다른 의식을 담아내고 있다. 남성은 애기봉에서 장수가 출현한 것을 강조한다면, 여성은 애기봉에서 출생한 여성이 왕비가 되었다는 점을 부각하고 있다. 이렇게 남녀 제보자는 동일한 설화를 구연하면서 자신의 의식을 뚜렷이 담아내고 있다.

V. 안동지역 설화의 양상과 의미

1. 머리말

안동지역의 설화는 조선시대 유교문화의 영향을 강하게 받고 있다. 지역에 구비 전승되고 있는 설화는 국가에 대한 충성을 다한 인물전설을 비롯하여 중앙 관리가 지역에 부임하여 토착세력과 대립하는 지명유래담, 조상의 무덤을 명당에 잡아서 부귀영화를 누리는 풍수담, 가부장적 가족제도의 전통이 강하게 남아있는 효열담, 마을의 풍요와 다산을 기원하는 동제담 등이 주목된다.

안동지역에 구비 전승되는 설화 자료는 『내 고장의 자취』, 『내 고장 전통 가꾸기』, 『안동의 설화』 등이 있다.[193] 이러한 자료는 안동지역의 정체성을 수립하기 위해서 시도되었기 때문에 체계적인 현장조사가 미흡한 실정이다. 다만, 지역의 설화에 대한 애정과 관심을 보이고 있어서 참고할 만하다. 안동지역의 설화를 체계적으로 조사한 자료는 『한국구비문학대계』이다.[194] 여기에는 설화의 조사지역과 제보자의 성격까지

193) 『내 고장의 자취』 (안동시, 1982). 『내 고장 전통 가꾸기』 (안동군, 1981). 『안동의 설화』 (경상북도 안동교육청, 1992). 이 책에는 『지명유래총람』 (경상북도 교육위원회, 1984)의 내용도 일부 첨가하고 있다.

194) 임재해, 『한국구비문학대계』 7-9권(한국정신문화연구원, 1982). 안동의 8개 조사 마을 가운데 동성부락과 각성부락, 반촌과 민촌, 도시와 시골, 농촌과 산촌 마을이 고루 분포되도록 선정했다.

체계적인 방법으로 채록되어 있다. 이러한 설화자료에는 안동지역주민의 성격과 의식을 담고 있어서 주목된다.

지금까지 안동지역의 설화에 대한 연구는 다양하게 진행되었다.[195] 그 중에서도 안동지역민의 의식형성과 비판적 인식은 양반, 관향, 선조, 유학, 공명 등에 대한 맹목적 숭배가 의존적, 퇴영적인 사고와 몰주체적인 삶을 빚어낸 것이다.[196] 그럼에도 지역 설화에 대한 전반적인 성격과 의미에 대한 연구는 아직까지 미진한 실정이다. 안동지역에 존재하는 설화를 통해서 지역주민의 의식과 지역성을 해명하는 작업이 필요한 까닭이 여기에 있다.

여기서는 안동지역 설화의 전반적 양상과 특징을 분석하고자 한다. 이러한 목적을 달성하기 위해서는 지역의 역사적 개관과 설화의 전반적 현황을 검토하는 작업이 우선되어야 한다. 이를 바탕으로 안동지역 설화의 주제별 양상과 의미를 분석하여 지역적 특징을 밝히고자 한다.

2. 안동지역의 개관과 설화의 현황

1) 안동지역의 개관

안동지역은 낙동강이 중앙부를 관통하면서 반변천과 길안천 등과 같은 하천을 합류하여 흐르는 요지에 입지하고 있다. 낙동강 유역에는 기름진 풍산평야가 형성되어 경작지와 주거지로 이용되고 있다. 기후는 내륙분지에 위치함으로써 한서의 차이가 심하지만, 강수량은 상대적으

195) 임재해, 「안동지역 이야기꾼과 이야기의 세계」, 『한국민속과 전통의 세계』(지식산업사, 1994), 456~458쪽.

196) 임재해, 「안동사람들의 의식형성과 그 비판적 인식」, 앞의 책, 151쪽.

로 적은 편이다. 이러한 자연 지리적 입지조건 때문에 농업이 발달하지 못하여, 글공부를 통한 관직의 진출이 활발했는지도 모른다.

안동지역은 청동기시대의 유물과 유적이 다수 분포하고 있다. 청동기시대에 사람들의 거주가 늘어나면서 사회분화가 촉진되어 일찍부터 소국이 형성되었다. 변진 24개국 가운데 기저국(己柢國), 불사국(不斯國)이 안동에 존재했던 것으로 추정된다. 『연려실기술』에는 창녕국, 구령국, 소라국 등도 안동에 있었다고 기록하고 있다. 3세기 중엽에 신라의 영토에 병합되어 경덕왕 16년(757)에 고창군으로 이름이 변경되면서 신라 북부 지역의 거점으로 발전하였다.

후삼국 시대에는 고려와 후백제의 각축장으로 대두하였다. 처음에는 후백제의 세력이 강하였으나, 930년 병산전투에서 고려가 승리함에 따라 안동지역은 고려의 세력권에 들어갔다. 고려가 후백제를 물리칠 수 있었던 까닭은 안동의 호족세력이 왕건을 도와주었기 때문이다. 안동의 삼태사는 고려 왕건이 견훤을 물리치고 후삼국을 통일하는 데 이바지하였다. 고려말기 홍건적의 침입을 받은 공민왕이 안동에 몽진하여 전란을 극복한 것도 이러한 지역민의 성격과 연관된 것으로 보인다. 조선시대 세조 때는 진(鎭)이 설치되어 안동부사가 병마절도부사를 겸직하였다.

안동지역은 토지가 척박하였으나, 농업과 잠업에 힘쓰고 예양과 절용을 중히 여겼다. 고려후기 이래 정치적, 학문적으로 중시되었고 수많은 인물이 배출되어 추로지향의 고장으로 유명하였다. 영남유학의 거두인 퇴계 이황을 비롯한 유성룡, 김성일 등과 같은 유학자가 출현하여 퇴계학파를 형성하기도 하였다. 선비들의 동족마을이 형성되어 오랫동안 대를 이어 살아가는 반촌도 생겨났다. 이러한 안동지역에는 유교문화의 전통이 뿌리 깊이 남아있어서 설화에도 많은 영향을 미치고 있다.

2) 설화의 전반적 현황

안동지역의 설화는 전반적으로 다양할 뿐만 아니라 매우 풍부한 편이다. 인물전설은 후백제 견훤과 안동의 삼태사, 홍건적의 침략으로 안동에 몽진한 공민왕, 안동부사를 역임한 맹사성, 임란을 수습한 유성룡과 등과 같이 역사인물이 대부분이다. 안동의 삼태사가 후백제의 견훤을 물리친 전설은 <견훤을 물리친 삼태사>, <지렁이 장군과 삼태사>, <견훤이 숨었던 진모래> 등과 같이 왕건에 대한 충성을 보여준다. <안묘당의 유래>, <삼태사의 위패를 지킨 안금이>는 삼태사에 대한 충성을 보여준다.

고려말기 안동에 몽진한 공민왕이 지역민과 함께 홍건적의 난을 수습한 전설은 <공민왕의 안동몽진>, <노적봉과 임금바위>, <영호루의 현판글씨> 등이 있다. 조선 초기 맹사성이 안동 부사로 부임하여 활약한 전설은 <맹부사와 상촌공>, <개목사를 지은 의상조사와 맹사성>이 주목된다. 임진왜란을 수습한 유성룡보다 뛰어난 유운룡에 대한 전설은 <서애보다 앞선 겸암 선생>, <도인 류성룡 대감의 형>에 잘 나타난다.

사찰유래담은 <제비원과 연이 처녀>, <제비원 미륵불을 조각한 형제>, <제비원 미륵불을 벤 이여송> 등과 같이 안동 이천동 제비원 석불에 관련된 이야기가 다수 분포하고 있다. <천등산 천등굴>, <천등산과 의상대사>는 불교에 의한 지명 변경을 다루고 있다면, <학가산 자연 석탑>과 <도연폭포의 용과 선찰사의 부처>는 석탑의 유래, 용과 부처가 대립하는 내용이 등장한다. 이밖에도 <하회 가면극과 허도령>은 하회탈을 제작할 때 금기사항을 어겨서 이매탈의 턱을 완성하지 못한 유래담을 담고 있다.

풍수설화는 유교윤리를 강조하고 있다. 안동지역에 존재하는 풍수설화는 <보백당과 만휴정>을 제외하고 모두 음택풍수이다. 예컨대, 접빈객을 꺼리다가 패망한 <황새골의 갓바위>, <조마리와 김부자 전설>과 비보풍수를 담고 있는 <영남산의 음양풍설>이 있다. 친정 부친의 무덤을 빼앗은 딸의 이야기는 <사돈의 묘 터에 묘를 쓴 유씨>, <친정아버지 묘 터 뺏은 딸> 등이 주목된다. 그리고 이여송의 단혈이 내포된 <자기 조상의 혈을 자른 이여송>, 기우제와 관련된 <가뭄 때 묘 파내기>, 역모의 혐의를 벗어나기 위한 <오미동> 등이 있다.

가부장적 가족제도에서 발생하는 설화는 <오해받고 쫓겨난 딸>, <서자의 한>과 근친상간을 죄악시하는 <길안 오누이 바위>, 계모에 대한 부정적 시각을 보여준 <악한 계모와 아들의 갚음>, 양자의 효성을 강조하고 있는 <딸들의 불효와 양아들의 효성> 등이 있다. 그런데 신분차별을 통쾌하게 극복한 <적서를 구별하지 않은 본 부인>과 시집살이의 고통을 극복한 <시집살이를 이겨낸 며느리의 지혜>는 주목된다. 그리고 유교윤리에서 강조되었던 효열담은 <표연각과 열녀 김씨>, <김득연의 효성>에 잘 나타난다.

안동지역에 전승되었던 동제와 관련된 신성의례도 계승되고 있다. 안동에 몽진하였던 공민왕을 수호신으로 삼고 있는 <공민왕 사당과 공주당>, <용성동의 성황신>, <국신당과 수동별신굿> 등이 주목된다. 과거를 보러 가던 선비의 죽음을 위로한 <동신 성황당>과 억울한 여인의 넋을 위로한 <가야산 각시당>도 있다. 그런데 동신으로 좌정한 <성황당 부엉이>, <길안면 송사리의 느티나무>, <안동댐 진입로의 회화나무> 등은 마을의 풍요와 다산을 기원하고 있다. 이밖에도 삼국지에 등장하던 관우를 모신 사당도 존재한다. 이렇게 안동지역에는 동신으로 좌정한 이야기가 상당수 구비 전승되고 있다.

민중영웅의 출현과 지역적 변모를 보여준 아기장수 전설이 다수 존재한다. 안동지역의 아기장수 전설은 <용소>처럼 특정한 가문과 연관되어 있거나 <우장군과 용마무덤>과 같이 민중영웅의 비극적 죽음을 안동에 살았던 우장군과 연결시키고 있다. <날개 달린 아기장수의 죽음>은 아기장수의 일반적 유형이지만, <아기장수의 죽음과 용마>는 아기장수의 죽음을 용마가 되살리려는 노력이 주목된다. 그리고 <송천동 장수바위>는 조선 장수가 안동지역에 침입한 왜적을 무찌르고 있다.

중을 괄시한 시아버지의 횡포를 응징하는 장자못 전설은 <집터가 변해서 된 황지못>, <부자의 집터였던 황지못>, 과중한 세금과 부정부패에 격분한 조사복이 반란군을 모아 역모를 도모하다 실패한 <못이 된 조사복의 집 터>는 주목된다. 그리고 개화기 신문명의 충격을 담아낸 <등사 잉크로 베껴낸 사진>, <거짓말과 참말 사이>, <감을 이고 공차를 탄 양심>, <귀신 붙은 시계> 등이 눈길을 끈다. 지역주민들이 신문명을 겪은 문화적 충격을 이러한 설화를 통해서 담아내고 있다.

안동지역의 설화 제보자는 여성보다 남성이 다수를 차지한다. 남성 제보자는 류재희(남, 82)와 류남걸(남, 68), 조차기(남, 63), 강대은(남, 82)과 강대각(남, 68), 신동식(남, 65) 등이고, 여성 제보자는 박봉금(여, 51)과 배분령(여, 75) 등이다. 남성 제보자의 비중이 높은 것은 유교윤리가 강조되었던 안동의 지역성을 반영한 것으로 보인다. 남성 제보자들은 양반 가문들로부터 핍박받거나 양반 가문들을 비판하는 이야기, 가문을 숭상하는 이야기, 역사와 가문에 관한 이야기, 교훈성이 강한 지역 전설, 공민왕에 얽힌 설화와 풍수담 등을 구연하였다. 여성 제보자들은 고부간의 갈등이나 해학적 이야기, 효부와 효성담, 생활에 관련된 이야기

등을 구연하였다. 이러한 남녀 제보자의 성별에 따른 설화의 종류와 변모를 분석할 필요가 있다.

3. 안동지역 설화의 양상과 의미

1) 인물전설과 지역민의 충절의식

안동지역의 인물전설에는 역사인물이 다수 등장한다. 후삼국을 통일하는 과정에서 왕건을 도와 후백제의 견훤을 물리친 삼태사, 홍건적의 침략으로 안동까지 피신했던 고려 공민왕, 조선초기 안동부사로 부임했던 맹사성, 임진왜란 때 왜적을 물리치기 위해서 노력했던 서애 유성룡과 겸암 유운룡 등이 대표적인 인물이다. 이러한 역사적 인물전설 속에는 안동지역민의 성격과 의식이 뚜렷이 드러나고 있다.

후삼국시대는 신라의 정치적 불안과 지방 호족세력의 발흥으로, 여러 집단이 반란을 일으켜 독자적인 세력을 형성하게 되었다. 크고 작은 호족들은 송악을 중심으로 하는 고려의 왕건과 전주를 중심으로 하는 후백제의 견훤에게 흡수, 통합되었다. 이들 세력은 천년을 이어온 신라와 정치적, 군사적으로 대립할 수밖에 없었다. 그런데 후백제의 견훤이 신라를 침략하면서 고려의 왕건과 치열한 전투가 안동지역에서 벌어진다. <왕건과 견훤이 싸운 합전교>는 안동 송현동에 있는 다리에서 왕건과 견훤의 전투가 벌어졌기에 붙여진 이름이다.[197] 후백제와 고려의 전투에서 고려가 승리한 원인은 삼태사(김선평, 권행, 장길)와 안동지역민이 고려를 지지했기 때문이다.

---

197) 『내 고장의 자취』(안동시, 1982), 86쪽.

왕건을 도와 견훤을 물리친 삼태사 사당

왕건과 견훤의 대결을 보여주는 <왕건과 견훤의 조문성 전투>는 다양한 내용이 첨가되어 있다.[198] 팔공산에서 대패한 왕건은 안동의 성주에게 원병을 요청하여 병산에 주둔한 견훤과 대치하였다. 팔공산에서 대승을 거둔 견훤은 유흥을 즐기고 있었다면, 안동의 삼태사는 전투에 대비하여 군사조련을 게을리하지 않았다. 이때 재수봉 기슭의 주막에 안중구라는 노파가 적진의 기밀을 탐지해 성주 김선평에게 보고한다. 이러한 정보수집 능력의 탁월함은 <견훤을 치는 데 공을 세운 안구와 천리마>에 잘 나타난다.[199]

특히 <지렁이 자손 견훤>에는 지렁이의 화신인 견훤이 매일 개천에서 목욕하여 원기를 회복하였다.[200] 그 소식을 들은 삼태사가 개천에

198) 『내 고장 전통 가꾸기』(안동군, 1981).
199) 앞의 책, 7-9권, 56쪽.

소금을 풀었기 때문에 견훤은 힘을 쓰지 못하여 대패한다. 이러한 내용은 <견훤을 물리친 삼태사>, <지렁이 장군과 삼태사>, <견훤을 막은 삼태사>, <지렁이 자손 견훤>과 <견훤이 숨었던 진모래>, <진모래> 등에도 나타난다.[201] 이것은 안동 전투에서 패배한 견훤을 지렁이 자손으로 폄하할 뿐만 아니라 삼태사와 지역주민이 단합하여 견훤을 물리쳤다는 자부심을 반영하고 있다.

왕건은 삼태사와 안동지역민의 도움으로 후삼국 통일의 발판을 마련하였고, 안동 주민들은 후삼국 통일에 기여했다는 자긍심을 보여준다.

삼태사의 위패를 지킨 안금이 사당

200) 앞의 책, 7-9권, 843~844쪽.
201) 앞의 책, 7-9권. 『내 고장의 자취』. 『내 고장 전통 가꾸기』.

삼태사의 위패를 지킨 안금이 위패

이러한 역사적 사명감은 왕건과 견훤의 전투에서 유래한 차전놀이[202]가 지금까지 계승되고 있는 점에서도 뚜렷이 드러난다. 후삼국을 통일한 왕건은 안동의 삼태사에게 높은 벼슬과 토지를 내리고 후세 사람들에게 귀감이 되도록 사당을 만들었다. 안동지역의 주민들은 삼태사를 충절의 상징으로 인식하고 있다.

이러한 삼태사의 위패를 임진왜란 속에서도 무사히 지켜낸 <안묘당의 유래>와 <삼태사의 위패를 지킨 안금이>는 주목된다.[203] 임진왜란 때 안 첨지 또는 안금이가 삼태사의 위패를 가지고 피난했다가 전쟁이 끝난 뒤에 다시 위패를 안전하게 봉안하였다. 순흥 안씨는 벼슬도 거절하고 삼태사의 제사를 지낸 음식으로 자기 제사를 지내달라고 당부하였다.

> 아, 나는 벼슬 요구할, 거 벼슬할 자격도 못 되고, 안 하고 이 어른들이 향사친 뒤에, 거 퇴선이라는 건 음복인데, 퇴선을 나머지 있는 퇴선을 내한데 갖다 놓고 제사를 지내 주만. 그글로서(그것으로서) 나는 만족합니다.[204]

---

202) 『내 고장의 자취』에서 등장하는 <동채싸움>과 <동채싸움의 유래>는 안동전투에서 견훤의 군대를 물리치기 위한 삼태사와 지역민의 단합된 힘을 상징적으로 보여준다.

203) 『내 고장의 자취』. 앞의 책, 7-9권, 111~112쪽.

204) 앞의 책, 7-9권, 55쪽.

위와 같이 안씨의 충성에 대한 보답으로 제사를 지내준다. 삼태사의 사당과 묘를 관리하던 인물이 임진왜란에도 불구하고 자신의 직분을 수행한 것은 지역민들에게 충절의식을 부각하고 있다. 이러한 맥락에서 안씨가 벼슬보다 제사를 요구한 것은 안동지역에서 제사가 중요한 유교의례로 정착했음을 보여준다. 이렇게 지역주민들은 삼태사와 순흥 안씨를 통해서 충절을 강조하고 있다.

안동지역에는 공민왕의 몽진과 지역민이 합심하여 홍건적을 물리치는 이야기가 다수 전승되고 있다. 고려말기 공민왕은 홍건적의 난을 피하여 안동으로 피신하게 된다. 고려말기에 개혁정치를 실시했던 공민왕은 원나라의 간섭을 혁파하고 고려의 중흥을 이룩하였다. 그러나 홍건적의 침략으로 안동에 몽진한 공민왕의 모습은 <공민왕의 안동몽진>, <공민왕과 오마대>, <공민왕의 오마대와 퇴곡> 등에 잘 나타난다.[205] 여기에는 공민왕의 몽진과정과 산성축조 및 홍건적을 물리친 내용을 담고 있다.[206] <공주를 맞이했던 놋다리밟기>, <놋다리밟기>에는 안동으로 몽진하는 공민왕과 공주를 맞이한 유래에서 파생된 민속놀이이다.[207] 이러한 놋다리밟기는 안동의 부녀자들이 몽진해온 공민왕과 공주를 받드는 충절의식이 나타나고 있다.

안동지역 주민들은 공민왕을 도와 홍건적의 난을 진압한다. <노적봉과 임금바위>에는 공민왕이 지혜를 활용하여 홍건적을 격퇴하는 모습이 등장한다.[208] 공민왕은 바위를 짚으로 엮어서 노적가리처럼 보이게 하였

205) 앞의 책, 7-9권.
206) 『안동의 설화』, 103~106쪽.
207) 『내 고장의 자취』.
208) 『안동의 설화』, 149~150쪽.

고 냇물에 횟가루를 흘려서 병사들의 식사를 위한 쌀뜨물처럼 보이게 하였다. 이렇게 지역주민들은 홍건적을 물리친 기념으로 당집을 만들어 공민왕의 화상을 봉안할 뿐만 아니라 지역의 수호신으로 섬기고 있다.

공민왕은 안동지역의 민심을 안정시키기 위해서 <영호루의 현판 글씨>, <공민왕이 쓴 영호루의 현판>처럼 현판을 친필로 써주었다.[209] 영호루는 홍수로 인하여 자주 유실되었음에도 불구하고 현판만은 오랜 세월동안 그대로 유지되었다. 영호루가 유실되어도 공민왕의 친필이 담긴 현판만은 빛을 발하여 쉽게 찾을 수 있었다고 한다. 이런 점에서 지역주민들은 공민왕에 대한 애착이 대단함을 뚜렷이 보여준다.

이상에서 공민왕과 안동지역민의 유대관계는 매우 친밀한 것으로 나타난다. 특히 청량산을 중심으로 하는 안동북부와 봉화지역은 공민왕의 사당과 공주당이 집중 분포되어 있다. 이러한 점에서 지역주민들은 공민왕을 수호신으로 섬기면서 충절의식을 나타내고 있다. 공민왕 몽진설화에 나타난 안동지역민들의 역사의식은[210] 충절의식과 더불어 홍건적을 물리쳤다는 자부심을 반영하고 있다. 이런 점에서 공민왕이 홍건적의 난을 피하여 안동으로 몽진한 이유도 어쩌면 태조 왕건을 도와 후삼국을 통일했던 삼태사와 지역민의 충절을 고려했기 때문이다.

조선 초기 안동에 관리로 부임했던 맹사성에 대한 이야기도 다수 존재한다. <맹사성과 봉사 점장이>는 점쟁이의 도움으로 역질에 걸린 정승의 딸과 결혼한 맹사성이 그의 사위가 되어 출세하였다.[211] 왜냐하면

---

209) 『내 고장의 자취』. 앞의 책, 7-9권.

210) 임재해, 「공민왕 몽진 설화에 나타난 주민들의 역사의식」, 『구비문학연구』 21집(한국구비문학회, 2005. 12), 328~372쪽.

맹사성이 글공부를 하였음에도 불구하고 역질에 걸린 여인을 포용하는 도량을 갖추었기 때문이다. 그 덕분에 당시의 유력한 정승의 사위가 됨으로써 높은 관직에 진출할 수 있었던 것이다. 맹사성은 조선 초기 안동부사로 부임하여 당시의 향촌 세력을 진압하거나 불교를 배척하고 유교로 백성들을 교화하는 인물로 그려진다.

이러한 내용은 <안동부사 맹사성의 세 가지 업적>, <맹부사와 상촌공>에서 잘 드러난다.[212] 안동부사로 부임한 맹사성은 상촌의 경주 김씨가 잠두혈에 자리하여 막강한 세력을 가지고 있어서 통치하는 데 어려움을 겪었다. 맹 부사는 상촌공의 세력을 꺾으려고 뽕밭에 물을 대면 부귀할 것이라 예언하였다. 상촌공이 맹사성의 말에 따라 뽕밭에 물을 대어 패망한다. 이렇게 중앙관리가 풍수지리설을 이용하여 향촌세력을 잠재우는 내용은 주목된다.

<개목사를 지은 의상조사와 맹사성>은 안동에 눈병 환자가 많아서 맹사성이 흥국사를 개목사로 개칭하여 질병을 퇴치하였다.[213] 지리학을 잘 아는 맹사성이 안동부사로 부임하여 폐질 환자와 눈 봉사를 막기 위해서 유서 깊은 흥국사를 고쳐 개목사로 변경하였다. 이것은 지역의 불교 세력을 유교윤리로 교화하려는 의식을 보여준다. 그리고 맹사성은 안동의 호식을 방지하려고 관왕묘를 서악사 주변에 옮겨 호랑이 머리를 누른다. 이러한 맹 부사의 행동은 억불숭유 정책과 안동지역의 토호세력을 진압하여 백성들의 신망을 얻은 것으로 보인

211) 앞의 책, 7-9권, 437~443쪽. 맹사성이 봉사 점쟁이의 도움으로 출세했다는 전설과 달리 실제 역사인물 맹사성은 1360년(공민왕9)-1438년(세종20)에 실존했던 문신이다.

212) 앞의 책, 7-9권, 42~44쪽. 763~765쪽.

213) 앞의 책, 7-9권, 714~715쪽.

다. 중앙에서 파견된 관리가 지방을 통치하기 위해서는 향촌의 토착 세력과 백성들의 협조가 필요했을 것이다. 따라서 맹 부사는 풍수를 활용해 지역의 토호세력을 진압하고 백성들의 신임을 받는 훌륭한 목민관으로 부각되었다.

공민왕이 친필로 쓴 영호루 현판, 거듭되는 수해에도 불구하고 지금까지 영호루에 걸려있다.

맹사성이 억불숭유정책으로 흥국사의 이름을 바꾼 개목사

조선시대 안동에서 출생한 서애 유성룡과 겸암 유운룡에 대한 이야기는 역사적 평가와 다르게 전승되고 있다. 임진왜란이 발생하여 조선을 구하기 위해서 동분서주한 인물이 서애 유성룡이다. 그런데 전설 속에 서애 유성룡은 겸암 유운룡의 도움으로 각종 위기를 극복하는 것으로 타나난다. 이러한 내용은 <서애 대감과 치숙>, <도인 류성룡 대감의 형>, <서애보다 앞선 겸암 선생> 등이 있다.[214] 여기에 등장하는 겸암 유운룡은 '치숙, 도인, 훌륭함을 갖춘 인물' 등으로 나타난다. <서애보다 앞선 겸암 선생>은 서애 부친과 젊은 부인 사이에서 서애가 출생하였다. 서애는 비정상적으로 출생하는 영웅의 모습을 보여준다. 이러한 서애의 영웅성을 도와주고 키워준 인물이 바로 겸암이다.

<서애 대감과 치숙>, <도인 유성룡 대감의 형>에 등장하는 서애의 숙부는 서애를 찾아가 술주정을 했을 뿐만 아니라 항상 놀림을 당한다. 그러나 숙부는 학문을 탐구할 때는 정중한 태도를 갖추어 서애와 대결하여 승리한다. 왜적이 조선을 침략할 때 조선은 당파싸움으로 어지러웠다. 겸암은 미래를 내다보는 도인으로 나타난다. 일본 자객이 동생을 살해할 것을 염려한 겸암은 동네 아이에게 "가정청정이 나오네"라고 노래를 부르게 한다. 이때부터 "가등청정이 나오네"가 변해서 "쾌지나 칭칭나네"라는 민요로 불려졌다. 겸암은 국난을 인력으로 막지 못하지만 목숨을 걸고 고향인 안동을 지키겠다고 하였다. 이 때문에 임란 때 안동 일대가 무사했다고 한다.

214) 『내 고장 전통 가꾸기』. 『안동의 설화』. 앞의 책, 7-9권.

서애 유성룡을 모신 병산서원 만대루에서는 여행객의 이야기꽃이 피어난다.

겸암 유운룡을 모신 화천서원은 하회마을 건너편에 은둔한 것 같이 자리하고 있다.

이밖에도 <동방절의 하위지>는 옥중에서 아들 국에게 후사를 부탁하였는데 국은 나이가 어려서 죽음을 면했다.[215] 이것은 실제 기록과 다르게 구비되고 있다. 전설에서는 하위지 아들이 이름을 원으로 고쳐 안동에서 살았던 것으로 변모되었다. 1705년(숙종31) 민진후는 왕에게 아뢰어 원으로 하위지의 후사를 잇게 하였다. 이것은 단종을 위해 목숨을 받친 사육신의 충절을 계승하기 위해서 어린 아들의 죽음을 변형하여 가문을 계승하도록 한 것이다. <절간에서 공부하다 금을 얻은 동고 선생>, <김사계 선생의 절조>는 군자가 유교 덕목을 실천해야 함을 보여준다.[216] 이것은 안동지역 주민의 유교윤리적 당위성을 부각하고 있다.

2) 사찰유래담에 나타난 경쟁의식

안동지역에는 사찰과 관련된 유래담이 다수 전승되고 있다. <천등산 천등굴>, <천등산과 의상대사>는 불교로 인하여 지명이 변경된 이야기이다.[217] 봉정사 천등굴에서 10년을 한결같이 수도한 의상은 옥황상제가 보낸 여인의 유혹을 거절해 유명한 승려가 되었다. 옥황상제는 그가 수도한 곳에 등불을 내려주어 '천등굴'이 되고 대망산을 '학가산'으로 불렀다.

<학가산 자연 석탑>, <학가산의 명인도사>는 학가산의 자연석탑에 대한 유래담이다.[218] 신라 능여대사가 10년 수도한 능인굴 옆에 학가

215) 하위지는 1412년(태종12)-1456년(세조2)까지 살았던 조선 초기 사육신의 한 사람이다. 실제 하위지의 아들 호와 박은 죽음을 당했다.
216) 앞의 책, 7-9권, 44~50쪽. 747~750쪽.
217) 『내 고장 전통 가꾸기』, 147~148쪽. 앞의 책, 7-9권.
218) 앞의 책, 7-9권, 667쪽. 『내 고장 전통 가꾸기』, 160~161쪽.

산 석탑이 있다. 부석사에서 공양할 때마다 밥 한 그릇이 없어져 스님끼리 싸움이 벌어졌다. 부석사의 승려들은 고승을 찾아가 그 원인을 물어보았더니, 학가산 능여대사가 먹었다고 알려준다. 격분한 승려들이 그를 찾아가 돌을 던지려 했으나, 오히려 능여대사에게 감동하여 가져온 돌로 탑을 쌓았다. 이렇게 전자는 능여대사의 교화능력을 강조한다면, 후자는 명인대사의 도술능력을 강조하고 있다.

<제비원과 연이 처녀>, <제비원의 처자 원이와 연미사>는 안동 이천동 태화산 기슭에 있는 제비원 석불에 대한 이야기이다. 이 석불은 신라 선덕여왕 때 그곳에서 수도한 도선국사가 조각했으며, 소나무가 우거져 있어 성주풀이의 고향으로 유명하다. 신라시대에 부모를 잃고 심부름이나 숙박업을 하던 연이라는 처녀가 있었다. 그녀를 사모하던 김씨의 아들은 비명횡사하였으나, 염라대왕의 도움으로 현생으로 되돌아온다.

> 그래 나오이께네 살았단 말이래. 살아 노이 거기서 들은 기억이 생생하게 나거든요. 그래 인제 자기 재산 반을 가주고 원이한테 찾아갔거던요. 내가 저승에 가이, 니 창고가 있더란 말이래. 있는데, 반을 니한테, 니 재산을 내가 씨고 왔이께네, 염라대왕이 있다가 내 살림을 반 주라카드라. 그러이 내 반 주겠다 말이래. 반 받아라.[219]

위 인용문처럼 김씨의 아들은 저승에서 원이 처자의 창고를 열어서 가난한 사람을 도와주었다. 그래서 김씨의 아들은 원이 처자에게 재산의 반을 나눠주었는데 그것으로 미륵불 주변에 법당을 세워 연비사라고

---

219) 앞의 책, 7-9권, 713쪽.

했다. <제비원과 연이 처녀>는 저승에서 살아온 김씨가 연이에게 재물을 내어주고, 연이는 그것으로 석불 주변에 큰 법당을 짓도록 도선국사에게 부탁한다.[220] 그때 법당을 짓던 와공이 떨어져 죽었는데 제비가 되어 공중으로 날아올랐다 하여 '제비원, 연미원'이라 한다. 지금의 돌부처는 연이가 죽으면서 커다란 바위가 갈라져 생긴 것으로 연이의 혼이 변한 것이라 한다.

수많은 이야기를 품고 있는 안동 제비원 미륵불

220) 『내 고장의 자취』, 88~90쪽.

제비원과 연관된 지명유래에는 최고가 되기 위해서 서로 경쟁하는 내용이 내포되어 있다. 이러한 경쟁은 <제비원 미륵불을 조각한 형제>, <제비원과 법룡사의 절짓기 시합>, <제비가 된 목수와 욱바우골> 등에 공통적으로 나타난다.[221] 예컨대 형제간의 미륵불 조각하기, 제비원과 법룡사 건축하기, 미륵불 자리를 차지하기 위한 바위의 경쟁담 등이 그것이다. <제비원 미륵불을 조각한 형제>는 어떤 형제가 훌륭한 조각가가 되기 위해서 미륵불 만들기 시합을 하였다. 형은 빈둥빈둥 놀기만 하고 동생은 열심히 돌을 다듬었다. 그런데 약속한 날까지 동생은 미륵불을 만들지 못하여 형에게 죽임을 당한다. 형은 미륵불의 머리만 조각하여 바위에 얹어 훌륭한 제비원 미륵불이 되었다.

<제비원과 법룡사의 절짓기 시합>에서도 이러한 최고의 대목수가 되기 위한 시합이 등장한다. 그들은 누가 먼저 사찰을 건축하는가를 통해서 최고의 목수를 가리기로 했다. 법룡사를 지은 대목이 승리해 제비원을 지은 대목은 절의 지붕에서 뛰어내렸는데 제비가 되어 날아갔다. 그런데 법룡사는 화재로 소실되었으나, 제비원은 남아있기 때문에 제비원을 지었던 대목이 최종적으로 승리하였다. <제비가 된 목수와 욱바우골>은 제비원의 목수가 높고 멋진 집을 지었는데, 집이 너무 높아 내려갈 수가 없어서 지붕의 난간에서 제비가 되어 날아갔다. 제비가 되어 날아갔다고 하여 '연비원, 제비원'으로 부른다. 또한 제비원에 서로 앉으려고 경쟁하던 바위 사이에 현재의 미륵불이 자리를 차지하여, 다른 바위는 제비원 주변에 머물러 우는 바위라 하여 '욱바위'로 부른다. 이러한 최고가 되기 위한 경쟁담은 안동지역 전설의 특징으로 보인다.

221) 『내 고장의 자취』, 90~93쪽.

<제비원 미륵을 벤 이여송과 청송>, <제비원 미륵불을 벤 이여송>은 미륵불의 머리만 제작하여 자연석 바위에 얹어놓은 제비원 석불의 특징에서 연유한 것이다.[222] 제비원 미륵불의 머리는 지금부터 350년 전 조선시대에 다시 올려놓았다. 임진왜란 때 이여송이 미륵불 때문에 자신의 말발굽이 붙었다고 생각하여 칼로 목을 쳤기 대문이다. 그래서 가슴까지 흘러내린 핏자국이 있고 왼쪽 어깨는 말발굽 자국이 남아있다. 미륵불의 머리는 어느 스님이 횟가루로 다시 붙였는데 그때 목에 염주모양이 나오게 되었다. 그런데 <이여송과 제비원 미륵불>은 앞의 내용과 전반적으로 동일하지만, 이여송이 미륵불의 목을 친 내용에 대해서는 차이를 보여준다.

> 목을 치니까 목이 떨어진 게 아이고, 그 목이 공중에 날았다 다부(다시)가 떡 붙었다. 그래, 그게 신통한 이얘기래요.[223]

청중들은 이여송이 제비원 미륵불의 목이 쳤으나 다시 그 자리에 붙었다고 생각한다. 이러한 안동지역민의 의식은 이여송이 제비원 미륵불의 머리를 친 것에 대한 비판과 더불어 민중의 소원을 들어주는 미륵불이 온전하기를 기원한 것으로 보인다. 이렇게 제비원과 연관된 지명유래는 역사적 층위와 문화사의 전개가 복합되어 나타나고 있다.[224]

이밖에도 <도연폭포의 용과 선찰사의 부처>, <도연폭포>는 용과 부처가 물길 때문에 대립한다.[225] 길안면, 임동면, 임하면 경계에 있는

222) 앞의 책, 7-9권, 59~60쪽. 『내 고장의 자취』, 90쪽.
223) 앞의 책, 7-9권, 51쪽.
224) 임재해, 「성주의 본향 제비원의 노래와 전설」, 앞의 책, 424쪽.
225) 앞의 책, 7-9권, 59쪽. 『내 고장 전통 가꾸기』, 128쪽.

도연폭포와 선찰암 사이에 조그마한 독산이 있다. 옛날에는 폭포가 없었고 강물이 독산 끝을 돌아 선찰암 앞으로 흘렀다. 그런데 어느 날 폭포 밑에 사는 용과 선찰암의 부처가 물길 때문에 싸움이 벌어졌다. 용은 물을 바로 흐르게 하자고 주장한 반면에, 부처는 예전처럼 돌아 흐르게 하자고 맞섰다. 화가 난 용은 꼬리로 산을 쳤는데 그 자리가 갈라져 폭포가 되었다. 이렇게 도연폭포의 용과 선찰사의 부처가 대결하여, 용이 승리했기 때문에 선찰사 방향으로 물이 흐른다.

3) 풍수담의 다양성과 유교윤리

안동의 풍수담은 우연히 잡은 명당, 접빈객의 고통을 해소하기 위해서 지형 훼손하기, 친정 부친의 무덤을 빼앗은 딸, 비보풍수, 기우제 등과 같이 다양하게 존재한다. 이러한 풍수담은 전국적인 분포를 보이고 있는 대표적인 설화이다. 그 중에서 안동지역에 분포하는 풍수담은 주로 가족관계에서 발생하고 있다. 접빈객을 잘못하여 패망하거나 친정 부모의 무덤을 빼앗은 딸의 이야기 등은 유교문화의 고장인 안동의 특징을 보여주고 있다.

안동에 전승되는 풍수담은 음택풍수가 대부분이지만, <보백당과 만휴정>은 양택풍수를 통한 부귀영화를 누린다는 점에서 주목된다.[226] 민씨는 새 집에 이사하여 가난했으나, 하인의 부탁으로 그 집을 매입한 보백당은 자손번창과 부귀영화를 누린다. 풍수는 주민들의 삶과 밀착되어 있지만, 풍수에 대해 긍정과 부정의 양면성을 보여준다. 지역주민들은 풍수를 긍정하는 데 반하여 일부에서는 비판과 부정적 입장을 표출하고 있다.

---

226) 『내 고장 전통 가꾸기』, 129~130쪽.

풍수를 긍정하는 내용은 <학의 마을 하이마>, <김씨네 명당 고지혈>, <용한 풍수>와 같이 풍수의 지시를 따르지 않아서 패망한다.[227] 패망의 원인은 풍수를 모르는 만사위나 외삼촌의 반대 때문이다. 따라서 풍수설화는 무덤을 잡을 때 풍수의 역할이 매우 중요함을 보여준다.

풍수를 부정하는 내용은 <명당에 묘 쓰고 죽은 상주>, <악한 망혼과 명당>과 같이 극히 일부에 지나지 않는다.[228] 전자는 아무리 명당이라도 죄를 지은 사람을 그곳에 묻으면 상주에게 해롭다는 것이다. 이것은 명당에 묻히려면 적선을 많이 해야 함을 강조한다. 후자는 악한 망혼은 명당에 묻히지 못하고 만약 명당에 묻힌다고 해도 망한다는 것이다. 이것은 선행을 해야만 명당에 묻힐 수 있기에 풍수를 부정적으로 인식하고 있다.

풍수설화를 구연한 제보자들도 긍정과 부정의 엇갈린 입장을 보여준다. <엉터리 풍수의 명당잡기>의 남성 제보자는 풍수와 풍수지리설에 대한 비판적인 입장을 피력하고 있다.[229] <엉터리 풍수와 호랑이가 잡은 명당>의 제보자 신노식(남, 68)은 풍수설이나 명당은 믿을 만한 것이 못된다고 하였다.[230] 제보자는 실제로 무덤을 잡아주는 풍수로 활동했음에도 비판적 생각을 보여준다. 그런데 제보자 신동식(남, 65)은 풍수에 대해서 긍정적 시각을 보여준다. 따라서 안동지역민들은 풍수에 대해서 다수가 긍정하는 반면에 일부가 부정하거나 비판적 시각을 드러내고 있다.

접빈객을 잘못하여 패망하는 내용이 풍수와 연관되어 있다. 여성들은 집안에 찾아오는 손님들이 끊이지 않아서 어려움을 겪었다. 유교윤리의

---

227) 『내 고장의 자취』, 102~103쪽. 앞의 책, 7-9권, 860~861쪽. 271쪽.
228) 앞의 책, 7-9권, 863~864쪽. 1167~1170쪽.
229) 앞의 책, 7-9권, 988~995쪽.
230) 앞의 책, 7-9권, 855~858쪽.

중요한 덕목이 봉제사와 접빈객이라 할 만큼 집에 찾아온 손님을 대접하는 것은 미덕이기도 하다. 그러나 집안의 여성들은 손님 접대에 따른 고통을 벗어나기 위한 방법을 찾다가 패망하였다.

이러한 내용은 <황새골의 갓바위>와 <조마리와 김부자 전설>에 잘 나타난다.[231] 전자는 와룡면 이상동 갓바위의 영향으로 손님이 자주 찾아와서 여성이 접대에 골몰하였다. 여성은 스님이 가르쳐준 대로 몰래 갓바위의 갓을 내렸다. 그런데 집안에 손님이 끊어진 것과 동시에 벼슬길이 막혀 광주 안씨 문중은 패망하였다. 후자는 김부자가 학문과 덕망을 갖춘 인재로 알려졌으나, 그를 찾아오는 손님이 늘어나서 하인과 김씨의 부인은 고역이었다. 그래서 마을 동구의 산줄기에 물길을 내었더니 부자가 죽고 집도 패망한다. 따라서 당시 여성들에게 접빈객은 커다란 고통으로 인식되었음을 짐작할 수 있다.

비보풍수는 자연 지형이 특정한 모양을 닮아서 액운이 생기는 것을 방지하는 방법이다. 풍수의 혈이 부족한 곳을 채워주는 비보풍수가 나타난 작품은 <고상리의 염봉산>, <거북바위 골매기신>와 <영남산의 음양풍설>, <현모양처가 많이 나는 천리동> 등이다.[232] 전자는 화재와 액운을 방지하기 위한 방법이라면, 후자는 여성의 풍기문란을 방지하기 위한 방법이다. 이러한 비보풍수는 주술적인 방법으로 화재를 예방하거나 동제, 남근석을 만들어서 여성의 윤리를 바로잡는 등 다양한 방법이 등장한다.

<영남산의 음양풍설>, <현모양처가 많이 나는 천리동>은 영남산이 여성의 성기와 닮아 문란해진 풍기를 바로잡기 위해서 남근석을 세

---

231) 『안동의 설화』, 163~164쪽. 213~215쪽.
232) 『안동의 설화』, 177~180쪽. 『내 고장의 자취』, 101~102쪽. 109~110쪽.

운다. 낙동강 제방에서 영남산을 보면 여성의 성기와 닮았는데 맹사성이 안동부사로 부임하여 문란한 여성들을 다스리려고 남근석을 세웠다. 남근이 세워진 뒤에는 여성들의 음기가 사라졌으나, 제방공사로 인하여 남근석이 땅에 묻혀 다시 음기가 발동하였다.

그런데 <현모양처가 많이 나는 천리동>은 비보풍수를 활용하여 현모양처가 배출되었음을 보여준다. 여자의 둔부를 닮은 영남산 때문에 부녀자들이 정숙하지 못하여, 촛대봉을 만들고 샘을 메워서 부정한 정기를 제거하였다. 한밤중에 남자들이 웅덩이와 샘을 매립하여 부녀자의 탈선은 사라지고 현모양처만 출생해 인근 가문에서 청혼이 빗발친다. 이러한 비보풍수는 풍기문란의 책임을 여성에게 전가하는 남존여비 사상을 반영하고 있다.

친정 부친의 무덤을 빼앗은 딸의 이야기는 풍수담 중에서도 주목된다. 조선시대 여성은 시집을 가면 출가외인이 되어 친정과 왕래가 줄어들게 마련이다. 여성들은 자신이 성장한 친정보다 시가에 더욱 관심을 가질 수밖에 없다. 이러한 조선후기 가부장적 가족제도에서 파생된 것이 친정 부모의 명당을 차지하는 딸의 이야기로 나타난다. <전주 류씨 묘지와 정려각>, <사돈의 묘 터에 묘를 쓴 유씨>, <친정 아버지 묘터 뺏은 딸> 등은 모두 시집간 딸이 친정 부모의 무덤에 물을 부어 시부모나 남편이 그 명당을 차지한다.[233)]

<전주 류씨 묘지와 정려각>은 임동면 수곡동 무실마을에 있는 정려각은 류씨 가문에 시집온 의성 김씨 부인의 덕행을 칭송하기 위해 지은 것이다. 임하면 천전동의 김씨는 류씨 집안으로 시집을 갔다. 김씨 부인은

233) 『내 고장 전통 가꾸기』, 145~146쪽. 『내 고장의 자취』, 100~101쪽. 앞의 책, 7-9권, 589~560쪽.

친정 조부의 무덤자리에 남편을 안장하여 집안을 번창하게 만든 수곡리 김씨 부인의 정려각

친정의 조부가 사망하여 숲당과 비리실 중에서 어디에 무덤을 조성하면 좋은지 엿들었다. 숲당에 무덤을 만들면 인물이 출생하고 자손이 번창한다는 말을 들은 김씨 부인은 밤에 몰래 그곳에 물을 부었다. 그래서 친정에서는 조부를 비리실에 안장하였고, 김씨 부인은 숲당에 자기 남편을 안장하였다. 숲당에 무덤을 만든 류씨 집안은 번창하고 후손들도 명성을 떨치는 가문이 되었다.

<사돈의 묘 터에 묘를 쓴 유씨>는 안동의 김씨가 유씨 가문에 시집을 갔는데 친가와 시가의 부친이 초상을 당했다. 김씨 집은 부자였고 유씨 집은 가난했다. 김씨 가문에서는 풍수를 불러 묘를 정했는데 물만 나오지 않으면 좋다고 했다. 그런데 김씨는 풍수가 정해준 명당에 몰래 물을 부어 친정 부친의 무덤은 다른 곳에 매장할 수밖에 없었다. 김씨는 시아버지를 그곳에 묻었는데 유씨 집안에는 유성룡과 같은 훌륭한 정승이 출생하였다. <친정 아버지 묘 터 뺏은 딸>에는 임동면 망천동 윤씨의 딸이 심씨 집안으로 시집을 가서 부친의 무덤을 빼앗는다. 이러한 친정 부친의 무덤을 빼앗아 시가의 발전을 도모한 딸의 이야기는 안동지역에 집중적으

로 분포하고 있다.

임진왜란 때 명나라 장수 이여송이 조선에 와서 산천을 둘러보고 인물이 출생하지 않도록 여러 곳의 혈을 자른다. <장수와 용마 출현을 막은 이여송>, <이여송이 끊은 혈>과 <자기 조상의 혈을 자른 이여송> 등에는 이여송이 조선의 혈맥을 자른 횡포가 등장한다.[234] <장수와 용마 출현을 막은 이여송>은 임하면을 지나던 이여송이 자기 말이 꼼짝하지 못하여 혈을 자르고, <이여송이 끊은 혈>은 조선에 인물이 나면 대국이 시끄러워질 것 같아 산맥을 끊었다. 이 때문에 조선에는 장군이 출현하지 않고 용마도 사라진다. 그런데 이여송은 자기 조상의 혈도 함께 자르는 어리석음을 보여준다. <자기 조상의 혈을 자른 이여송>에는 임란 때 조선에 들어온 이여송이 자기 조상의 혈을 잘라 패망하였다.

> 아문 데고 장군 날 거 긑에나(같아서) 짤라부렀더니. 그 야야, 우리 우리 몇 대 할뱄다.[235]

가뭄이 들어 기우제를 지내는 풍수설화는 <가뭄 때 묘 파내기>와 <하늘이 만든 천지 못>에 잘 나타난다.[236] 전자는 천등산에서 몰래 매장한 묘를 파내어 가뭄을 해소하였다. 후자는 남후면 광음리에 자연적으로 생긴 커다란 못이 있다. 이곳은 명당으로 무덤을 정하면 복을 받지만, 마을에는 가뭄과 같은 재앙이 지속된다. 가뭄이 들면 주민들은 삽을 가지고 천지못 둘레를 파서 숨긴 시체를 제거하고 정성으로 장만한 음

---

234) 앞의 책, 7-9권, 285~287쪽. 667쪽.
235) 앞의 책, 7-9권, 667쪽.
236) 앞의 책, 7-9권, 515~517쪽. 『안동의 설화』, 186~187쪽.

식으로 고사를 지낸다. 그렇게 하면 비가 내리고 가뭄이 해소되어 농사는 풍작을 이룬다. <돼지 피를 뿌리는 기우제>는 가뭄이 들면 아기산에 가서 기우제를 올린다.[237] 이러한 기우제 풍습은 논농사와 깊은 관련을 가지고 있다. 안동에 기우제 풍습이 강하게 남아있는 것은 강수량이 비교적 적은 지역적 환경에서 비롯된 것으로 보인다.

이밖에도 명당에 무덤을 잡아서 후세의 훌륭한 인물의 출생을 기원하는 <홍진사의 무덤>과 5형제가 급제하여 왕실에서 역모를 두려워하는 <오미동>도 주목된다.[238] 전자는 자신의 죽음을 무릅쓰고 후세에 유능한 인재의 출현을 기원한 점으로 보아 지역의 관료지향의식을 보여준다. 후자는 역모를 두려워한 왕실에서 지관을 보내 조상의 무덤을 살펴보고 있다. 역모의 위험이 없는 것을 확인한 왕은 5형제가 급제한 것을 기념해 '오미동'이란 이름을 내린다.

이러한 역모에 대한 철저한 응징은 <못이 된 조사복의 집 터>에도 뚜렷이 나타난다. 예전에 조사복이 관가의 과중한 세금부과와 부정부패에 격분하여 반란을 일으켰으나, 백발 할미가 "다자구야"와 "덜자구야"라는 신호를 보내준 덕분에 역모를 진압하였다. 이 때문에 가곡리 안동 권씨의 집단부락에 있던 조사복의 집터는 연못이 되었다. 안동지역민들은 관가의 부정부패는 외면하면서도 역모에 대한 과민한 반응을 보이고 있다. 따라서 풍수는 왕실에서부터 노비에 이르기까지 자신들의 욕망을 대변하고 있다. 풍수는 불가능에 대한 도전을 담고 있을 뿐만 아니라 신분의 귀천에 관계없이 부귀공명을 실현하는 매개체이다. 결국 풍수담은 유교윤리를 강조하는 지역주민들에게 끊임없이 향유되었던 것으로 보인다.

---

237) 앞의 책, 7-9권, 288쪽.

238) 『내 고장 전통 가꾸기』, 161~163쪽, 138~139쪽.

4) 가부장적 가족제도의 강조

안동지역은 유교문화가 오랫동안 지속되었기 때문에 상대적으로 가부장적 가족제도에서 발생하는 설화에 주목할 필요가 있다. 조선후기로 접어들면서 문벌의식을 중시하여 가부장의 권한이 대폭 강화되는 방향으로 전개되었다. 이렇게 문벌과 가문을 중시하는 정치적, 사회적 현상으로 신분의 차별과 여성의 고통은 가중될 수밖에 없었다. <오해받고 쫓겨난 딸>과 <서자의 한>은 여성의 정절 훼손과 남성의 적서차별을 내포하고 있다.[239] 이러한 설화는 조선후기 정치, 사회적인 문벌의식과 가문의식이 강화되면서 등장한 부정적 요인이다.

<오해받고 쫓겨난 딸>은 양반 집의 딸이 머슴 때문에 오해를 받는다. 머슴은 양반의 딸을 사모하여 방문을 열어보다가 대감이 와서 도망친다. 이것을 본 대감은 가문의 위신 문제를 내세워 딸을 죽이려 하였으나, 아들이 누이를 도망치게 도와준다. 집에서는 딸이 호식을 당한 것으로 소문을 내었다. 남장을 하고 집을 떠난 딸은 우여곡절 끝에 어떤 집의 아들과 결혼했는데 그 남편이 과거에 급제하여 안동부사로 부임했다. 아버지는 안동부사의 아내가 된 딸을 보고 기쁨의 눈물을 흘리고 과거의 잘못을 뉘우친다.

<서자의 한>은 적서의 차별로 인하여 마을이 패망하는 이야기이다. 길안면 오대동에 한양 조씨의 아들이 과거를 보러 가다가 장원급제의 꿈을 꾼 청상과부와 동침한다. 조씨의 아들은 과부에게 징표를 남기고 과장에 들어가 급제하였다. 그런데 세월이 흘러 청상의 몸에서 태어난 아들이 급제하여 아버지를 찾아갔으나, 부친이 이미 세상을 떠난 뒤였

---

239) 『안동의 자취』, 125~126쪽. 『안동의 설화』, 381쪽.

다. 더욱이 문중에서는 그가 서얼이라는 까닭으로 제사도 참석하지 못하게 하였다. 이러한 문중의 처사에 반발한 서자가 우물에 독약을 넣어 마을은 패망한다. 이것은 급제한 손자가 찾아왔음에도 불구하고 서자로 취급하는 가부장적 가족제도의 병폐를 보여준다.

안동지역은 가부장적 가족제도의 전통이 강하게 남아있음에도 불구하고 적서의 신분차별을 구분하지 않은 이야기도 존재한다. <적서를 구별하지 않은 본 부인>은 처와 첩의 신분에 의해서 적서가 구별되는 것을 한 순간에 무너뜨린다.[240] 선비는 부인과 결혼한 뒤에 새 여인을 얻어 주막에 숨겨두었다. 아내는 첩을 집에 데려와 같은 방에서 불을 끄고 아기를 출산하여 적서를 구별하지 않았다. 이렇게 처첩의 자식들은 동일한 대우를 받으며 공부하여 모두 급제한다. 이것은 신분제도의 근본을 허무는 파격적인 이야기이다.

유교윤리에서는 근친상간을 최고의 죄악으로 생각하고 있다. <길안 오누이 바위>는 남매가 친척집을 가다가 소나기를 만나 굴 속에 들어가 비를 피했다. 그런데 남매는 추위와 무서움으로 서로 체온을 느끼며 불륜의 함정에 빠지려고 하는 순간에 천둥과 번개가 쳤다. 이들은 굴천장의 바위에 깔려 오누이 바위로 굳어졌다.[241] 이것은 근친상간을 죄악시했던 당시의 사회상을 뚜렷이 반영하고 있다.

계모에 대한 부정적인 시각을 보여준 설화는 <계모를 맞아들이지 않는 내력>, <악한 계모와 아들의 갚음>에 잘 나타난다.[242] 전자는 김씨 문중에는 전처의 자녀가 있으면 계모를 들이지 않는다. 그 이유는 계모

---

240) 『내 고향의 자취』, 116~117쪽.
241) 『안동의 전설』, 142~143쪽.
242) 『내 고향의 자취』, 148~149쪽. 앞의 책, 7-9권, 1025~1034쪽.

가 들어오면 전처의 소생을 미워하기 때문이다. 후자는 아들을 놓고 죽은 어머니를 대신해 계모가 들어왔는데 재산을 탐내어 전처 자식을 죽이려고 한다. 우여곡절 끝에 도망친 아들은 어려움을 극복하며 청년으로 성장하여 집으로 찾아간다. 패망한 집에서 부친은 용서했으나 계모는 처벌한다. 이렇게 계모의 악행을 전처의 아들이 복수하는 내용을 통해서 계모에 대한 부정적인 인식을 보여준다.

조선후기 가부장적 가족제도에서 집안의 후사를 계승하는 것이 가장 중요한 일이다. 아무리 훌륭한 가문이라도 후사를 이을 아들이 없다면 불안하기 마련이다. 일반 백성들도 가정의 후사를 장자에게 물려주는 가족제도의 변화에 수긍하였다. 이러한 장자상속제도의 확립은 아들의 출산을 강조하여, 첩을 얻어 아들을 낳거나 양자를 삼아서 후사를 잇게 하였다. <딸들의 불효와 양아들의 효성>은 양자의 효성과 친딸의 불효를 문제 삼고 있다.[243] 시집간 딸들이 부친을 모시는 대신 재산분배를 요구하였다. 그러나 딸집에서 생활하는 부친은 불편하여 도망치게 되었다. 이러한 설화는 친딸보다 양자가 부모에 대한 효성이 지극함을 보여준다.

시집살이의 고통을 극복한 <시집살이를 이겨낸 며느리의 지혜>는 문안인사의 어려움을 지혜로 극복한 이야기이다.[244] 시아버지는 매일 문안인사를 3년 동안 실천하라고 며느리에게 당부하였다. 이런 소문 때문에 둘째 아들에게 시집오려는 사람이 없었으나, 어떤 여성이 결혼하였다. 며느리는 화장을 한 뒤에 시아버지께 문안인사를 하지 않고 기다렸다. 시아버지가 사당에 다녀온 뒤에 문안인사를 올리겠다고 하여, 시아버지는 급히 사당에 다녀왔다. 비로소 며느리는 시아버지께 문안을 했는데 다음날

243) 앞의 책, 7-9권, 1056~1059쪽.
244) 앞의 책, 7-9권, 295~298쪽.

도 마찬가지였다. 그래서 시아버지는 귀찮아서 며느리에게 문안을 그만두게 하였다. 이렇게 며느리의 지혜로 매일 문안하는 번거로움을 막았다.

이밖에도 가족관계에서 발생하는 문제는 다양하다. 사위가 처가의 재산을 털어먹어 장인과 사위의 대립이 나타난 <사위를 미워하는 장인과 이에 맞서는 사위>와 아내의 불효를 고친 <불효 며느리 길들인 남편>의 이야기도 있다.[245] 그리고 <시집가서 쫓겨 온 딸 길들이기>는 친정 어머니가 시집살이에 힘들어하는 딸을 길들인다.[246] 고된 시집살이 때문에 친정으로 쫓겨 오는 것은 며느리가 잘못한 것이다. 친정 모친은 딸에게 검은 돌을 주면서 그 돌이 말할 때까지 순종하라고 당부한다. 딸들은 모친이 당부한 대로 행동하여 시어머니의 사랑을 받게 되었다. 이것은 시집온 여성에게 모든 굴레를 씌우는 가부장적 유교윤리를 강조하고 있다.

5) 동신으로 좌정한 이야기

동제는 마을을 지켜주는 수호신을 모시고 제사를 올리는 의식이다. 마을공동체 단위로 전승되는 동신의 좌정을 통해서 주민들의 세계관을 이해하고자 한다. 동신의 신앙체계는 산신, 용신, 당신 등이 있지만 마을 수호의 중심은 당신이라 할 수 있다.[247] 안동지역에는 동제와 같이 수호신에 대한 이야기가 다수 존재하고 있다. 안동으로 몽진해온 공민왕과 관련된 수호신과 여인의 원한을 풀어주기 위해서 동신으로 섬기거나 과거급제를 기원하기 위해서 섬기는 경우도 있다. 심지어는 『삼국지』에

245) 앞의 책, 7-9권, 427~437쪽.
246) 앞의 책, 7-9권.
247) 천혜숙, 「마을우주와 신화적 세계관」, 『구비문학연구』 8집(한국구비문학회, 1999. 6), 45~64쪽.

등장하는 관우를 모시는 사당도 있다. 이러한 동신들은 지역주민들의 섬김을 받고 있으나, 좌정하게 되는 유래담은 다양한 편이다.

<공민왕 사당과 공주당>, <여름에도 얼어붙는 공민왕 사당골>, <국신당과 수동별신굿> 등과 같이 고려 말기 홍건적의 난을 피해 안동으로 들어온 공민왕과 연관된 동신이 주목된다.[248] <국신당과 수동별신굿>은 홍건적을 격퇴한 공민왕을 위해서 국신당을 지어 제사를 올린다. 홍건적을 물리친 공민왕의 업적을 추모하기 위해서 국신당에 영정을 모시고 제사를 지내고 있다. 임진왜란 때 권사도가 국신당에 기원하여 큰 업적을 세우게 되었다. 이것은 공민왕의 영험이 국난을 극복하는데 기여하고 있음을 보여준다. <용성동의 성황신>은 공민왕 대신 죽었던 여인이 산성을 지키는 수호신이 되어 홍건적을 격퇴하였기 때문에 여신으로 좌정하였다.

<동신 성황당>은 과거를 보러가던 진사가 죽어서 주민들이 동신으로 섬기고 있다.[249] 120년 전에 대구의 진사가 과거를 보러가다가 이 마을에서 하인과 함께 죽었다. 마을 주민은 진사의 아들과 말고삐를 잡은 하인을 흙으로 빚어 동신제를 모신다. 이것은 과거를 보러가던 진사의 죽음을 위로하기 위해서 마을신으로 섬기고 있다. 주민들은 진사의 비명횡사를 위로해야만 과거급제자가 배출된다고 생각하였다. <성황당 부엉이>는 주민들의 병환과 죽음을 막기 위해서 제사를 지낸다.[250] 일직면 원호동의 느티나무에 부엉이가 울면 주민들이 병으로 세상을

---

248) 앞의 책, 7-9권, 817~818쪽. 공민왕의 사당은 봉화군 명호면 북곡리에 있다. 공민왕의 사당은 청량산을 중심으로 하는 안동 북부와 봉화 지역에 집중적으로 나타난다.

249) 『내 고장 전통 가꾸기』, 127~128쪽.

250) 『내 고장 전통 가꾸기』, 134~136쪽.

떠났다. 주민들은 병사를 막기 위해서 느티나무를 신목으로 섬긴다. 이렇게 신목에 제사를 지내는 경우는 아주 흔하다.

동제는 마을의 평안을 위해서 해마다 주민들이 마을의 수호신에게 제사를 지내는 신성의례이다. 마을 주민이 특정한 나무를 신목으로 섬기는 과정은 다양하지만, 풍요와 다산을 기원하는 동신의 기능은 동일하다. 마을 주민들이 신목에 동제를 지내는 내용은 <길안면 송사리의 느티나무>, <임동면 마령리의 당나무>, <하회의 느티나무>, <부신목>, <안동댐 진입로의 회화나무> 등에 나타난다.[251] 이러한 나무들은 마을의 중앙이나 입구에 노거수로 자라고 있어서 마을을 지키는 수호신의 역할을 담당한다.

물건을 훔친 도둑을 혼내준 덕분에 마을의 수호신으로 좌정한 소태나무와 당집

251) 『안동의 전설』, 125~128쪽. 137~138쪽. 『내 고장의 자취』, 266~267쪽.

동제를 지내는 나무가 마을의 수호신으로 섬김을 받는 <길안면 송사리의 소태나무>는 물건을 훔친 도둑이나 나쁜 짓을 한 사람에게 벌을 내린다. 옛날에 도둑이 물건을 훔치기 위해서 담을 넘었는데 어디선가 이상한 소리가 들렸다. 도둑은 소태나무의 울음을 듣고 겁에 질려 도망갔다. 이 때문에 도둑질을 한 사람은 겁을 먹고 훔친 물건을 제자리에 돌려주었다. 마을 주민들은 나쁜 짓을 한 사람에게 벌을 준 소태나무 주변에 성황당을 짓고 마을의 평안을 기원하는 동제를 올린다.[252] 이것은 악을 경계하여 올바른 윤리를 확립했다는 점에서 마을의 수호신이 되었다.

<안동댐 진입로의 회화나무>는 안동 선비들의 관료지향의식을 뚜렷이 보여준다. 예전에 군자정에서 글공부를 하던 청년이 회화나무를 심어 과거급제를 기원하였다. 청년은 회화나무에 청색과 홍색의 천을 둘러 과거급제를 알렸을 뿐만 아니라 안동지역을 찾아오면 군자정과 회화나무에 정성을 드렸다고 한다. 세월이 흘러 주민들은 이 나무를 동신목으로 삼아 정월 대보름에 제사를 지내게 되었다. 그런데 일제 강점기 때 철도를 가설하던 일본인이 마을의 수호신인 회화나무를 베고 즉사하였다. 안동댐을 건설할 때도 동신목을 베면 상금을 준다고 했으나, 아무도 나서는 사람이 없었다. 이 설화는 과거를 준비하던 선비가 회화나무에 급제를 기원하였는데 그 덕분에 마을의 수호신으로 섬김을 받게 되었다.

안동지역의 동제는 대부분 음력 정월 대보름 전날에 진행되는데 <부신목>은 안동에 부임하는 부사가 제주가 되어서 해마다 제사를 올린

252) '송사 소태나무'는 길안면 송사동 길송초등학교 안에 있으며 그 곁에 동제를 지내는 성황당이 있다. 이 나무는 수령 700년, 높이 37미터, 둘레 4.7미터로 현존하는 최고의 소태나무이다. 동제를 지낼 때는 서쪽 소태나무에게 먼저 제사를 지내고 동쪽의 회화나무에게 지낸다고 한다. 소태나무의 수령이 700년 정도인 것으로 보아, 고려시대 송천 고을의 수목으로 추측되고 있다.

다. 지역의 책임자가 올리는 제사는 고을 전체의 평안과 행복을 기원하는 의식이다. 그리고 <하회의 느티나무>는 동신목이나 삼신당의 역할을 하고 있는데 정월 대보름에 이 나무에 기도하면 아이를 낳는다고 한다. 마을 주민이 신성하게 여기는 신목을 함부로 훼손하면 재앙을 당하게 되지만, 동신에 기원하면 소원을 성취하게 된다.

한편 『삼국지』에 등장하는 관우를 모신 사당이 태화동 관왕묘에 있는데 여기에는 관운장의 석상을 안치하고 있다. 이러한 <관운장의 사당>은 임진왜란과 연관되어 있다.[253] 임란 때 명나라 이여송은 구원병으로 조선에 오면서 어떤 군신을 모시는가 물었다. 그 때 영접사가 조선은 문만 숭상하고 무를 경시했기에 군신을 모신 일이 없어 난처하여 얼떨결에 관운장을 모신다고 했다. 급히 조정에 연락해 남의 사당을 개조해 관왕의 위패를 모셨다. 그 뒤에 군신의 사당을 대성전에 둘 수 없어서, 선조 31년에 지금의 태화동 석악사 동쪽 언덕으로 이전했다. 이것은 동제의 성격과 구별되지만 안동지역에서 관우를 수호신으로 모시고 있다는 점에서 주목된다.

얼떨결에 관우를 수호신으로 모신 관왕묘

<가야산 각시당>은 억울하게 죽은 색시의 넋을 위로하기

253) 『내 고장의 자취』, 97~98쪽.

위해 각시당을 만들었다.[254] 안동과 의성의 경계 지역인 가야산 중턱에 당집이 있다. 이곳은 의성과 안동의 지름길이므로 시집오는 색시가 탄 가마가 좁은 길에서 서로 마주치기 마련이다. 초행길에 가마가 물러서면 재수가 없다고 하여 서로 맞부딪칠 수밖에 없었다. 가마싸움으로 한 가마가 낭떠러지로 떨어져 색시가 죽었는데 그 넋을 위로하려고 각시당을 지었다. 이렇게 초행길에 억울하게 죽은 신부가 당신으로 섬김을 받고 있다. <가야산 각시당>은 여인의 원혼을 풀어주어 지역의 안녕과 행복을 기원하기 위해 여신을 모시고 있는 것이다.

6) 민중영웅의 출현과 비극적 죽음

민중영웅은 비범한 능력을 가지고 출생했으나, 사회적 공감을 얻지 못하여 비극적인 죽음을 당한다. 이러한 민중영웅의 대표적인 인물이 아기장수이다. 민중영웅의 출현과 비극적 죽음을 내포한 아기장수 전설은 전국적인 분포를 보이고 있다. 안동지역에 전승되고 있는 <용소>는 아기장수의 출현을 특정한 가문과 연관시켰다는 점에서 주목된다.[255] 길안면 산달리 월성 이씨 가문에서 아기장수가 출생했으나, 역적이 될까 두려워하여 아들을 죽인다. 그때 용 바위에서 용마가 출현하여 큰 소리로 울더니 못에 빠져죽었다. 장수를 죽인 월성 이씨 가문은 점차 몰락하였다.

<우장군과 용마무덤>, <우장군과 말무덤>은 민중영웅의 출생과 비극적 죽음을 안동에 살았던 우장군과 연결시키고 있다.[256] 전자는 우장군의 생사를 마을 뒷산의 풍수지리와 연관시킨다면, 후자는 우장군의

---

254) 『안동의 전설』, 90~91쪽.
255) 『내 고장 전통 가꾸기』, 140쪽.
256) 앞의 책, 7-9권, 410쪽. 『내 고장 전통 가꾸기』, 142~143쪽.

효성과 자신의 뜻을 펼치지 못한 울분과 연관되어 있다. <우장군과 용마무덤>에는 민중영웅이 풍수의 영향으로 출세를 못하여 죽음을 맞이한다. <우장군과 말무덤>은 장수의 능력을 가진 아들이 부모의 간섭으로 자결한다. 부모는 장수의 기질을 타고난 아들이 역적이 될까 두려워해 무술연마를 금지했다. 아들은 자신의 포부를 펼 수 없음을 고민하다 자결한다. 민중영웅으로 출생한 우장군이 부모에 대한 효성과 자신의 야망을 펼치지 못하여 자결하는 경우는 매우 특이하다. 이것은 부모에 대한 효성을 강조했던 지역의 유교윤리를 강조한 것으로 보인다.

아기장수 전설은 <날개 달린 아기장수의 죽음>과 같이 비범한 능력을 가지고 출생한 아기장수의 비극적 죽음을 내포하고 있다.[257] 민중의 기원으로 출생한 영웅적 인물은 자신을 낳아준 어머니와 가족에게 죽음을 당한다. 아기장수는 탁월한 능력을 보여주었으나, 역적이 될 것을 두려워한 가족들에 의해서 죽임을 당한다.

<아기장수의 죽음과 용마>는 아기장수의 비극적 죽음과 동시에 출현한 용마가 아기장수를 살리려고 행동한다는 점에서 주목된다.[258] 송씨 집에서 출생한 아기장수가 밤에 몰래 영주 강변에서 군사 진법놀이를 하였다. 이런 아기장수의 행동에 대해 시어른들은 민촌에서 장군이 나오면 역적이 된다고 걱정하였다. 아기장수를 관에 넣어 못을 쳤으나, 용마가 날뛰어 관의 못을 빼었다. 이것은 아기장수의 죽음을 인정할 수 없는 용마의 적극적 행동을 통하여 지역민의 의식을 반영하고 있다. 또한 아기장수와 같은 민중영웅을 지켜내지 못한 죄책감을 용마의 행동을 통해서 비판한 것으로 보인다.

---

257) 앞의 책, 7-9권, 495~597쪽.
258) 앞의 책, 7-9권, 659~660쪽.

<어머니의 잘못으로 실패한 아기장수>는 아기장수가 복수하려다가 어머니의 잘못으로 실패한 이야기이다.[259] 말을 타고 온 사람이 모내기를 하던 어머니에게 지금까지 몇 포기를 심었는지 물었으나, 아기장수는 그에게 지금까지 몇 발자국을 왔는지 되물어서 물리친다. 그리고 아기장수는 모친에게 콩 한 되를 볶아서 하나도 먹지 말고 달라고 했다. 그런데 모친이 콩을 볶다가 무심코 한 개를 먹었다. 이 때문에 아기장수가 콩으로 화살을 막았으나, 한 개가 모자라 화살을 맞고 죽었다. 아기장수는 자신의 무덤에 지릅, 나락껍질, 서숙 등을 넣어 뒷동산 바위에 묻고 아무에게도 가르쳐주지 말 것을 당부했다. 그러나 말탄 사람의 협박으로 어머니가 아기의 무덤을 가르쳐주었다. 아기장수가 원수를 갚으려 했으나, 그가 바위를 들어내어 무산되고 말았다. 이것은 아기장수의 비극적 죽음을 관의 횡포에서 찾는 것이 아니라 어머니의 잘못으로 몰아간다.

민중들은 외세의 침탈이 있거나 자신의 고통이 증가하면 할수록 민중영웅의 출현을 기대하게 된다. 임진왜란에는 수많은 역사인물과 민중영웅이 국난을 극복하는 의병장으로 활약하였다. <송천동 장수바위>는 안동지역의 왜적을 물리친 민중영웅의 활약을 보여준다.[260] 임진왜란 때 왜군이 송천까지 쳐들어왔으나, 선어대에서 안동의 길목을 지키던 조선 장수의 저항에 막혔다. 왜군과 조선 장수는 서로 내기를 하여 승부를 결정하기로 했는데 조선 장수가 쉽게 이겼다. 다시 반변천을 뛰어넘는 내기에서 왜장은 물에 빠져죽었으나, 조선 장수는 말에 날개가 돋아나 강을 건너 논에 떨어졌다. 불행하게도 조선 장수는 커다란 바위

259) 앞의 책, 7-9권, 1002~1004쪽.

260) 『안동의 전설』, 160~162쪽. <옹천의 장수바위>에도 북후면 옹천리에 침입한 왜적을 물리친 무명 장수의 활약이 등장한다.

에 떨어져 그만 죽고 말았다. 왜장의 죽음을 본 군사들은 도망치면서 안동에 무서운 장수가 있다고 했다. 그 덕분에 안동에는 왜군이 침략하지 않아서 피해가 거의 없었다. 이렇게 민중영웅의 활약으로 안동지역을 수호한 이야기는 지역의식을 반영하고 있다.

4. 맺음말

지금까지 안동지역에 존재하는 설화의 양상과 의미를 분석하였다. 지역에는 역사적 인물전설, 사찰유래담, 풍수담, 가부장적 가족제도, 마을의 신성으로 좌정한 이야기, 민중영웅의 출현과 활약 등과 같은 설화가 많이 분포하고 있다. 이러한 안동지역의 설화에는 유교윤리를 강조하는 내용이 상당수 포함되어 있어서 주목된다. 여기서는 앞에서 논의한 내용을 요약하면서 지역적 특징을 제시하고 한다.

인물전설은 역사인물을 통해서 지역민의 충성을 강조하고 있다. 후삼국의 전쟁에서 삼태사와 지역주민들은 왕건을 도와 견훤을 물리쳤기 때문에 고려 건국에 이바지하였다. 이 때문에 지역주민들은 고려 건국에 기여한 자부심과 긍지를 가지게 되었다. 고려에 충성을 다한 삼태사의 신위를 무사히 지킨 안첨지의 충성에 대한 보답으로 제사를 받들고 있다. 고려말기 공민왕은 안동에 머물면서 지역민과 함께 홍건적의 난을 물리친다. 이렇게 안동지역과 고려는 밀접한 유대관계를 보여준다.

조선초기 안동 부사로 부임한 맹사성은 향촌세력의 제압과 억불숭유 정책을 실현하기 위해서 풍수를 활용하고 있다. 특히 홍국사를 개목사로 변경하는 것은 지역의 불교세력을 진압하여 유교윤리로 교화하려는 의식을 구체적으로 보여준다. 신라시대 만들어진 흥국사를 단순히 눈병환자가 많이 나온다는 핑계로 개목사로 고쳤다는 것은 납득하기 어렵다. 이것은 불교에서 유학의 세계로 이끌기 위한 억불숭유정책의 단면을 보여준다. 한편 임진왜란 때 국난을 수습했던 서애 유성룡을 도와준 인물이 바로 겸암 유운룡으로 나타난다. 지역민들은 역사에 부각된 서애보다 이면에서 그를 도와준 겸암에 대한 애정을 보여준다. 이렇게 지역주민들은 인물전설을 통해서 충성과 같은 유교윤리의 당위성을 강조하고 있다.

사찰유래는 안동지역에 존재하는 천등굴, 학가산 자연석탑, 제비원과 미륵불, 법룡사, 선찰사 부처 등과 관련되어 있다. 안동에는 봉정사와 같은 유서 깊은 사찰의 영향이 강했던 것으로 보인다. 이 때문에 지역주민들은 사찰유래에 많은 관심을 반영하였다. 특히 제비원과 미륵불, 법룡사 등에는 최고가 되기 위한 경쟁담이 주목된다. 예컨대 형제간에 미륵불을 조각하기, 제비원과 법룡사 건축하기, 미륵불의 바위가 되기 위해 경쟁하기 등이 그것이다. 그리고 물길 때문에 용과 부처가 경쟁하여 용이 승리하는 대목은 주목된다.

유교문화의 전통이 강한 안동지역에 전승되고 있는 대표적인 설화는 풍수담이다. 유교문화가 전파되기 전부터 풍수담은 오랜 세월동안 지역에 영향을 미치고 있었는데, 지역주민들은 이러한 풍수담을 활용하여 유교문화를 계승, 발전시키는 방향으로 재창조하였다. 풍수담은 전국적인 분포를 보이고 있는 한국의 대표적인 설화이지만, 지역에서는 유교윤리를 강조는 방향으로 변모된 특징을 보인다. 따라서 풍수담은 지역주민들의 욕망을 구체적으로 담아내는 매개체이다. 유교윤리가 반영된 풍수담은 접빈객을 잘못하여 패망한 이야기와 친정 부친의 무덤을 빼앗은 딸의 이야기에 뚜렷이 나타난다. 지역의 여성들은 접빈객의 고통에서 벗어나기 위해서 혈을 잘랐다가 집안이 패망하는 운명을 맞이한다. 그리고 친정 부친의 무덤을 차지한 딸을 통해서 출가외인의 유교윤리를 반영하고 있다.

유교문화의 전통이 오랫동안 지속된 안동지역에서는 여성의 정절의식, 적서차별, 가문계승의식 등과 같이 가부장적 가족제도가 상대적으로 강조되었다. 지역주민들은 가문의 후사를 계승할 남아선호 사상을 부각하였지만, 계모의 영입에 대해서는 매우 부정적인 시각을 보여주고 있다. 이러한 여성의 정절의식과 남성의 적서차별은 조선후기 문벌의식의 강화와 맞물려 강조되었다. 그런데 적서차별의 관행을 한 순간에 타파한 <적서를 구별하지 않은 본 부인>과 문안인사의 번거로움을 극복한 <시집살이를 이겨낸 며느리의 지혜>는 지역민의 소망을 반영하고 있어서 주목된다.

안동지역에는 마을신으로 좌정하는 신성에 대한 이야기가 다수 전승되고 있다. 마을의 풍요와 다산을 기원하기 위해서 해마다 동제를 모신다. 이러한 동제에는 과거급제 기원의례와 마을의 병환을 막기 위한 벽사의례, 마을의 평안과 풍요를 기원하는 다산의례 등이 있다. 특히, 안동에는 청량산을 중심으로 공민왕과 공주당을 섬기고 있을 뿐만 아니라 관우를 수호신으로 섬기고 있다. 이러한 동제와 수호신은 원혼을 풀어주고 마을의 안녕을 기원하는 지역주민들의 의식을 반영한다.

안동지역에는 아기장수와 같은 민중영웅의 출현과 비극적 죽음을 보여주는 설화가 다수 분포한다. 아기장수는 탁월한 능력을 가지고 출생했으나, 역적의 우려 때문에 가족이나 권력자에게 죽임을 당하는 비극적 영웅의 모습을 보여준다. 그런데 <우장군과 말무덤>에서는 부모가 아들의 무술연마를 금지하자 자결하는 내용이 나타난다. 이것은 부모가 아기장수를 죽이지 않고 아들이 자결한 것으로 변모되었다. 이런 측면에서 유교윤리를 강조하고 있는 안동지역 설화의 지역적 특징을 재확인할 수 있다.

Ⅵ. 대가야 전설의 양상과 의미

1. 머리말

한국설화를 역사적으로 검토해보면 삼국에 비하여 가야에 대한 자료가 매우 부족한 실정이다. 가야설화는 김수로왕 신화를 제외하면 거의 언급되지 않고 있다. 이것은 정치적으로 가야가 신라에 패망하여 신라 중심으로 편찬된 자료에서 그 원인을 찾을 수 있다.[261] 삼국시대 초기는 각종 제도와 문물을 정비하여 정치, 사회, 문화적으로 고대국가의 기틀을 마련하는 시기이다. 그 중에서 가장 늦게 고대국가로 성장한 신라는 낙동강 지역의 6가야를 정복하면서 삼국통일의 토대를 다지게 된다.

전쟁에서 승리한 신라는 패배한 대가야의 역사를 삭제하거나 왜곡했을 가능성이 매우 높다. 대가야를 제외한 가야국은 신라의 침략에 저항하지 못한 채 병합되었다. 그런데 대가야는 신라에 저항하다가 패망했기 때문에 혹독한 탄압을 받아서 역사의 뒤안길로 사라진 것이다. 이 때문에 대가야와 관련된 역사적 기록이 빈약한 것으로 보인다. 따라서 대가야 연구를 진행하기 위해서는 고고학이나 구비설화와 같은 인접학문의 협조가 절실한 실정이라 하겠다.

대가야의 고도(古都)인 고령지역은 대가야의 역사적 전통이 설화로

261) 김부식, 이병도 역주, 『삼국사기』 (을유문화사, 1996).

구비 전승되고 있는 곳이다. 설화는 고령지역의 역사적 특징을 가장 잘 드러내는 것 중에 하나이다. 왜냐하면 설화는 지역의 역사적 사건과 민중의식을 잘 담아낼 뿐 아니라 가장 풍부하게 전승되기 때문이다. 특히 전설은 역사적 사실과 문학적 허구를 통해서 대가야의 흥망성쇠를 뚜렷이 담아내고 있어서 더욱 중요하다.

그럼에도 불구하고 지금까지 대가야 전설의 존재 여부를 파악하지 못했기 때문에 대가야 전설에 대한 논의는 거의 진행된 바 없는 것으로 보인다. 필자는 고령지역의 설화를 검토하는 과정에서, 대가야 전설의 존재를 확인하여 보고한 사례가 있다.[262] 비록 대가야 전설이 풍부하게 전승되는 것은 아니지만, 그렇다고 해서 그 자료적 가치가 없는 것은 아니다. 단편적으로 전승되는 대가야의 전설을 통해서도 대가야인의 의식과 세계관을 파악할 수 있기 때문이다. 대가야 전설은 신라에 패망하여 역사적 뒤안길에 묻혀버린 대가야국의 실상과 지역의식을 반영하고 있다.

본고의 목적은 대가야 전설의 존재양상을 통해서 대가야의 역사적 패망에 대한 전설의 대응방식과 그 특징을 밝히는 데에 있다. 이러한 목적을 수행하기 위해서는 대가야 지역의 영역으로 확인된 고령지역의 설화를 중심으로 대가야와 관련된 전설을 분류하는 것이 선행되어야 한다. 이를 통해서 대가야의 역사적 패망 원인과 그것을 극복하려는 지역민의 의식을 살펴볼 수 있다. 이러한 연구는 정치적 승자에 편중된 연구에서 벗어나 균형 잡힌 시각을 갖는 데 도움이 될 것이다.

262) 김재웅, 「고령지역 설화의 전반적 고찰」, 『고령지역의 역사와 문화』 (계명대 한국학연구원, 1997). 여기서는 고령지역의 설화를 주제별로 분류하여 전반적 성격을 고찰하고 대가야와 관련된 전쟁담을 주목한 바 있다.

2. 대가야의 역사와 전설 자료

1) 대가야의 역사

대가야의 도읍지였던 고령지역은 알터 암각화 같은 청동기 시대의 유적과 대가야 왕릉이 남아있는 유서 깊은 곳이다. 대가야지역은 가야산을 배경으로 하면서 낙동강과 그 지류인 대가천이 흘러서 산수의 조화를 이룬다. 낙동강 유역에는 비옥한 토지가 발달되어 일찍부터 안정된 논농사가 정착되었다. 이것을 바탕으로 대가야인들은 찬란한 대가야 문화를 형성, 발전시켰을 것이다.

낙동강 유역에 흩어져 있던 가야연맹은 금관가야가 맹주로 활동하다가 신라에 병합된 뒤부터 대가야(大加耶)가 가야연맹의 대표자로 활동하게 된다. 그럼에도 대가야는 삼국에 비하여 주체적인 역사 기록이 부전하기 때문에 자세한 국가의 형성과 발전을 파악하기란 쉽지 않다. 대가야에 대한 기록은 삼국의 역사를 기록하는 과정에서 산발적으로 나타나고 있는 실정이다.[263)]

> 고령군(高靈郡)은 본시 대가야군(大加耶郡)이다. 시조 이진아시왕(伊珍阿豉王)에서 도설지왕(道設智王)까지 16세(世) 520년인데, 진흥대왕(眞興大王)이 공멸(攻滅)하여 그 땅으로 대가야군을 삼았다.[264)]

『삼국사기』에 기록된 대가야는 520여 년 동안 왕의 칭호를 하면서 건재했다는 사실을 알 수 있다. 그리고 대가야는 신라에 패망하기 전까

---

263) 대가야에 대한 기록은 『삼국사기』와 중국의 『삼국지』, 『송서』, 『남제서』 등과 『일본서기』에도 산발적으로 나타나고 있다.

264) 김부식, 이병도 역주, 『삼국사기』, 215~216쪽.

지 가야연맹의 정통성과 자주성을 대내외에 천명하기 위해서 건국신화를 만들었다. 대가야의 건국 신화가 최치원의 <석리정전(釋利貞傳)>에 전하고 있는데, 이것을 통해서 가야연맹에서 대가야가 맹주로 활동하게 되는 역사적 상황을 짐작할 수 있을 것이다.

주산의 능선 위에 늘어선 대가야왕릉

가야산신 정견모주가 천신인 이비가에 감응되어 대가야왕인 뇌질주일과 금관가야국왕인 뇌질청예의 두 사람을 낳았다. 즉 뇌질주일은 이진하시왕의 별칭이고 뇌질청예는 수로왕의 별칭이다.[265]

---

265) 『신증동국여지승람』 권 29, 高靈縣 建置沿革條 伽倻山神 正見母主 乃爲天神 夷毗訶之所感 生大伽倻王惱窒朱日 金官國王 惱窒靑裔二人 則惱窒朱日 爲 伊珍阿王之別稱 靑裔爲 首露王之別稱

대가야는 가야연맹의 한 소국으로 형성되었다가 금관가야가 신라에 복속되면서 가야연맹의 주체적 세력으로 부상하였다. 가야연맹의 정통성을 계승한 대가야는 자주적인 국가임을 천명하기 위해 건국신화를 만들만큼 뚜렷한 맹주로 성장한다. 그리고 신라와 백제의 정치적 힘의 균형을 이용하여 정치적 안정을 유지한 대가야는 대외 관계를 주체적으로 체결하면서 성장한 국가이다.[266] 이러한 대외관계가 실패하면 대가야는 주변국의 정치, 군사적 영향을 직접 받을 수밖에 없었다.

> 대가야는 김해의 금관가야가 쇠퇴한 뒤 가야연맹의 맹주로서 그 세력을 떨쳤으며, 5세기 중엽에는 이뇌왕(異腦王)이 신라의 이찬 비조부의 누이와 혼인하는 등 동맹관계를 체결하기도 했다. 그러나 이후 신라의 압박이 심해지자 대가야는 백제와 가까워져, 554년(진흥왕 15년) 백제 성왕이 신라를 공격할 때에 군대를 보내 지원하기도 했다. 이것이 신라의 침입을 자초한 결과가 되어, 562년 이사부와 사다함이 이끈 신라군의 공격을 받아 멸망하고 말았다.[267]

대가야의 역사는 백제와 신라의 지정학적 위치 속에서도 독자적인 역사를 발전시키면서 성장한 국가이다. 지정학적 요충지에서 성장하기 위해 대가야는 외교를 통해서 힘의 균형을 유지할 수밖에 없었을 것이다. 이러한 외교적 힘의 균형이 깨어지면서 대가야는 신라의 침략을 받게 되었다. 이 전쟁은 낙동강 유역을 확보하여 고대국가로 발전하기 위

---

266) 이문기, 「대가야의 대외관계」, 『가야사 연구』(한국고대사연구회, 1995), 193~253쪽.

267) 한국정신문화연구원, 『한국민족문화대백과사전』 2권, 1989, 452쪽.

한 중대한 영토 싸움으로 발전하게 된다.[268] 왜냐하면 신라는 낙동강 유역의 확보로 백제를 견제하는 한편 고구려의 남하정책을 저지할 수 있는 군사적 우위를 점유할 수 있었기 때문이다.

이와 반대로 대가야의 입장에서 보면 국가의 생존권을 지키기 위한 방어전의 성격을 보여준다. 낙동강 유역에 진출하고자 하는 신라의 팽창정책은 대가야와 충돌하게 마련이다. 이 때문에 신라와 대가야의 전쟁은 필연적으로 발생할 수밖에 없었으며, 대가야는 신라에게 패망하였다. 이러한 대가야와 신라의 역사적 전쟁이 대가야 전설에 구비 전승되는 것은 주목할 만한 대목이다. 대가야 전설은 신라에 패망한 역사적 사실의 이면에 숨겨진 진실을 담고 있기 때문에 대가야의 잃어버린 역사를 보완할 수도 있을 것이다.

2) 대가야의 전설 자료

대가야의 중심지로 알려진 고령지역에 대한 설화조사는 역사적 관심의 부족으로 주목을 받지 못했다. 한국정신문화연구원에서 우리나라 전체를 대상으로 설화조사를 실시하여 방대한 분량의 자료적 성과를 거두었지만,[269] 아쉽게도 고령지역에 대한 조사는 실시하지 못했다. 고령지역의 설화자료는 고령문화원에서 채록한 것과[270] 산발적으로 채록된 것이 있다.[271] 이러한 자료는 대가야 설화의 전모를 파악하기에는 한계가 있음에도 고령문화원에서 채록한 자료는 대가야 설화가 사라지기

---

268) 이형우, 「대가야의 멸망과정」, 앞의 책, 137~149쪽.
269) 한국정신문화연구원, 『한국구비문학대계』, 1980-1989.
270) 고령문화원 편, 『우리 지방의 민담·전설 및 지명유래』(고령문화원, 1988).
271) 김광순, 『경북민담』(형설출판사, 1978). 김광순, 『한국구비전승의 문학』(형설출판사, 1983). 임석재, 『한국구전설화』(평민사, 1993).

전에 채록했다는 의의를 부여할 수 있다.

기존의 빈약한 자료의 한계를 보충하기 위해서 대가야 전설에 대한 현장조사를 실시하였다. 고령지역에 존재하는 대가야 전설의 자료와 전승현장에 대한 조사가 요청되는 까닭이 여기에 있다. 그런데 고령지역의 설화를 조사해서 보고하였으나, 만족할 만한 성과를 얻지 못했다.[272] 왜냐하면 설화의 전승현장이 산업화와 영상매체의 발달로 파괴되거나 변화되었기 때문이다.

고령지역의 설화자료는 기존의 자료와 현지조사 자료를 포함하여 모두 70여 편이다. 이러한 자료를 주제별로 분류하면 전쟁담, 효성담, 사랑담, 지명유래담, 지혜담 등으로 구분할 수 있다.[273] 고령지역에서 채록된 대가야 설화는 대부분 지명유례와 연관된 것으로 보인다. 왜냐하면 지명이나 사물의 명칭을 설명하는 설화는 오랜 동안 지역민에게 쉽게 전승되면서도 변화할 가능성이 적기 때문이다. 대가야의 역사적 기록이 빈약한 상황에서 <예동산성>, <거북바위>, <신동의 비녀>, <썩은덤> 등의 대가야 전설이 존재하고 있는 것은 주목해야 할 대목이다.

설화의 주인공을 성별과 신분으로 구분하면 동물이나 초월적 신보다 인간이 대부분을 차지한다. 그 중에서도 남자의 비율이 여자보다 높게

---

272) 김재웅, 앞의 논문, 113쪽. 대가야의 고도인 고령지역의 설화를 조사하기 위해서 1997년 3월 9일부터 1997년 8월 15일까지 현지조사를 실시했다. 그럼에도 대가야와 관련된 설화를 채록하지 못하고 비교적 단편적인 자료를 확보했을 뿐이다. 그리고 대가야지역으로 알려지고 있는 경남 합천군 가야면과 야로면에 대한 설화조사를 1999년 7월 9일부터 8월5일까지 실시했지만 대가야와 관련된 설화는 채록하지 못했다.

273) 김재웅, 앞의 논문, 158~159쪽. 고령지역 설화의 주제별 양상과 주인공의 성격 및 설화의 결말을 분석하여, 불행결말이 강조되고 있음을 밝혔다. 이것이 대가야 설화의 지역적 특징이라 생각된다.

나타나고, 남자 중에서는 하층이 상층보다 높게 나타난다. 그런데 고령 지역 설화의 결말처리 방식은 타 지역에 비하여 불행결말의 비율이 높은 실정이다. 대가야와 신라의 전쟁을 대상으로 하고 있는 전설은 대부분 비극적으로 결말된다. 이것은 세계의 횡포를 극복하지 못한 전설의 세계관을 반영한 것으로 보인다.

대가야 전설은 신라와 관련된 역사적 전쟁을 문제 삼고 있다. 이것은 대가야의 지정학적 위치와 외교관계를 통해서 성장해온 대가야의 위기의식을 반영한 것으로 보인다. 대가야는 가야산과 낙동강과 같은 군사적 방어에 유리한 조건과 야로의 풍부한 철광석을 소유하여, 낙동강과 섬진강을 통해서 해상무역을 전개하여 막대한 이익을 축적하였다. 이러한 군사적 요충지와 경제적, 외교적 요건을 갖추었음에도 불구하고 대가야는 신라에 패망하였다.

<예동산성>은 신라의 침략에 대비하여 도인까지 등장하여 산성을 구축했지만 신라의 미인계에 속아서 패망한다. <거북바위>는 신라군의 침략에 맞서 싸우다 패배한 대가야의 마량장군이 부활하여 신라군을 격퇴시키는 이야기이다. <신동의 비녀>는 신라의 침략으로 신동까지 피난 간 대가야왕실이 새로운 국가의 재건을 염원하면서 비녀를 빼서 두고 가야산으로 향한다. <썩은덤>은 지명의 변경을 통한 대가야왕실과 백성의 분열을 문제삼고 있다. 이러한 대가야 전설은 대가야의 패망과정을 보여주면서도 역사적 승자인 신라의 입장에서 왜곡되거나 평가절하된 대가야 역사의 이면을 보완해주고 있다.

3. 대가야 전설의 양상과 의미

1) 군사력 향상을 통한 자주국방 의식

<예동산성>은 고령군 덕곡면 예동 뒷산에 있는 산성에 대한 지명유래담이다. 대가야의 도성이 있었다고 추정되는 고령읍 연조리 일대를 감싸고 있는 주산성과 망산성은 도성을 방어하는 중요한 산성이고, 서쪽의 미숭산성, 서남쪽의 만대산성, 남쪽의 소학산성이 주산성의 서남쪽 배후를 지키고 있다. 그리고 예동산성은 고령에서 북쪽으로 침입하는 적을 격퇴하는 역할을 수행한 것으로 보인다.[274] <예동산성>은 신라의 침략에 대비하기 위해서 도인까지 출현하여 산성을 건설했으나 실패하는 교훈을 통해서 자주국방 의식을 강조한다.

(가) 신라에게는 6가야가 걸림돌이 되다.
(나) 대가야는 신라에 저항하다.
(다) 신라가 대가야를 정벌하다.
(라) 대가야는 산성을 구축하다.
(마) 산성 구축이 어렵다.
(바) 도인이 찾아와 산성 구축을 돕다.
(사) 도인은 죽고 대가야도 멸망하다.
(아) 지금도 산성이 쓸쓸히 남아 있다.[275]

---

274) 김종철, 「고령군 문화유적에 대한 고고학적 연구」, 앞의 책, 174쪽. 이밖에도 대가야의 산성은 본관리산성, 운라산성, 노고산성, 의봉산성, 풍곡산성, 무계리산성, 도진산성 등 많은 산성이 도성을 중심으로 방어체제를 갖추고 있다. 대가야는 이 산성을 전략적 요충지에 건설했기 때문에 신라에 끝까지 저항할 수 있는 한 요인으로 작용했을 것이다.

위의 <예동산성>은 신라와 대가야의 역사적 전쟁을 문제삼고 있다.[276] 여기서 (가), (나), (다), (라)는 역사적 사실의 제시라고 할 수 있으며, (마), (바), (사)는 문학적 허구이다. 대가야 전설은 역사적 기록과 다르게 패배한 역사의 이면에 숨겨진 문학적 진실에 관심을 두고 있다. (가)의 삼국통일을 염원한 신라는 백제와 인접하고 있는 6가야연맹이 항상 걸림돌로 작용하였다. 6가야연맹의 지정학적 위치가 신라와 백제를 경계로 한 낙동강 유역에 있었기 때문에 정치적, 경제적, 군사적으로 중요할 수밖에 없었다.[277] (나)의 신라 진흥왕이 5가야의 항복을 받았지만, 대가야는 금관가야처럼 신라에 항복하지 않고 끝까지 저항하였다.[278] 그리하여 다)의 신라 진흥왕이 이사부 장군과 사다함을 보내어 대가야를 정벌하게 한다.

> 신라 진흥왕 23년 9월에 가야가 배반하니, 왕이 이사부를 명하여 칠 때, 사다함을 부장으로 삼아 그를 돕게 하였다. 사다함이 기병 5,000명을 거느리고 먼저 전단문으로 달려들어가 백기를 세우니, 성중 사람들이 두려워하여 어찌할 바를 알지 못하는지라. 이사부가 군사를 이끌고 임하니, 성중이 일시에 모두 항복하였다.[279]

---

275) 고령문화원, 앞의 책, 47쪽.

276) 김종철, 앞의 논문, 174쪽. 예동 산성은 고령 북쪽에 있어서 북쪽으로 침입하는 적을 봉쇄한다.

277) 낙동강 유역은 전략적 요충지로 풍부한 수량을 바탕으로 벼농사와 교통이 발달하고 풍부한 철산지를 소유하고 있다.

278) 『삼국사기』, 92쪽. 법흥왕 19년에 금관국주 김구해가 비와 세 아들인 장자 노종, 둘째 무덕, 셋째 무력과 함께 국고의 보물을 가지고 (신라에) 항복해 오니, 왕은 이들을 예로 대접하고 상등의 위를 주고, 그 본국으로 식읍을 삼게 하였으며, 그 아들 무력은 조정에 벼슬하여 각간에까지 이르렀다.

279) 『삼국사기』, 96쪽.

위와 같이 (다)는 『삼국사기』의 이사부와 사다함이 대가야를 침략하는 역사적 기록과 상당부분 일치하는 대목이다. 그런데 (라)는 신라의 침략에 대가야 사람들이 두려워하여 항복했다는 역사적 기록과 달리, 예동산성을 쌓으며 신라군의 침략에 대비하고 있는 모습을 보여준다. 이것은 정치적 승자인 신라에 유리하도록 역사를 기록한 것으로 보인다. (마)는 산의 경사가 급하여 대가야의 산성 구축이 어려운 상황에 직면한다. 고난에 빠진 대가야인들을 돕기 위해서 (바)의 염력을 쓰는 도인이 나타나서 산성 쌓기를 도와주었다.

> 대가야 사람들은 덕곡면 예동 뒷산에 산성을 구축키로 하고 산성을 쌓는데 산의 경사가 너무 심하여 산성 구축이 매우 어려웠다. 그 때 염력을 쓰는 도인이 찾아와 자기가 산성을 구축하겠다고 하니 대가야에서는 그 사람에게 산성을 쌓기로 하였다.[280]

대가야의 산성 쌓기가 순조롭게 진행될 때 (사)의 신라 염탐꾼은 이 사실을 신라군에게 보고하여, 신라군은 '매월'이라는 아름다운 여인으로 도인을 유혹하게 한다. 신라군의 미인계에 속은 도인은 술에 독약이 든 것을 먹고 죽는다. 믿었던 도인이 미인계에 속아서 죽음을 당하여 대가야는 멸망한 것이다. (아)는 지금도 예동 뒷산에 쌓다가 그만 둔 산성의 증거물이 있고, 대가야 패망의 서글픈 역사를 전해주고 있다. 이러한 <예동산성>은 대가야가 신라에 항복한 것이 아니라 저항했음을 보여준다.

---

280) 고령문화원 편, 앞의 책, 47쪽.

신라의 침략에 대비하기 위해서 도인이 쌓은 예동산성

<예동산성>은 '고난과 극복의 시도'가 구조적으로 반복되고 있다. 고난 단락은 (가), (다), (마), (사)이고 고난 극복의 시도 단락은 (나), (라), (바)이다. (아)는 증거물을 제시하고 있다. 대가야가 신라의 침략을 격퇴하기 위한 고난과 극복의 시도는 서사 진행과정에서 더욱 구체화되고 심화된다. 고난 단락은 (가)의 신라 침략에 대한 6가야연맹 전체의 위협이고, (다)의 신라가 대가야를 정벌하는 것으로 구체화된다. (마)의 대가야가 신라군에 대항할 수 있는 산성 구축이 어려워지고, (사)의 대가야를 구원할 수 있는 유일한 희망인 도인까지도 신라군의 미인계로 죽음을 당하여 대가야는 멸망한 것이다. 고난의 극복은 (나)의 6가야연맹 가운데 대가야만 신라에 저항하고 (라)의 신라 침략에 대비하여 산성을 구축하며, (바)에서는 도인의 도움으로 산성 구축을 계속하게 된다. 따

라서 <예동산성>은 고난이 심화되는 것에 비례하여 저항 방법도 구체적이거나 적극적인 방향으로 변모되었다.

<예동산성>의 서사 단락은 (가)~(아)까지 대가야와 신라의 전쟁을 중심으로 고난과 극복의 시도를 반복적으로 보여준다. 6가야연맹 가운데 신라에 복속되기를 거부한 대가야는 저항의식을 강조하면서 전쟁에 대비한다. 신라의 침공에 대비해서 산성을 쌓고 도인의 도움까지 받은 대가야는 신라의 미인계에 속아서 멸망하였다. 이러한 대가야의 고난은 개인적인 것이 아니라 대가야국 전체의 고난이다. 대가야와 신라의 전쟁에서 (마)처럼 산성 구축이 어려운 것은 자력으로 신라에 대항할 방법을 모색하지 못한 것이다. 신라의 침략을 효과적으로 방어하기 위하여 비탈진 곳에 산성을 구축해야 했지만, 대가야는 산성축조 기술이 미약했음을 보여준다. 대가야의 생존권이 산성구축의 성패에 직결되기 때문에 도인까지 등장하여 대가야를 지원하였다.

여기서 도인은 대가야와 동맹관계를 맺고 있는 백제세력으로 볼 수 있다. 왜냐하면 백제는 대가야가 신라에 병합되는 것을 적극적으로 차단하려고 했기 때문이다. 산성축조 기술이 뛰어난 백제는 경사가 급한 곳에 산성구축을 시도하지만, 진정으로 대가야를 위하기보다는 신라의 견제에 궁극적인 목적이 있었다. 이 때문에 백제는 대가야의 산성구축이 자신들의 협조로 진행되고 있음을 신라에 과시할 필요가 있었을 것이다.

한편 염탐꾼을 파견한 신라는 대가야의 모든 정보를 탐지하고 있었다. 이런 점에서 대가야는 신라에 비하여 상대적으로 정보수집 능력이 떨어지는 것으로 보인다. 신라의 정보수집 능력은 고대국가에서 삼국통일로 나아가는 원동력이라고 할 수 있다. 신라는 대가야와 백제가 구축한 산성을 침략하는 것보다 '미인계'와 같은 비정상적 전략을 사용하였다. 이러한 신라의 전략은 고구려와 백제의 전쟁을 관망하다 성을 함락하는 전술방법과 비슷하다.[281] 따라서 대가야인들은 신라에 비하여 산성축조 기술과 정보수집 능력의 부족을 패망의 원인으로 반성하면서도 신라의 비정상적 침략을 비판한 것으로 보인다.

이상에서 <예동산성>은 산성 축조 기술이 부족하여, 자력으로 신라에 대항할 방법 모색이 부족한 대가야가 동맹관계에 있는 백제세력의 후원을 받았음에도 신라의 '미인계'에 속아서 패망하였다. 지역주민들은 대가야의 패망원인을 산성축조 기술과 정보수집 능력의 부족으로 인식하고 있다. 따라서 대가야 전설은 외세의 힘으로 국가를 지키는 일은 불가능하기 때문에 산성축조 기술과 정보수집 능력과 같은 군사력 향상을 통한 자주국방 의식을 강조하고 있다.

2) 영웅적 인물의 국가수호 의식

<거북바위>는 고령읍 지산동 주산에 있었던 조그마한 바위에 대한 지명유례이다. 낙동강 유역의 지정학적 위치에 놓인 대가야는 대외적인 외교를 통해서 힘의 균형을 유지하면서도 대내적으로는 대가야를 수호할 수 있는 훌륭한 장군의 탄생을 기원하였다. <거북바위>는 대가야의 영웅적 인물 마량 장군[282]이 신라군의 침략을 격퇴시키려는 국가수호

---

281) 『삼국사기』, 93쪽. 신라 진흥왕 11년 정월에 백제가 고구려의 도살성을 쳐 빼앗고, 3월에는 고구려가 백제의 금현성을 함락시켰다. 왕은 두 나라 군사가 피로한 틈을 타서 이찬 이사부로 하여금 군사를 내어 이를 쳐 빼앗고 성을 증축하여 무사 1,000명을 두어 지키게 하였다.

282) 전설 속에 존재하는 마량 장군은 대가야를 수호하는 영웅적 인물로 등장한다. 대가야가 신라에 대항하기 위해서는 마량 장군과 같은 훌륭한 장군이 있었을 것으로 짐작되지만 역사적 문헌에는 나타나지 않는다.

적 저항의식을 뚜렷이 표출하고 있다.

(가) 마량은 어려서 재질이 뛰어나다.
(나) 마량은 연못에 거북을 기르며 대가야의 장군이 되다.
(다) 대가야국은 신라에 저항하다.
(라) 신라가 대가야국을 침공하다.
(마) 마량 장군은 끝까지 항전했으나 패하다.
(바) 죽은 마량 장군이 살아나 신라군을 무찌르다.
(사) 거북 바위가 대가야의 멸망을 서러워하다.[283)]

위의 <거북바위>는 대가야국의 마량 장군이 신라군의 침입에 맞서 결사 항전했지만 패배한 이야기이다. (가)는 마량의 비범한 능력을 나타낸다. 마량은 어릴 적부터 기골이 장대하고 총명함이 남보다 뛰어나서 마을 사람들로부터 선망의 대상이 되었다. (나)는 마량의 집에는 커다란 연못이 있었는데 선친께서 거북을 귀여워하여 수백 마리를 길렀다. 마량도 거북을 자신의 분신처럼 아끼고 사랑했으며, 대가야국의 훌륭한 장군이 되어 나라를 위해 수고를 아끼지 않았다. (다)의 신라 진흥왕이 6가야연맹 중 5가야국의 항복을 받았지만 대가야국은 끝내 항복하기를 거부하였다.

신라 진흥왕은 (라)와 같이 이사부 장군에게 5천명의 군사를 주어 대가야국을 침공하게 하였다.[284)] 신라의 침략으로 (마)와 같이 전쟁에 휩싸인 대가야국은 중과부적으로 패배한다. 대가야의 마량 장군은 신라군

283) 고령문화원, 앞의 책, 75~76쪽.
284) 『삼국사기』, 96쪽.

에게 포위되어 끝까지 항전했으나, 끝내는 장렬한 최후를 맞이한다. (바)는 대가야국을 지키려고 고군분투하는 마량 장군이 다시 살아나서 신라군을 무찌르게 된다.

대가야의 주산성이 있었던 주산, 왼쪽 능성에는 왕릉들이 분포하고 있다.

> 그런데 마량 장군이 죽은 지 삼일이 지나자 마량 장군이 생전의 모습대로 나타나서 나뭇잎 배에 수많은 거북 군사들을 태우고 신라군을 무찌르기 시작했다. 마침내 신라군은 마량 장군의 귀신과 거북이 군사들의 힘에 쫓겨 도망을 하게 되었다.[285)]

이것은 죽은 마량 장군과 거북이 각각 귀신과 거북군사로 환생하여 신라군을 격퇴해주길 기원하는 대가야인의 국가수호 의식을 보여준다. (사)는 마량 장군의 결사항전에도 불구하고 대가야는 신라에 패망하게 된다. 대가야인들은 증거물인 거북바위를 통해서 대가야의 멸망을 안타깝게 바라보고 있다.

285) 고령문화원, 앞의 책, 75쪽.

<거북바위>는 '영웅적 인물제시와 고난과 극복의 시도'를 보여준다. (가)와 (나)는 마량 장군의 영웅적 인물상에 대하여 설명하고 있으며, (다)와 (바)는 마량 장군이 고난을 극복하려는 모습을 보여주고, (라)와 (마)는 중첩되는 고난이 제시되고 있다. (사)는 비범한 능력을 가진 마량 장군이 고군분투했지만 고난을 극복하지 못하고 비극적으로 결말된다.

(가), (나)의 마량 장군은 비범한 능력을 가지고 거북을 기르면서 성장하여 대가야의 훌륭한 장군이 되었다. 이는 신라군을 격퇴시킬 수 있는 영웅적 인물의 탄생을 바라는 민중의 꿈이 마량 장군으로 구체화된 것이다. (다), (라), (마)는 대가야국이 신라군의 침입에 대항했지만 중과부적으로 패배하고,[286] 마량 장군은 최후까지 싸우며 장렬하게 죽는다. (바)는 중첩되는 고난의 허구적 해결인데, 죽은 마량 장군이 부활하여 거북 군사와 함께 신라군을 무찌르는 것으로 드러난다. 이것은 대가야국과 신라의 역사적 승패와는 달리, 대가야국의 패망을 정신적으로 극복하려는 저항의식의 표출로 보인다. (사)는 (바)의 고난 극복의 시도가 민중의식 속에서 극복되기를 희망하였기에 비극적으로 마무리될 수밖에 없다.

<거북바위>는 대가야국과 신라군의 역사적 전쟁을 중심으로 형성된 전설이다. 대가야국과 신라의 전쟁은 역사적으로 대가야국의 생존과 삼국통일의 기틀을 다지는 정치적 갈등 관계에서 발생하였다.[287] 신라

---

286) 이인철, 「6~7세기의 무기·무장과 군사조직의 편제」, 『한국고대사론총』 7집 (한국고대사연구회, 1995), 54쪽. 중장기병의 보유 비율을 보면 신라는 높고 대가야는 낮았다.

287) 이형우, 앞의 논문, 137~149쪽.

군이 대가야국을 침입했을 때 대가야국은 탁월한 능력을 가진 마량 장군이 있었지만 중과부적으로 패배한다. 그런데 (바)와 같이 장렬한 최후를 맞이한 대가야국의 마량 장군이 부활하여 신라군을 물리쳤다는 것은 대가야인들의 국가수호적 저항의식을 투영한 것이다. 이것은 역사적으로 패배한 사실을 문학적 허구를 통해서 보상하려는 대가야인들의 민중의식을 반영하고 있다. 그럼에도 대가야국이 신라에 패망한 사실을 인정하지 않을 수 없어서 전설의 비극적 세계관을 표출하고 있다.

> 세월이 흘러서 마량 장군이 죽은 지 오랜 후에 마량 장군이 죽은 그 자리에 이상한 바위가 솟아났는데, 그 형상이 꼭 거북이 닮아서 "거북바위"라고 후세 사람들이 불렀으며……지금은 바위도 없어지고 이끼만이 대가야의 멸망된 것을 서러워하듯 자라고 있다.[288]

이상에서 <거북바위>는 대가야가 신라에 패배한 사실을 인정하면서도 민중의식 속에는 마량 장군이 부활하여 신라의 침공을 물리친 것으로 변모되었다. 이것은 대가야가 신라에 패배한 사실을 문학적 허구화를 통해서 정신적으로나마 신라에 끝까지 저항한 모습을 부각시키고 있다. 이런 점에서 전설의 사실성과 허구성의 긴장 관계 속에서 대립적으로 존재하는 문학성을 획득할 수 있다.[289] 따라서 <거북바위>는 대가야의 영웅적 인물 마량 장군이 출현하여, 신라의 침입을 격퇴시켜주길 바라는 대가야인의 국가수호 의식을 보여주고 있다.

---

288) 고령문화원 편, 앞의 책, 76쪽.
289) 임재해, 『민족설화의 논리와 의식』(지식산업사, 1992), 51쪽.

3) 국가 재건의 비장한 각오

<신동의 비녀>는 고령읍 신동에 놓아둔 비녀에 대한 유례담이다. 신동은 대가야의 궁성이 있었던 곳에서 가야산으로 가는 북쪽 지름길에 있는 마을이다. <신동의 비녀>는 신라군의 침입을 받아 대가야국왕이 신동까지 피신하게 되었다. 그럼에도 불구하고 대가야왕은 신동에서 새로운 국가의 재건을 비장한 각오로 다짐하고 있다.

(가) 신라가 대가야국을 침입하다.
(나) 국력이 약한 대가야국은 망산성에서 싸우다.
(다) 신라군이 왕실까지 침입하다.
(라) 대가야국왕과 왕비, 궁녀가 도망가다.
(마) 대가야국왕과 왕비가 신동에서 비장한 각오를 하다.
(바) 대가야국왕이 비녀를 두고 가야산으로 피신하다.
(사) 신동일대를 옥잠이라 하다.[290)]

위의 <신동의 비녀>는 대가야와 신라의 전쟁으로 인해 대가야왕이 피신하지만 국가의 재건을 다짐하고 있다. 위의 (가), (나), (다), (라)는 역사적 사실과 비슷하고, (마), (바)는 문학적 허구로 볼 수 있다. (가)의 신라 진흥왕은 이사부 장군에게 5천명의 군사를 주어 대가야국을 침입하게 한다. (나)의 대가야국은 신라군에 맞서 싸울 만큼 국력이 강성하지 못했지만,[291)] 금산의 망산성[292)]을 최후의 보루로 대항하게 된다.

---

290) 고령문화원, 앞의 책, 86쪽.

291) 『삼국사기』, 94~95쪽. 진흥왕 15년에 명활성을 수축하고 백제와 대가야가 함께 관산성을 침입했지만 대패한다. 따라서 대가야는 막대한 손실을 입었을 것이다.

신라군의 공격을 방어하지 못한 (다)의 대가야군이 회천을 건너 후퇴하고 신라군은 대가야국의 왕실까지 침입하였다. 이러한 상황에서 (라)의 대가야왕실은 당황하여 왕비와 수십 명의 궁녀를 거느리고 피신하였다. 대가야왕실이 자신의 목숨만 보전하려는 것이 아니기 때문에 대가야인들은 왕실의 도피에 대한 비판을 자제하고 있다.

> 망해가는 나라의 비운 앞에 무엇을 바랄 것이냐. 아니 잠시 이 난을 피했었다가 다시 나라를 일으켜야 한다는 비장한 각오 아래 왕비와 궁녀가 대가야의 서울을 하직하는 기념으로 비녀를 떨어뜨리고 가야산 쪽으로 피난간다 하여 신동일대를 옥잠(玉簪)이라 부르고 있다.[293]

대가야의 신화가 서려있는 신비한 가야산

---

292) 김종철, 앞의 논문, 172쪽. 금산의 망산성은 전략상 요충지로 고령읍의 정동에 우뚝 솟은 금산의 정상에 있는 산성으로 신라군을 대적하는 최후 방어성의 역할을 한다.

293) 고령문화원 편, 앞의 책, 86쪽.

대가야 월광태자의 죽음과 패망을 보듬고 있는 월광사지 석탑

대가야왕실은 (마)와 같이 궁성을 빠져 나와서 망해가는 국가의 운명을 인식하면서도 새로운 국가재건을 다짐하는 비장한 각오를 보여준다. (바)와 같이 국가재건을 다짐한 왕은 대가야의 도성을 하직하는 의식으로 비녀를 빼서 놓아두고 가야산으로 피난하였다. 대가야국을 병풍처럼 감싸고 있는 가야산은 군사적 우위를 확보할 수 있을 뿐만 아니라 대가야국의 역사가 시작된 성지이다.294) 이러한 성지에서 대가야국왕은 국가를 재건하는 힘을 얻으려는 것으로 보인다. (사)는 대가야의 왕과 왕

비가 신동에서 비녀를 놓아둔 증거물이 나타난 대목이다. 이렇게 대가야국 왕실은 비녀를 빼는 상징적 의식을 통해서 비장미를 보여준다.

<신동의 비녀>는 '고난과 극복의 시도 1, 고난의 중첩, 극복의 시도 2, 고난'의 구조적 전개로 구성되어 있다. (가), (다), (라), (바)의 단락은 고난이고, (나), (마)의 단락은 고난 극복의 시도이다. (사)는 증거물을 제시하는 단락으로 고난을 극복하지 못해서 비극적으로 결말된다. <신동의 비녀>는 서사가 진행되면서 고난의 단락은 점점 심화되고, 고난 극복의 시도 단락은 현실적, 무력적 대응에서 정신적 대응으로 변화되고 있다. 고난 단락은 (가)의 신라군이 대가야 침입으로 고난이 발생하고, (다)와 (라)의 대가야왕실이 함락되어 왕과 왕비가 피신하고, (바)는 왕실을 하직하면서 비녀를 두고 가야산으로 피신한다.

고난 극복의 시도는 (나)와 (마)의 신라군을 맞아 최후까지 대항했지만 후퇴를 거듭하게 되고, 마침내 대가야국의 재건을 다짐하는 비장한 각오를 표출한다. 여기서 (나)는 무력으로 신라에 대항한다면, (마)는 국가의 재건을 비장한 각오를 통해서 신라에 정신력으로 대항한다. 이것은 역사적 패배를 정신적으로 보상하려는 대가야인들의 의식을 드러낸 것이다. (바)는 대가야를 재건해야 한다는 비장한 각오가 나타난다. (사)는 자아와 세계의 대결에서 세계의 우위에 의한 자아의 패배로 전설의 비극성을 보여주는 증거물이다.

<신동의 비녀>는 (가)~(사)까지 대가야국과 신라군의 전쟁을 중심으로 고난과 극복의 시도를 보여준다. 신라군의 침입을 막지 못한 대가야왕실은 (라)와 같이 신동 일대로 도피하여 국가의 패망을 바라볼 수밖

294) 『신증동국여지승람』의 고령현조에 수록된 신화는 가야산신과 천신의 감응을 통해서 대가야가 출발했기에 가야산은 대가야의 정신적 지주이다.

에 없었다. 그러나 대가야국왕은 비탄과 좌절에 빠지지 않고 비장한 각오로 새로운 국가의 재건을 다짐하면서 비녀를 빼서 놓아둔다. 여성의 통과의례에 사용되는 비녀는 한 집단의 어른이 되었음을 인정하는 상징물이다. 그런데 국가의 왕이 비녀를 빼는 것은 대가야국의 패망을 인정하는 것이다. 대가야국왕이 가야산으로 피신하는 것은 새로운 국가를 재건하려는 의식이 드러나고 있다. 왜냐하면 가야산은 대가야인의 정신적 지주이자 성산(聖山)이기 때문이다. 이것은 대가야의 역사적 패망을 가야산에서 새롭게 재건하려는 모태회귀 의식[295)]을 보여준다.

이상에서 <신동의 비녀>는 대가야국의 고난이 심화되면서 고난 극복의 시도가 무력적인 것에서 정신적인 각오로 변모하였다. 신라군에 직접 대항할 능력을 상실한 대가야국은 정신적으로나마 신라군을 격퇴하려는 저항의식을 표출하고 있다. 왜냐하면 무력을 통한 현실적 대항은 한계가 있지만, 정신적으로 신라군을 격퇴하고 가야산에서 대가야국을 재건하는 일은 언제나 가능하기 때문이다. <신동의 비녀>는 신라군에 의해 패망하여 대가야왕실이 가야산으로 도피하는 모태회귀 의식을 보여준다. 이렇게 가야산에서 새로운 국가재건을 기대하는 대가야인들의 염원이 드러난다.

4) 왕실의 권위 실추와 백성의 분열

<썩은덤>은 고령읍에서 쌍림면 방면으로 약 2킬로미터 지점에 있는

---

295) 어머니의 자궁 속으로 회귀하는 것은 새로운 탄생을 예고하는 것으로 볼 수 있기 때문에 대가야의 성산이자 출발지인 가야산으로 왕실이 도피하는 것은 모태회귀 의식을 보여준다. 여기서 대가야왕실은 새로운 국가의 재건을 염원하고 있는 것이다.

벼랑에 대한 지명유례이다. '썩은덤'은 석재로 사용할 수 없는 풍화암으로 된 썩은 바위에 붙여진 이름이다. <썩은덤>은 지명개칭을 통해서 단결하지 못한 대가야왕실과 백성의 분열로 인하여 패망했음을 보여준다. 이렇게 지명의 변경은 대가야국의 운명을 결정할 만큼 중요한 사건으로 나타난다.

(가) 도인이 '썩은덤'을 '산덤'으로 부르게 하다.
(나) 백성이 대가야국왕에게 이 사실을 알리다.
(다) 어전회의에서 '산덤'으로 개칭하기로 하다.
(라) '썩은덤'에 지명개칭 축하잔치를 열다.
(마) '산덤'보다 '썩은덤'이 더 알려지다.
(바) 대가야국은 패망하다.
(사) 지금은 '산덤'으로 바뀌다.[296)]

위의 <썩은덤>은 대가야의 지명개칭을 둘러싸고 벌어지는 문제이다. 대가야국의 사소한 지명이라도 인위적으로 바꾸는 작업은 많은 시간이 필요할 뿐 아니라 지역민의 합의를 받았다고 해도 당분간의 혼란은 피할 수 없을 것이다. 지역민의 생활 속에 채득된 지명은 국가통치의 일관성과 효율성을 유지하여 사회를 안정시키는 데 도움을 준다. (가)는 대가야국의 한 도인이 지명을 개칭하면 산세의 영향을 받아서 영웅이 태어날 것이라 예언한다. 대가야국의 도인이 '썩은덤'을 '산덤'으로 바꾸면 영웅이 탄생한다는 예언은 대가야국에 유리한 소식임에는 분명하다.

---

296) 고령문화원, 앞의 책, 93쪽.

옛날 대가야국시대 때 이곳을 지나던 한 도인이 '썩은덤'을 보고는 "이 덤을 '썩은덤'이라 부리지 말고 '산덤'이라 부르면 이 '썩은덤' 산이 강을 건너 투구모양의 산이 있는데 투구봉까지 뻗어 고지세에 힘을 입어 영웅호걸들이 많이 태어날 지세인데"[297]

이 소식을 들은 (나)의 나이 많은 백성이 5리 길을 달려가 대가야국왕에게 전하였다. 주변 국가로부터 위협을 받는 대가야국의 지정학적 위치를 감안하면 불안과 위기를 해소할 수 있는 절호의 기회이다. 대가야국왕은 (다)와 같이 어전회의[298]를 열어 지명개칭의 문제를 논의해 '산덤'으로 변경하기로 결정하고 축하잔치를 개최하였다. 지명개칭 축하를 위해서 (라)와 같이 팔월 보름날 '썩은덤'에 많은 사람들이 모여 잔치를 즐겼다. 지명변경 사실을 널리 알리기 위해서 대가야왕실은 많은 사람들이 모이는 보름날을 선택하였다.

그런데 (마)의 잔치에서 술에 취한 많은 사람들이 집으로 돌아가서 '썩은덤' 잔치에서 잘 먹고 놀았다고 말했다. 여기서 술을 절제하지 못한 백성들의 해이한 정신보다는 백성들을 제대로 지도하고 통제하지 못한 대가야왕실의 잘못이 더 큰 것으로 보인다. 많은 예산을 투자하여 지명을 변경하려던 잔치는 실패하고 '썩은덤'이 더욱 알려져서 (바)와 같이 대가야국은 신라에 패망하였다. 이것은 대가야국 왕실과 백성들 사이의 거리감 때문에 지명변경이 실패한 것으로 보인다. (사)는 비극적

297) 고령문화원 편, 앞의 책, 93쪽.
298) 노중국, 「대가야의 정치·사회구조」, 『가야사연구』(한국고대사연구회, 1995), 171쪽. 김정숙, 「대가야의 성립과 발전」, 같은 책, 119쪽. 여기서 어전회의는 왕과 여러 한기(旱岐)들이 더불어 논의하고 결정했던 '임나부흥회의'와 '한기회의' 같은 회의체의 반영으로 볼 수 있다.

패배의 증거물의 변화를 제시하고 있다.

<썩은덤>의 서사 단락은 '고난과 극복의 시도 1, 2, 3, 고난의 중첩'의 구조적 짜임새를 보여준다. 고난 단락은 (가), (마), (바)이고, 고난 극복의 시도 단락은 (나), (다), (라)이다. (사)는 비극적 패배의 증거물을 제시하는 단락이다. <썩은덤>은 서사가 진행되면서 고난과 극복의 시도는 심화되고 강화된다. 고난 단락은 (가)의 지명변경 주장과 (마)의 지명변경을 위한 축하잔치가 실패하여, (바)와 같이 대가야국도 망했다는 것이다. 고난 극복 단락은 (나)의 대가야 백성이 왕에게 소식을 알려주어 (다)의 어전회의에서 지명을 개칭하기로 결정하고, (라)의 지명개칭 잔치가 '썩은덤'에서 개최된 것이다. 그리고 (사)의 지명변경의 실패와 대가야국의 멸망을 연결시키고 있다. 이 증거물은 대가야의 패망을 합리화하는 구실을 보여주면서도, 시대적 변천을 통해 새롭게 변모되는 모습을 보여준다.

> 그래서인지는 몰라도 대가야국은 신라에 망해버려 대가야국 역사는 영원히 자취를 감추고 말았다. '산덤'이 되지 못한 '썩은덤'은 …… 건너편 투구봉 밑으로 88올림픽 고속도로가 생겼으며 고령 인터체인지가 쌍림면 삼거리에 있어 '썩은덤'이 '산덤'으로 바뀌어 가는 듯하다.[299)]

<썩은덤>은 (가)~(사)까지 대가야국의 지명변경과 관련된 고난과 극복의 구조적 전개로 구성되어 있다. (가)의 명칭 변경은 대가야국 모든 사람들의 문제이므로 백성과 왕이 함께 영웅이 탄생할 수 있도록

299) 고령문화원 편, 앞의 책, 93~94쪽.

명칭을 변경하였다. (나)~(라)는 구체적인 고난 극복의 시도를 줄기차게 전개했지만, 술에 취해 지명변경이 실패하여 (바)와 같이 대가야국은 멸망한다. 대가야국의 지정학적 위치 때문에 지명개칭은 국가의 운명을 좌우할 수 있는 중대한 문제로 등장하였다.

지명변경에 실패하여 대가야의 패망을 전해주는 썩은덤(위)과 성공하면 장군이 출생하여 투구로 사용할 투구봉(아래)

이러한 위협에서 벗어나기 위해서는 대가야국에 영웅이 탄생하기를 기원할 수밖에 없었던 것으로 보인다. 대가야국 왕실은 지명개칭을 홍보하기 위해서 많은 사람이 모이는 팔월 보름날 '썩은덤'에서 잔치를 개최하였다. 그럼에도 불구하고 지명개칭 날짜를 잘못 선택하여 무절제한 분위기 속에서 백성들은 본래의 취지는 망각한 채 향락을 즐기게 되었다. 이것은 대가야 백성들의 해이한 정신을 보여주는 점도 있지만, 좀더 근본적으로는 대가야국 왕실의 지도와 통제가 미약했음을 보여준다. 따라서 대가야국 왕실과 백성의 이질감 때문에 지명개칭과 영웅의 탄생이 실패하여 대가야가 패망했다는 총체적인 문제를 보여준다.

이상에서 <썩은덤>은 지명변경을 둘러싼 왕실의 권위 실추와 백성의 분열로 인하여 대가야는 패망하였다. 이것은 역사적으로 대가야의 연맹회의가 하나로 통합되지 못하여 패망하는 것과 연관성을 보여준다. 대가야국의 도인이 영웅의 탄생을 예언한 것은 이러한 연맹회의를 통해서 결속을 다질 수 있는 지도자의 출현을 기대한 것이다. <썩은덤>은 대가야국의 위기와 불안해소의 방법이 지명개칭으로 부각되었지만, 왕실이 축하잔치의 날짜를 잘못 선택했을 뿐 아니라 지도력의 부족으로 실패하였다. 여기에 백성들의 해이한 정신도 한몫하고 있다. 결국 대가야의 도인이 말한 영웅적 인물은 대가야왕실과 백성이 단결할 때만 탄생한다는 것을 보여준다.

4. 맺음말

대가야는 역사적 자료가 부족하여 역사학은 물론 국문학에서도 주목을 받지 못했다. 여기서는 역사적으로 패배한 대가야의 전설을 처음으로 소개하고, 대가야의 패망에 대한 전설의 대응방식과 역사적 의미를 살펴보았다. 대가야와 신라의 역사적 전쟁을 바탕으로 형성된 대가야 전설에는 신라의 침략에 항복하지 않고 끝까지 결사항전한 지역주민의 저항의식이 담겨있다. 그럼에도 불구하고 대가야의 역사적 패망을 인정하지 않을 수 없는 전설의 비극적 세계관을 보여준다.

대가야의 패망원인은 주로 군사적인 열세에서 비롯되고 있다. <예동산성>은 산성축조 기술과 정보수집 능력의 부족으로 나타난다. <거북바위>와 <신동의 비녀>는 마량 장군이 중과부적으로 패배하거나 대가야국 왕실이 가야산으로 피신하는 것으로 보아 군사력의 열세가 나타난다. <썩은덤>은 지명개칭 날짜선택의 잘못과 백성들을 지도하지 못한 왕실의 지도력 부족과 백성들의 기강해이가 보인다. 이러한 패망원인은 군사기술을 포함한 군사력의 부족과 왕실과 백성의 거리감에 의한 총체적인 것에도 그 원인이 있었던 것으로 보인다. <거북바위>와 <신동의 비녀>는 대가야의 역사적 패망을 정신적으로나마 극복하려는 지역주민의 의식을 보여주고 있으나, <썩은덤>은 대가야의 패망을 체념하고 있다.

대가야의 역사적 패망에 대한 반성과 극복의식도 나타난다. <예동산성>은 도인으로 대표되는 백제세력과 연합하여 신라군의 침략에 대항하는 자주국방 의식을 표출하고 있다. <거북바위>는 대가야국의 영웅적 인물 마량 장군이 신라군을 격퇴해주길 기대하는 국가수호 의식을 보여준다. <신동의 비녀>는 최후까지 망산성에서 저항하다가 패전하여, 가야산으로 도피하는 모태회귀 의식을 통해서 새로운 국가의 재건을 염원하고 있다. 그런데 <썩은덤>은 대가야 영웅의 출현을 위해서 왕실과 백성이 단결하여 지명개칭에 참여했으나, 왕실과 백성들의 이질감으로 영웅 출현은 실패한다. 이것은 왕실과 백성이 단결할 때, 영웅이 탄생한다는 점을 보여준다.

대가야 전설은 고난이 강화되고 심화되는 것에 비례하여 고난의 극복도 구체화, 적극화된다. 신라의 현실적, 무력적 침략에 대가야인들은 정신적 의지로 맞서고 있다. <예동산성>은 도인의 도움으로 산성을 구축하려는 의식을 보여주고, <거북바위>는 죽은 마량 장군이 부활하여 신라군을 격퇴하였다. <신동의 비녀>는 대가야왕실의 모태회귀 의식을 통한 국가재건의 염원을 보여준다. <썩은덤>은 대가야의 발전을 위해 왕실과 백성이 단결하여 영웅의 탄생을 기원하고 있다. 이와 같이 신라의 무력적 침략에 대항하는 것은 한계가 있지만, 대가야인의 정신적 의지로 맞서는 것은 언제나 가능하다고 하겠다.

지금까지 대가야 전설에 나타난 대가야 패망의 전설적 대응을 살펴보았다. 대가야와 신라의 역사적 전쟁을 문제삼고 있는 대가야 전설은 역사적 패망을 극복하려는 대가야인의 저항의식과 염원을 보여준다. 여기서 저항의식은 대가야의 패망원인에 대한 비판과 반성을 통하여 국가수호 의식과 자주국방 의식을 강조하고 있다. 이러한 대가야국의 국가수호적 저항의식은 조선시대 임진왜란 때 활약한 의병장 김면 장군의 충성과도 연결되고 있다. 이러한 대가야 전설은 신라와 백제의 전설과 비교함으로써 구체성을 담보할 것으로 생각된다.

제 5 장 이야기보따리를 다시 풀며

대구 · 경북지역의 설화는 가야문화, 불교문화, 유교문화 등을 포괄하고 있을 뿐만 아니라 매우 풍부하게 존재하고 있다. 그럼에도 불구하고 설화는 시대의 변천과 더불어 생성과 소멸의 변모과정을 끊임없이 거치게 마련이다. 이러한 설화에는 지역주민의 생활방식과 세계관이 뚜렷이 반영되어 있다고 하겠다. 따라서 대구 · 경북지역의 설화 연구는 지역적 개별성을 확인하는 작업이면서도 한국설화의 보편성에 기여하는 방향으로 나아가야 한다. 여기서는 앞에서 논의한 내용을 정리하여 마무리를 짓고 남은 문제점을 제시하고자 한다.

제2장에서는 탁월한 인물의 활약상을 다루고 있는 신화적 영웅, 전설적 영웅, 민담적 영웅에 대한 영웅설화를 다루고 있다. 신화적 영웅에는 경주의 박혁거세, 석탈해, 김알지, 고령과 문경의 정견모주와 견훤 등이 속한다. 전설적 영웅에는 민중영웅의 상징인 아기장수와 역사영웅의 활약상과 비극적 죽음이 나타난다. 역사영웅의 비극적 죽음에는 후백제왕 견훤, 조선시대 남이와 임경업, 신돌석 장군 등이 있다. 민담적 영웅에는

경주와 영덕에서 출생하여 재치와 해학을 보여준 정만서와 방학중이 대표적인 인물이다. 영웅설화에는 군왕으로 등극하는 신성영웅, 역사영웅의 구국적 활약상을 보여준 비극영웅, 건달형 인물의 재치와 해학을 보여준 희극영웅 등이 존재하고 있다.

지역의 신화는 천상과 지상의 화합에 의한 영웅의 탄생과 군왕의 등극, 결혼, 죽음 등으로 구성되어 있다. 다만, 경주지역 김알지, 석탈해 신화는 결혼대목이 등장하지 않는다. 신라에서는 알에서 출생하는 남방계통의 난생신화를 보여준다면, 가야신화와 견훤신화는 결혼을 통한 신성영웅이 출생하는 북방계통의 신화를 보여준다. 지역의 전설은 아기장수와 같이 민중영웅의 출현을 기대하면서도 역적의 혐의를 벗어나려는 양면성을 뚜렷이 보여준다. 역사영웅의 활약상과 비극적 죽음에 대한 지역민의 의식은 충신을 죽인 간신에 대한 철저한 응징을 보여준다. 그리고 견훤의 역사적 패배와 비극적 죽음은 신화와 전설을 가늠하는 기준으로 작용하고 있다. 민담적 영웅은 해학과 재치를 발휘하여 당시 유교윤리에 한 줄기 희망의 빛이 되었다. 정만서와 방학중은 자신의 처량한 신세를 웃음으로 풀어내는 해학의 미학을 보여주었다.

제3장에서는 대구·경북설화의 주제별 특징으로 과거급제담, 풍수담, 임란체험담, 사찰유래담 등과 같이 다수를 차지하는 자료를 중심으로 분석하였다.

첫째, 과거급제를 향한 끈질긴 도전과 희망은 지역주민의 추로지향 의식을 반영하고 있다. 지역주민은 과거급제를 통해서 관직에 진출하려는 의식을 뚜렷이 보여주고 있다. 영남지역에서 국가 인재의 절반이 배출된 점으로 보아, 학문탐구와 과거급제가 얼마나 강조되었는지 쉽게 짐작할 수 있다. 이러한 과거급제를 통한 관직진출의 전형을 보여준 암행어사 박문수는 지역주민의 우상이나 다름없다. 박문수는 백성들의 고통을 풀어주는 올바른 관리자의 모습을 보여주지만, 노비들의 신분해방에 대해서는 완강한 체제수호적인 성격을 보여준다.

둘째, 풍수담은 다른 지역에 비하여 유교문화를 다양하게 반영하고 있다. 지역주민들은 풍수에 대하여 대체로 긍정하면서도 부정적인 의식을 보여준다. 풍수담에는 명당을 차지하기 위한 다양한 갈등이 등장한다. 예컨대, 친정 부친의 명당을 빼앗은 딸, 마을의 선주민과 이주민의 대결, 신분관계에서 발생하는 복수담, 접빈객을 꺼리다 패망하는 경우 등과 같이 아주 다양한 실정이다. 이러한 풍수담은 조상의 무덤을 명당에 마련하여 후손의 부귀영화를 누리는 것이다. 그런데 풍수의 대가인 남사고에 대한 반응은 이중성을 보여준다. 개인적으로 부모의 산소를 여러 번 이장한 것은 부정하면서도 왜란이나 역모를 예견한 점에서는 국가적 충신으로 생각하고 있다. 이렇게 지역주민들은 풍수담을 통해서 자신들의 욕망을 다양하게 투영하고 있다.

셋째, 대구·경북지역에는 임진왜란에 대한 이야기가 가장 많이 분포하고 있다. 지역주민들이 임진왜란의 참혹한 피해를 입었기 때문으로 짐작된다. 이러한 임진왜란의 체험을 통한 지역주민의 대응은 다양하게 나타난다. 곽재우, 정기룡, 김면 등의 충신과 선비들은 의병활동을 통해서 왜적을 무찌르고, 수많은 여성들은 정절을 지키기 위해서 자결하였다. 신립 장군이 문경 새재에서 왜적을 막지 않았던 역사적 사실을 여인의 원혼 때문으로 설명하고 있다. 이렇게 임진왜란은 조선을 구한다는 명분으로 명나라가 출전하면서 동아시아 삼국의 국제전으로 확대되었다. 지역주민들은 명나라 이여송이 훌륭한 인재가 출현할 곳을 단혈한 것에 대하여 부정적인 의식을 보여주고 있다.

넷째, 사찰유래 전설과 지역민의 관심은 사찰창건 설화와 연관되어 있다. 지역의 불교문화는 비교적 일찍부터 꽃을 피운 것으로 보인다. 삼국시대 아도화상이 창건한 도리사를 비롯하여 원효와 의상의 손길이 고스란히 묻어있는 유명한 사찰들이 곳곳에 터를 잡고 있다. 이러한 사찰창건 전설은 대부분 보은의 표시로 창건되었다. 그런데 불교의 전래와 더불어 민간신앙의 대상인 용이 점차 부처로 변모하였다. 조선이 창건되면서 불교 사찰을 허물고 향교와 서원을 건축하였다. 따라서 사찰유래 전설은 민간신앙에서 불교, 불교에서 유교로 변모되는 과정을 뚜렷이 반영하고 있다.

제4장에서는 대구 · 경북 설화의 지역별 특징을 밝히기 위해서 대구, 구미 · 선산, 상주, 안동, 경주, 고령 등을 집중적으로 분석하였다. 대구는 임진왜란 이후 감영이 설치되었던 곳이고, 경주는 신라 불교문화, 안동은 조선시대 유교문화의 정수를 보여주고 있다. 고령은 대가야문화권을 대표하고, 상주는 일찍부터 번성했던 교통의 요지이며, 구미 · 선산은 농촌공동체의 급격한 변화를 뚜렷이 부여주고 있다. 이렇게 지역별 설화의 특징을 밝히기 위해서 역사와 문화적 여건을 고려하여 선정하였다.

첫째, 대구지역 설화의 양상은 지명과 사찰유래 전설과 지역민의 관심, 효 · 열사상과 유교 의식의 강화, 충을 통한 왜적 방비와 국가수호, 남아선호 사상과 기자치성, 홍수 · 가뭄과 천재지변 극복 등으로 나타난다. 지명유래전설은 지역성과 밀접한 관계를 보여준다. 후삼국 시대 견훤에게 패배한 왕건의 역사적 현실이 <파군재>, <은적사와 은적굴>에 나타난다. 효성을 강조한 <사효굴에 얽힌 슬픈 이야기>, <사효굴>이 있는데, 전자는 의병장 곽재우 장군의 집안일로 변모했다면, 후자는 현풍 곽씨의 3형제로 변모하였다. 이렇게 효성담은 왜적을 격퇴한 지역의 명문가 인물로 변모한 특징을 보여준다.

지역주민들은 임진왜란과 같은 혼란기에는 충성을 통한 국가수호의식을 보여준다. 조선 초기 사육신 박팽년은 단종에 대한 절개를 지키고, 왜적을 격퇴한 의병장 곽재우는 비신에 땀을 흘려서 국가적 큰일을 알려주었다. 이렇게 생전의 충신이 죽어서도 국가를 수호하는 충절을 보여준다. 지역주민들은 <칠성바위>에 기자치성을 하여 아들의 출생과 입신양명을 강조하고 있다. 홍수와 가뭄을 극복하려는 지역민의 지혜도 주목된다. <홍수를 막아준 느티나무>에는 수맥이 흐르는 곳에 나무를 심어서 홍수를 예방하고, <용소>에서는 기우제를 지내 가뭄을 해갈하였다. 이상에서 대구 설화의 지역적 특징은 다른 지역과 마찬가지로 보편적인 성격을 보여주면서도 유교윤리를 강조하고 있다.

둘째, 구미·선산지역 설화의 양상과 특징은 두 가지로 요약할 수 있다. 하나는 농촌공동체가 국가 주도의 급격한 산업화 과정에서 어떻게 변모했는지를 살펴보는 것이다. 산업화가 진행된 구미에는 전설이 사라진 반면에 농촌문화를 유지한 선산에는 전설이 존재하여 뚜렷한 대조를 보이고 있다. 다른 하나는 기록물로 정착된 고전소설의 재구연화가 빈번하게 나타난다. 구미·선산지역에는 <권익중전>, <박씨전>, <신유복전>, <정을선전> 등과 같은 군담영웅소설과 가정소설을 재구연하고 있다. 이러한 까닭은 급격한 산업화의 영향으로 전설이 사라진 자리에 떠돌이 민담과 고전소설이 그 자리를 차지한 것으로 보인다.

구미·선산지역의 인물전설은 후삼국 시대 해평지역의 수호신으로 좌정한 김훤술과 고려말기 금오산에 은거한 길재는 충절의식을 상징한다. 이러한 충절의식은 조선 초기 단종에 대한 절개를 지킨 하위지와 이맹전에게 계승되고 있다. 지명유래담은 보는 각도에 따라 다양한 금오산의 모습을 통해서 지역주민의 소망을 담아내고 있다. 그리고 불교 발상지 도리사와 아도화상이 머물렀던 모례장자 집과 연못의 신비 등도 불교의 신비체험과 호국불교의 성격을 보여준다. 음택풍수는 지역의 유교윤리의 강화와 맞물려 후손의 부귀공명을 반영할 뿐만 아니라 과거급제와 고위관직에 진출하려는 관료지향의식을 뚜렷이 보여준다. 암행어사 박문수 설화가 이러한 관직진출에 대한 욕망을 강조하고 있다. 그리고 여성의 정절을 강조한 <열녀 향낭>과 동물의 의로운 죽음을 담아낸 <의구총>, <의우총>은 지역민에게 유교윤리의 모범이 되었다.

셋째, 상주지역은 일찍부터 교통이 발달하여 전설보다 민담의 비중이 상대적으로 높은 편이다. 지역주민들은 민담을 향유하면서 삶의 애환과 욕구를 해소한 것으로 보인다. 그럼에도 상주지역 설화에는 인물전설의 영웅화를 강조하고 있다. 이러한 역사인물의 영웅화는 후백제왕 견훤과 임진왜란 때 활약한 정기룡 장군으로 구체화되어 등장한다. 지역주민들은 아기장수 전설에 용마 모티프를 결합하여 영웅의 활약상을 기원하는 민중의식을 담아내고 있다. 상주지역은 '공갈못'과 같이 논농사와 연관된 지명유래가 풍부하게 남아있다. 그래도 가뭄이 들면 '갑장산'에서 기우제를 지내는 의식을 거행하였다. 이러한 지명유래는 낙동강 유역의 논농사에 필요한 용수공급과 연관되어 있다.

풍수담은 명당에 무덤을 잡으면 부귀공명을 성취하지만, 남편이 아내를 배제한 채 물명당에서 재생하려던 계획은 모두 실패한다. 효열담은 상주지역에 풍부하게 전승되고 있음에도 불구하고 효성담에 비하여 열녀담은 상대적으로 빈약하다. 과거급제담은 인근의 구미·선산지역보다 빈약한 실정이다. 그러나 신분제가 동요하면서 몰락양반이 도망 노비를 찾아가는 주종관계의 역전현상을 보여준다. 지역민들은 신분제의 고수를 통해서 사회적 안정을 바라는 보수성을 반영하였다. 이러한 추노설화는 대구·경북에 절반이 분포하는 것으로 보아 지역의 보수성을 뚜렷이 보여준다.

넷째, 경주지역의 설화에는 신라시대와 연관된 인물전설과 지명·사찰유래담에 대한 관심을 보여주고 있다. 역사적 인물전설의 구국활동을 보여준 김유신과 문무왕은 문헌기록과 차이가 나타나지 않는다. 다만 박제상 부인의 전설은 전대문헌의 영향을 벗어나 다양한 양상으로 변이되고 재창조되었다. 김유신은 역사적 사실을 지향하고 있다면, 박제상 부인은 역사의 굴레를 벗어나 다양한 전설로 재창조되었다. 지명·사찰유래담은 전대문헌인『삼국사기』,『삼국유사』의 영향으로 신라시대에 대한 관심을 뚜렷이 보여준다. 풍수담은 신분적 주종관계에 있는 하층민이 풍수를 활용하여 세도를 부린 상층민을 복수하는 내용이 주목된다.

암행어사 박문수는 과거에 급제하여 백성들의 살인, 간통사건을 해결하는 올바른 관리자의 모습을 보여준다. 그럼에도 불구하고 <박문수와 우복동의 반란>에서는 노비들의 신분해방을 반대하는 체제수호적 성격을 보여준다. 경주지역의 효성담은 역사적으로 오래된 효자 손순의 효성보다 아들이 모친을 위해서 놓아준 다리와 연관된 효와 불효 논쟁이 주목된다. 이러한 논쟁은 여성의 수절을 강조하는 유교윤리의 강화와 맞물려 확장되었다. 경주에는 남녀 제보자에 따른 설화의 첨삭과 세계관의 차이를 뚜렷이 보여준다. 여성 제보자는 김유신 전설을 구연할 때도 여성과 연관된 내용을 첨가하고 있다. 아기장수 전설에서는 불공을 드려 얻은 아기장수의 죽음을 생략하기도 하였다. 이렇게 남녀 제보자는 <애기봉>의 구연에서 뚜렷한 차이를 보인다. 남성은 장수의 출현을 첨가한다면, 여성은 왕비의 출현을 기원한 것이다.

다섯째, 안동지역 설화는 조선시대 유교문화의 영향 아래에 놓여있다고 해도 지나친 말이 아니다. 국가에 대한 충성을 다한 인물전설을 비롯하여 중앙에서 파견된 관리가 지역의 토착세력과 대립하는 지명유래담, 조상의 무덤을 명당에 잡아서 부귀영화를 누리는 풍수담, 가부장적 가족제도의 전통이 강하게 남아있는 효열담, 마을의 풍요와 다산을 기원하는 동제담 등이 주목된다. 이러한 안동지역 설화의 특징은 유교윤리의 강조와 맞물려 있다고 하겠다.

인물전설은 역사인물의 활약과 지역민의 충성의식이 뚜렷이 드러난다. 안동의 삼태사와 지역민들은 왕건을 도와 견훤을 물리치고 고려 건국에 이바지하였다. 이러한 지역민의 충절의식 때문에 고려말기 공민왕이 홍건적의 난을 피하여 안동으로 몽진할 수 있었던 것이다. 그리고 임진왜란 때 삼태사의 위패를 안전하게 지킨 안첨지에 대한 보답으로 제사를 지내준다. 조선 초기 안동부사로 부임한 맹사성은 향촌세력을 제압하고 억불숭유 정책을 실현하기 위해서 풍수를 적절하게 활용하였다. 홍국사를 개목사로 변경하여 불교세력을 진압하고 유교윤리로 교화하려는 의식을 보여준다. 임진왜란을 수습한 유성룡을 도와준 이인적 인물이 바로 유운룡이다. 지역민들은 역사에 부각된 유성룡보다 이면에서 활약한 유운룡에 대한 애정을 보여준다.

안동지역은 유교문화와 더불어 불교문화도 광범위하게 존재하고 있다. 지역주민들은 사찰유래 전설을 통해서 최고가 되기 위한 경쟁의식을 담아내고 있다. 예컨대, 형제간 제비원 미륵불 조각하기, 제비원과 법룡사 건축하기, 물길 때문에 다툰 용과 부처 등과 같이 다양한 경쟁의식을 보여준다. 유교윤리가 반영된 풍수담에는 접빈객을 꺼리다가 패망한 이야기와 친정 부친의 명당을 빼앗은 딸의 이야기가 주목된다. 이러한 풍수담

속에는 여성에게 접빈객의 고통이나 부친의 무덤까지 차지해야 하는 시집살이의 현실이 반영되어 있다. 그리고 여성의 정절의식, 적서차별, 가문계승 등과 같이 가부장적 가족제도에서 발생하는 고통도 주목된다.

안동지역에는 마을의 신성으로 좌정하는 동신담이 다수 전승되고 있다. 여기에는 과거급제 기원과 마을의 풍요와 안녕을 기원하는 내용이 대부분을 차지한다. 동신담의 기능은 동일하지만, 청량산을 중심으로 분포하는 공민왕당과 관우를 섬기는 관왕묘는 지역의 신으로 좌정하는 내용이 특이하다. 안동에 전승되는 아기장수 전설은 부모가 아들의 무술연마를 금지하여 자결하는 것으로 변모되었다. 이것은 아기장수의 비극적 죽음 대신에 자결하는 점으로 보아 효성을 강조하는 유교문화의 영향을 보여준다.

여섯째, 대가야 전설은 신라에 저항하다가 패망한 역사적 사실을 뒷받침하고 있다. 대가야의 수도인 고령지역에는 신라에 결사항전했던 <예동산성>, <거북바위>, <신동의 비녀>, <썩은덤> 등의 전설이 존재하고 있다. 이러한 대가야 전설에는 신라의 침략에 대응한 지역주민의 의식을 반영하고 있어서 주목된다. 대가야 전설에는 신라에 패망한 원인을 군사적 열세에서 찾고 있다. <예동산성>은 신라의 침략을 예견했음에도 불구하고 산성축조 기술과 정보수집 능력의 부족을 보여준다. <거북바위>, <신동의 비녀>는 신라군의 침략에 저항했으나 중과부적으로 패배한 군사력의 열세를 보여준다. <썩은덤>은 지명변경을 둘러싸고 왕실과 백성의 분열을 반영하고 있다.

그런데 대가야 전설의 특징은 역사적 패망에 대한 반성과 극복의식이 나타나고 있다는 점이다. <예동산성>은 도인으로 나타난 백제세력과 연합하여 신라군의 침략에 대항하는 자주국방 의식을 표출하고 있다. <거북바위>는 대가야국의 영웅 마량 장군이 신라군을 격퇴시켜주길 기원하는 국가수호의식을 보여준다. <신동의 비녀>는 최후까지 망산성에서 저항하다가 패전하여 가야산으로 도피하는 모태회귀의식을 통해서 새로운 국가의 재건을 염원하고 있다. <썩은덤>은 대가야의 영웅출현을 위해서 왕실과 백성의 단결이 무엇보다 중요하다는 점을 보여준다. 따라서 <거북바위>, <신동의 비녀>는 대가야의 패망을 정신적으로 극복하려는 지역민의 의식을 보여주고 있다.

이상에서 대구·경북지역의 설화는 고령의 가야문화, 경주의 불교문화, 안동의 유교문화 등과 같이 지역별 특징을 내포하고 있다. 인물전설, 지명·사찰유래 전설, 임란 체험담 등은 지역의 증거물과 연관되어 전승된다면, 풍수담과 과거급제담은 구체적인 증거물이 없는 민담으로 전승되고 있다. 지역주민들은 설화에 과도한 역사성을 반영하여 이야기 문학의 다양성을 제약하였다. 남성 제보자는 이야기를 통해서 역사의식을 반영하고 여성 제보자는 생활의식을 반영한 것으로 보인다. 이러한 남녀 제보자의 의식에 의해서 대구·경북지역의 설화는 변모하고 토착화되었다.

지금까지 대구·경북지역의 설화는 이 땅에 살고 있는 지역주민의 역사와 문화적 의식 및 생활방식을 반영하면서 다양한 이야기로 변모한 것으로 보인다. 예컨대 지역주민들은 과거급제와 관직진출의식, 장자가 조상의 제사를 받들어야 한다는 가부장적 제사의례, 풍수설화를 활용한 지역민의 소망의식, 지명과 사찰유래담 등을 통해서 지역의 다양한 관심사를 반영하고 있다는 점에서 주목된다. 이러한 보편적 특징과 함께 각 지역별 개별성도 매우 중요하다고 할 수 있다. 지역 설화의 특징을 제대로 이해하기 위한 비교 연구는 후고에서 다시 논의하기로 한다.

참고문헌

1. 연구자료

『삼국지』

『송서』

『신증동국여지승람』

『남제서』

『일본서기』

『군위의 향맥』(군위군, 1983).

『내 고장 우리 향토』(김천시, 1983).

『내 고장 전통 가꾸기』(달성군, 1981).

『내 고장 전통 가꾸기』(문경군, 1982).

『내 고장 전통 가꾸기』(안동군, 1981).

『내 고장 전통 가꾸기』(영양군, 1982).

『내 고장 전통 가꾸기』(예천군, 1981).

『내 고장 전통』(경산시, 1982).

『내 고장 전통문화』(청도군, 1981).

『내 고장의 자취』(안동시, 1982).

『내 고장 전통 가꾸기』(구미시, 1981).

『대구의 향기』(대구시, 1982).

『대구시사』 3권(대구시, 1973)

『상주의 얼』(상주군, 1982).

『선산의 맥락』(선산군, 1983).

『신라의 얼』(월성군, 1982).

『신증동국여지승람』 29권, <고령현조>.

『안동의 설화』(경상북도 안동교육청, 1992).

『우리 고장의 전통』(봉화군, 1983).

『우리 고장의 전통문화』(영주시 · 영풍군, 1983).

『울릉군』(울릉군, 1983).

『울진의 얼』(울진군, 1982).

『의성의 전통』(의성군, 1982).

『지명유래총람』(경상북도 교육위원회, 1984).

『청송의 향기』(청송군, 1982).

『호국의 고장』(칠곡군, 1983).

고령문화원 편, 『우리 지방의 민담 · 전설 및 지명유래』(고령문화원, 1988).

김광순, 『비슬산』(경북대학교, 2000).

김광순, 『팔공산』(경북대학교, 1991).

김부식, 이병도 역주, 『삼국사기』(을유문화사, 1997).

대구시, 『대구통계연보』 제39회.

박용규, 『고향 경북』(경상북도, 1996).

임석재, 『한국구전설화』(평민사, 1993).

이중환, 『택리지』(을유문화사, 1994), 68쪽.

일연, 이가원 역, 『삼국유사』(태학사, 1991).

임재해, 『한국구비문학대계』 7-9권(한국정신문화연구원, 1982).

조동일, 『한국구비문학대계』 7-1권(한국정신문화연구원, 1980).

조동일, 임재해, 『한국구비문학대계』 7-2권, 7-3권(한국정신문화연구원, 1980).

조동일, 임재해, 『한국구비문학대계』 7-6권, 7-7권(한국정신문화연구원, 1981).

조희웅, 노영근, 『영남구전자료집』(박이정, 2003).

임재해, 『한국구비문학대계』 7-10권(한국정신문화연구원, 1984).
임재해, 『한국구비문학대계』 7-17권, 7-18권(한국정신문화연구원, 1988).
최정여, 『한국구비문학대계』 7-11권, 7-12권(한국정신문화연구원, 1984).
최정여, 『한국구비문학대계』 7-14권(한국정신문화연구원, 1985).
최정여, 강은해, 『한국구비문학대계』 7-4권, 7-5권(한국정신문화연구원, 1980).
최정여, 천혜숙, 『한국구비문학대계』 7-8권(한국정신문화연구원, 1983).
최정여, 천혜숙, 『한국구비문학대계』 7-13권(한국정신문화연구원, 1985).
최정여, 천혜숙, 『한국구비문학대계』 7-15권, 7-16권(한국정신문화연구원, 1987).
한국정신문화연구원 편, 『한국인물대사전』(중앙일보, 1999).
한국정신문화연구원, 『한국민족문화대백과사전』(웅진출판사, 1992).

2. 연구 논문 및 저서

강은해, 『한국설화문학연구』(계명대출판부, 2005).
강재철, 「설화의 개념·갈래·명칭」, 『설화문학연구』(단국대 출판부, 1982), 217-255쪽.
강중탁, 「풍수설화의 분류시론」, 『명지어문학』 17·18호(명지대 국어국문학과), 93-122쪽.
권영호, 「박제상 전승의 양상과 의미」, 『어문학』 75집(한국어문학회, 2002. 2.), 79-90쪽.
권태을, 「견훤설화 소고」, 『상주문화』 11호(상주문화원, 2001), 52-72쪽.
김광순, 「비슬산 지역의 설화」, 『비슬산』(경북대학교, 2000).
김광순, 「팔공산의 설화」, 『팔공산』(경북대학교, 1991).

김광순, 『경북민담』(형설출판사, 1978).

김광순, 『한국구비전승의 문학』(형설출판사, 1983).

김기탁, 「견훤설화의 신성성과 민속신앙」, 『상주문화연구』 8집(상주대 상주문화연구소, 1998), 63-93쪽.

김병모, 『김수로왕비의 혼인길』(푸른숲, 1999).

김수업, 「아기장수이야기 연구」(경북대 박사논문, 1994).

김영희, 「아기장수 이야기의 전승력 연구」(연세대 석사논문, 1999).

김재웅, 「<유최현전>의 구조적 특징과 가정소설의 지평 확장」, 『정신문화연구』 102호(한국학중앙연구원, 2006. 3.), 87-100쪽.

김재웅, 「고령지역 민요의 전반적 고찰」, 『고령지역의 역사와 문화』(계명대 한국학연구원, 1997), 119-123쪽.

김재웅, 「군위지역 민요의 전반적 고찰」, 『군위지역의 역사와 문화』(계명대 한국학연구원, 1998), 169-171쪽.

김재웅, 「군위지역 설화의 연구」, 『군위지역의 역사와 문화』(계명대 한국학연구원, 1998), 187-207쪽.

김재웅, 「대구지역 설화의 양상과 지역적 특징」, 『한국학논집』 28집(계명대 한국학연구원, 2001), 185-210쪽.

김재웅, 「합천지역의 민요 연구」, 『합천지역의 역사와 문화』(계명대 한국학연구원, 2000), 235-239쪽.

김재웅, 「고령지역 설화의 전반적 고찰」, 『고령지역의 역사와 문화』(계명대 한국학연구원, 1997), 135-161쪽.

김재웅, 「대가야 전설의 존재양상과 특성 연구」, 『한국어문연구』 14집(한국어문연구학회, 2003), 109-126쪽.

김정숙, 「대가야의 성립과 발전」, 『가야사연구』(한국고대사연구회, 1995), 119쪽.

김종철, 「고령군 문화유적에 대한 고고학적 연구」, 『고령지역의 역사와 문화』 (계명대 한국학연구원, 1997).

김택규 외, 『낙동강 유역사 연구』 (한국향토사연구회, 1996).

노중국, 「대가야의 정치·사회구조」, 『가야사연구』 (한국고대사연구회, 1995), 171쪽.

박현국, 「<견훤설화>고」, 『중앙민속학』 3집(중앙대 민속학연구소, 1991), 173-193쪽.

손문숙, 「<불효부 효부 만들기> 설화의 유형별 구조와 의미」, 『동남어문논집』 15집(동남어문학회, 2002), 149쪽.

손정희, 「한국풍수설화연구」 (부산대 박사논문, 1992), 42-50쪽.

신월균, 「한국 풍수설화의 서사구조와 의미분석」 (인하대 박사논문, 1989), 17-18쪽.

유증선, 『영남의 전설』 (형설출판사, 1971).

이몽일, 「한국풍수사상의 역사적 전개와 변모과정」, 『경산문화연구』 3집 (경산대 경산문화연구소, 1998), 117-128쪽.

이문기, 「대가야의 대외관계」, 『가야사 연구』 (한국고대사연구회, 1995), 193-253쪽.

이복규, 『초기 국문·국문본소설』 (도서출판 박이정, 1998), 6-8쪽.

이인철, 「6~7세기의 무기·무장과 군사조직의 편제」, 『한국고대사론총』 7집 (한국고대사연구회, 1995), 54쪽.

이형우, 「대가야의 멸망과정」, 『가야사 연구』 (한국고대사연구회, 1995), 137-149쪽.

임재해, 「공민왕 몽진 설화에 나타난 주민들의 역사의식」, 『구비문학연구』 21집(한국구비문학회, 2005), 328-372쪽.

임재해, 「성주의 본향 제비원의 노래와 전설」, 『한국민속과 전통의 세계』

(지식산업사, 1994), 424쪽.
임재해, 「손순매아설화의 현장성과 전승상황」, 『민족설화의 논리와 의식』 (지식산업사, 1992), 389-414쪽.
임재해, 「안동지역 이야기꾼과 이야기의 세계」, 『한국민속과 전통의 세계』 (지식산업사, 1994), 456-458쪽.
임재해, 「안동사람들의 의식형성과 그 비판적 인식」, 『한국민속과 전통의 세계』 (지식산업사, 1994), 151쪽.
임재해, 「이여송 전설에 갈무리된 민중의 역사인식」, 『민족설화의 논리와 의식』 (지식산업사, 1992), 221-241쪽.
임철호, 「아기장수설화의 전승과 변이」, 『구비문학연구』 3집(한국구비문학회, 1996), 203-236쪽.
임철호, 「이여송 설화 연구」, 『국어국문학』 90집(국어국문학회, 1983), 247-278쪽.
장덕순 외, 『구비문학개설』 (일조각, 1992), 7쪽.
장장식, 「조선후기 문헌설화집과 풍수설화의 수용양상」, 『한국서사문학사의 연구』 5권(중앙문화사, 1995), 1859-1882쪽.
장장식, 「풍수설화의 유형 분류」, 『한국민속학』 22집(민속학회, 1989), 63-85쪽.
전병일, 김일곤, 「낙동강 유역의 자연 재해」, 『낙동강연구논총』 창간호(신라대 낙동강연구원, 1998), 122쪽.
정우락, 「남사고 전승의 존재양상과 의미 지향」, 『격암 남사고 선생의 생애와 사상』 (조선사연구회, 2000), 67-85쪽.
정준식, 『추노계 소설의 형성과 전개』 (세종출판사, 2004), 68쪽.
조동일, 「남사고 전설의 유형과 구조」, 『구비문학』 2집(정신문화연구원, 1979), 3-16쪽.
조동일, 『민중영웅 이야기』 (문예출판사, 1992), 110-264쪽.

조동일, 「영웅이야기의 유형 : 분류방법 모색을 위한 시도」, 『구비문학』 5집(한국정신문화연구원, 1981).

조동일, 「한국설화유형분류집」, 『한국구비문학대계 별책부록』 1권(한국정신문화연구원, 1989), 12～18쪽.

조동일, 『동학성립과 이야기』(홍성사, 1981).

조동일, 『세계·지방화 시대의 한국학』 1~4권(계명대출판부, 2004).

조동일, 『인물전설의 의미와 기능』(영남대 민족문화연구소, 1979).

조희웅, 『설화학 강요』(새문사, 1989), 48-49쪽.

천혜숙, 「마을우주와 신화적 세계관」, 『구비문학연구』 8집(한국구비문학회, 1999), 45-64쪽.

천혜숙, 「전설의 신화적 성격에 관한 연구」(계명대 박사논문, 1987).

최래옥, 「암행어사 이야기」, 『암행어사란 무엇인가』(박이정, 1999), 86-131쪽.

최운식, 「설화에 나타난 암행어사 박문수」, 『암행어사란 무엇인가』(박이정, 1999), 143-162쪽.

최운식, 「설화에 나타난 한국인의 풍수의식」, 『한국의 풍수문화』(박이정, 2002), 98-132쪽.

최운식, 『한국 설화 연구』(집문당, 1991), 15-21쪽.

최인학, 『한국 민담의 유형연구』(인하대 출판부, 1994).

한양명, 「지배이데올로기의 실천을 위한 가축의 도구화와 의우·의구전설」, 『구비문학연구』 8집(한국구비문학회, 1999), 99-117쪽.

김|재|웅

경북 고령에서 태어나서 계명대학교 국어국문학과와, 같은 대학원 석사, 박사과정을 졸업했다. 계명대학교 한국학연구원에서 한국학의 대중화와 세계화를 위해서 다양한 활동을 하였다. 한국국제교류재단의 한국학 파견교수로 선정되어 인도 네루대학교에서 한국학을 강의하였다. 지금은 경북대학교 영남문화연구원에서 박사후연수를 받고 있으며 계명대학교 한국어문학과와 영남대학교 국어국문학과에서 강의를 하고 있다. 주요 저서로 『잊혀져 가는 고령지역의 마을문화』가 있고, 「<강능추월전>의 이본 형성과 변모에 관한 연구」, 「<왕능전>의 영웅소설적 성격과 의미」 등 20여 편의 논문이 있다.

대구 · 경북지역의 설화 연구 계명영남학총서 3

인쇄 | 2007년 1월 1일
발행 | 2007년 1월 5일
저 자 | 김재웅
펴낸이 | 이진우
펴낸곳 | 계명대학교출판부
704-701 대구시 달서구 신당동 1000번지
전화 053-580-6233 팩스 053-583-5213
등록 | 1970. 9. 1. (신고번호 제347-1998-1호)
ISBN 89-7585-376-4 93810

값 15,000원